# 中国早期
# 大学校长角色研究

李欣然 ◎ 著

新华出版社

#### 图书在版编目（CIP）数据

中国早期大学校长角色研究 / 李欣然著. -- 北京：新华出版社，2019.5
ISBN 978-7-5166-4603-8

Ⅰ. ①中… Ⅱ. ①李… Ⅲ. ①高等学校－校长－研究－中国－民国 Ⅳ. ① G649.29

中国版本图书馆CIP数据核字（2019）第 086494 号

#### 中国早期大学校长角色研究

| 著　　者：李欣然 | |
|---|---|
| 责任编辑：张　程 | 封面设计：雨　田 |

出版发行：新华出版社
地　　址：北京石景山区京原路8号　　邮编：100040
经　　销：新华书店、新华出版社天猫旗舰店、京东旗舰店及各大网店
购书热线：010-63077122　　中国新闻书店购书热线：010-63072012
印　　刷：北京永顺兴望印刷厂
成品尺寸：170mm×240mm

| 印　　张：16.75 | 字　　数：249千字 |
|---|---|
| 版　　次：2019年9月第1版 | 印　　次：2019年9月第1次印刷 |

书　　号：ISBN 978-7-5166-4603-8
定　　价：75.00元

**版权专有，侵权必究。如有质量问题，请与印刷厂联系调换。**

# 摘 要

民国时期，政治、经济、文化等领域皆处于大变动、大变革时期，政治上列强入侵与军阀割据并存；经济上呈现一定的发展态势，但是在战争危机、政治腐败、通货膨胀等的摧毁下，只能如昙花一现；文化上呈现一派新旧文化的冲突、碰撞、交错与融合的复杂景象。如此情况下，民国大学取得了至今令人感到振奋和自豪的辉煌成就。在中国大学100多年的成长、发展进程中，这一批成就斐然的世界级水平的大学，使得中国的高等教育获得了历史自信并充分赢得了世界的尊重。

大学校长作为大学的灵魂，作为大学实际的掌控者，发挥的作用不可替代。民国时期诞生了许多优秀的大学校长，如蔡元培、梅贻琦、蒋梦麟、罗家伦、竺可桢、胡适、王兴拱、熊庆来等，他们或在教育上传道授业，或在理论上提纲挈领，或在学术上妙笔生花，或在管理上以人为本，或在政治上经世致用，形成了多元化的角色类型。本研究将民国大学校长放置于社会历史转型期的具体语境中，以学术与政治角色为视角，充分汲取教育学、社会学、政治学等相关理论，综合运用文献研究、生活史研究、比较研究、案例分析法等多种研究方法，对其角色扮演进行整体观照和综合研究。具体来讲，本研究主要由以下几部分组成：

绪论分四部分，分别是研究缘起及意义；文献综述；研究目的与方法、创新与不足。

绪论之外，凡五章。第一章，民国时期大学校长角色的群体透视。本章从政治、经济、文化背景方面，将民国大学校长置于社会转型这一环境中进行综合考察，既获得对民国社会的整体性认识，又对时代赋予大学校长的社会担当具有整体把握。这个时期，民国大学校长形成了学者、教育家、管理者、社会活动家四种主要角色类型。而这四种主要角色类型所具有的共性便是围绕学术与政治展开：一方面，作为掌舵人的民国大学校长是中国现代大学制度的先行者、奠基人。他们以大学的领航人、独立的学术知识载体、深化文化学术的创造者、传播者的身份出现。另一方面，面对政治环境中的激烈碰撞，感受着安身立命之环境的变化，经世致用的文化基因指引他们投身于满足社会发展的需要以及致力于增进社会政治变革等活动中。总之，民国时期的大学校长是处于学术与政治双重角色之间的。

第二章，民国时期大学校长角色的个案研究。学术与政治之间的徘徊给民国时期大学校长带来诸多困惑。虽然历史给予他们相同的时代背景，但由于个体因素的差异，他们可能会产生不同的选择。概而言之，大概有以下四种类型：有的大学校长虽经受学术与政治之悖论的困扰，但相对来说仍旧游刃有余于二者之间，如蔡元培；有的大学校长不断在学术与政治之间徘徊，明显存在依违两可的矛盾心态，如胡适；有的大学校长则抱有对政治与权力的无限眷恋之情，试图向政治权势靠拢以寻求政治权势的认可，这样的选择对于建构于学术自由、独立理念基础之上的人来说，不得不面临着自我的"异化"与人格的"屈尊"，如罗家伦；还有的大学校长欲躲避于政治的浑水之外，但实际上很难在现实环境中，在自身心灵上保持对权力与政治的超然，只能是保持一种中庸立场，如竺可桢。

第三章，民国时期大学校长角色扮演之共性。尽管民国大学校长对学术与政治的追求存在个体差异，但是仍旧可以从上述四位大学校长的角色扮演中找出其存在之共性：一方面，民国大学校长以对学术角色的卫护作为其立身之本，将学术视为一种志业。另一方面，无论是依附于权力还是相对游离于权力之外的独立，大学校长对政治多少都会有介入。只是，这种政治角色随着传统政治文化的根本性崩溃，边缘化无可避免。但是，民国大学校长脱离政治而完全归隐于学术是难以实现的；同时又不可能不问学术而完全涉入政治。在中国社会之中，两种角色的自由扮演是困难的。然而，学术与政治两种角色缺一不可。这两种角色之间呈现出一定的张力：政治对学术有所制约，学术对政治有所消解，但是二者始终能够达到一种平衡的状况。

第四章，民国时期大学校长角色徘徊之缘由。民国大学校长徘徊于学术与政治之间有着看似偶然，实则必然的原因。具体来讲，其一，理想与现实的两重天。民国大学校长始终在理想的彼岸与现实的此岸之间游走，尽管如此，文化人格对"道"的固守与超越使他们在艰难曲折的道路上坚守学术，勿忘政治，真正成就自我，完善社会。其二，政府与大学间的博弈。正是民国政府与大学之间关系的多维给予大学校长角色扮演的诸多可能性。其三，一以贯之的"教育救国"追求。"教育救国"是民国大学校长承担学术、教育发展的时代内核，同时又是肩负社会赋予的政治使命的有力表达，是将学术与政治结合的完美呈现。其四，权力与权利之争。大学内外围绕权力争夺，衍生出来复杂的关系网络，将民国大学校长置于学术与政治之间游走的局面之中。而权力向权利的转向，是符合大学本质的，更是符合社会发展需要的必然。

第五章，民国时期大学校长角色扮演之启示。本章结合当今中国大学发展过程中面临的新形势、新任务，总结、思考民国大学校长角色扮演的经验、启示，审视当前大学校长角色扮演、作用发挥的情况：其一，坚守知识分子的选择。其二，平衡学术与政治之间的关系。其三，探讨多种角色之间的定位与平衡。既然这种角色的扮演是一种无可回避的历史境遇，也承载了一段继往开来的教育征途，当今大学校长从这个过程中能够获得一些借鉴与启示。毕竟，无论承认与否，中国大学校长群体徘徊于学术与政治之间是一种特有的职业状态。

最后一部分为结语，"放大了"的校长责任的承担。本部分总结民国大学校长被"放大了"的学术与政治情怀。将民国大学校长的研究置于一种更加宏大的视野之下，探究民国大学校长更加崇高的学术与政治使命。

本研究的创新点是：在研究方法方面，将整体描述与个案分析相结合，逻辑把握与历史透视相结合，外在分析与内在剖析相结合，不仅增强研究的深度及信度，同时能够提出一些新鲜的观点；在研究广度方面，将民国大学校长置于"放大了"的校长地位，探究其对中国高等教育现代化进程以及中国政治现代化进程等方面的作用，由此为大学校长角色扮演、作用的发挥拓展一个更为广阔的研究领域。本研究的意义在于，一方面还原真实的民国大学校长，丰富、深化民国高等教育相关研究；另一方面，寻求当今大学校长身份危机的化解之道，为当代大学校长角色扮演、作用发挥提供借鉴。

# 目录 CONTENTS

绪 论 ································································· 1

  一、研究缘起及意义 ··········································· 1
  二、文献综述 ···················································· 6
  三、研究目的与方法 ········································· 25
  四、创新与不足 ················································ 29

## 第一章　民国时期大学校长角色的群体透视 ············ 31

  一、民国时期大学校长的生存背景 ····················· 31
  二、民国时期大学校长角色的多元化 ················· 41
  三、民国时期大学校长角色聚焦:学术与政治 ····· 76

## 第二章　民国时期大学校长角色的个案研究 ············ 80

  一、游刃有余:以蔡元培为例 ····························· 80
  二、艰难突围:以胡适为例 ································ 94
  三、政治人的眷恋:以罗家伦为例 ····················· 108
  四、坚守象牙塔:以竺可桢为例 ························ 119

## 第三章　民国时期大学校长角色扮演之共性 ·········· 130

  一、立身之本:学术角色的卫护 ························ 130

二、经世致用：政治角色的扮演 …………………………… 152
　　三、学术与政治角色间的张力 ……………………………… 172

## 第四章　民国时期大学校长角色徘徊之缘由 ……………… 184
　　一、理想与现实的两重天 …………………………………… 184
　　二、政府与大学之间的博弈 ………………………………… 191
　　三、一以贯之的"教育救国"追求 ………………………… 201
　　四、权力与权利之争 ………………………………………… 209

## 第五章　民国时期大学校长角色扮演之启示 ……………… 216
　　一、知识分子的坚守与选择 ………………………………… 216
　　二、学术与政治间的平衡 …………………………………… 223
　　三、多种角色之间的定位与平衡 …………………………… 228

## 结语　"放大了"的校长责任的承担 ………………………… 236
　　一、"启蒙"立人与教育变革 ……………………………… 236
　　二、政治情结与背后意义 …………………………………… 238
　　三、教育现代化的完成式与未完成式 ……………………… 241

## 参考文献 ………………………………………………………… 242

# 绪　论

## 一、研究缘起及意义

### （一）研究缘起

诞生于12世纪的中世纪大学是现代大学的前身。中世纪大学在最初诞生之时就体现出与其他教育机构以及社会机构不同的特点，体现出大学的本质属性——追求学术。它由追逐知识与传播思想的人自觉、自发地聚集在一起而产生。传播知识成为中世纪大学的主要任务，大学追求纯粹的知识而远离社会的喧嚣。因此，人们赋予了大学"象牙塔"的称谓，以此来体现其与世独立的特征。随着时代发展，大学的功能逐渐增多，规模日益庞大，但是大学却不再单纯：它与社会的联系日益紧密，它不再以追求纯粹的知识为目的……然而，不能否认，大学已然作为社会轴心机构而存在，它能发挥的作用、承载的使命远远超过于当今社会的大部分组织。大学校长作为大学的执掌者，面对日益"复杂化"的大学，发挥着更加重要的作用，扮演着更加多元化的角色。因此，对大学校长的角色进行探究就显得尤为必要。

首先，民国大学校长作用发挥，角色扮演对当前具有重要启示。回望历史，在中国大学100多年的进程中，民国的大学取得了至今令人感到振奋和自豪的辉煌成就。民国大学校长在民国大学的创立、维系与发展的历史进程中起着关键性的作用。翻阅中国高等教育的历史可知，作为掌舵人的民国时期的大学校长是中国现代大学制度的先行者、奠基人。他们在一定程度上能够证明"有什么样的校长，就有什么样的学校"的观点。如同赵意忠教授所指出的："回望民国时期诸多著名大学，无不得益于校长的远见卓识、人文素养、人格魅力与渊博学问。他们集胆气、才气与人气于一身，大胆改革、锐意进取、推陈出新，创造了民国高等教育的奇迹。"① 著名历史学家章开沅教授在其主编的《中国著名大学校长书系》中指出："在一百余年中国新式高等教育发展过程中，有一大批筚路蓝缕、披荆斩棘的先驱者，他们呕心沥血，殚精竭虑，为中国现代大学的奠基与成长做出了无可磨灭的贡献，我们应该永远铭记这些先驱者的功绩。特别是其中那些办学有成的著名校长，他们和他们所辛苦经营的著名大学乃是中国高等教育史上一块块丰碑。他们教育思想的丰富精粹，办学理念的卓越高远，以及实践业绩的泽惠后世，至今仍然受到中外学者的肯定与尊重。"② 而且，民国大学校长作为知识分子，虽然远离政权，却保留了传统的"士"以天下为己任的强烈的社会政治关怀。他们的社会意识并没有随着知识分子逐步脱离政权的管制而随之绝迹。学术权威和社会价值的立法者的双重身份在他们身上同时存在，他们的教育价值观实现了与自由主义思想的深切结合，表现出对学术的尊重和对自由独立人格的重视。同时，他们立足于学术本位来培养对政治的长远、深刻的思考。因此，他们是处于学术与政治之间的。民国时期的大学校长都自觉意识到了自己的双重角色，尽管这种双重角色之间有相互融合统一的可能性，但是也有难以调和的矛盾与冲突。需要引起重视的是，尽管这些大学校长身处双重角色的矛盾之中，但是他们所经营的大学是中国高等教育史上的丰碑，他们卓越的教育思想，高远的教育理念，具有深远影响的教育实践，仍旧受到大家的肯定。他们的教育理念、政治理念以及人格风范等是今日诸多校长难以企及的。而且，在一定程度上可以说，没有民国这批大学校长，就没有中国的现代化。因此对其进行归纳分析具有比较高的意义与价值。

其次，当前大学校长角色扮演存在诸多问题。大学承担着教学、科研、社会服务和文化传承与创新的基本功能。大学的这些功能和其所处的社会地位，决定了社会和公众对于大学校长的角色具有极高的期望和要求。事实上，

---

① 张意忠. 民国大学校长 [M]. 北京：北京师范大学出版社，2012：序言 1.
② 章开沅，余子侠. 追求卓越 坚守自由——北京大学校长胡适 [M]. 济南：山东教育出版社，2012：序言 1-2.

当大学校长开始执掌学校之时，他的工作职责便被划分出缓急轻重：偏向于"治校"，然后才会考虑有关"教学"等方面，其"业"为"大学的领导人"，其"余"才可能是"专家""学者"等。这种人为地对大学校长职责重要程度的划分，影响大学校长作用发挥、角色扮演之整体效能的发挥。

当今时代对大学校长角色扮演提出诸多要求。比如，时代呼唤教育家型大学校长的出现，或者希冀大学校长能够成为扮演多种角色的综合型、职业化的人。然而，当大学校长兼具"管理家""政治家""教育家""学者"等角色时，一方面由于对自己身份认知上的困惑与迷茫，他们往往瞻前顾后，甚至犹豫不决；另一方面多种角色之间会产生冲突与摩擦，影响他们发挥积极作用。因此，对于大学校长角色的探究是一个很有必要的现实话题。

作为引领中国高等教育发展的大学校长群体，他们如同当前中国社会里大多数的文化群体一样，处于一种身份认同危机之中——官方校长与体制内校长——无法切实彰显大学校长的职业特点以及大学组织建基于追求真理、崇尚学术这种根本动力之上的特性。这种暧昧与复杂的身份现象不仅使校长自身感到焦虑，而且使大校长的身份产生游离于异化——"迷失了自我与世界的关系，因此不能再找到自我在世间的定位"[①]。

然后，当前高等教育改革对大学校长作用发挥，角色扮演提出较高要求。在我国高等教育改革步入"深水区"的今天，社会各界对大学教育的批判日益激烈，去行政化的实施、大学章程的建立与完善、办学自主权的落实、教授治学的开展等命题更是处于改革的风口浪尖。钱学森之问、教育腐败等一系列事件，触痛着我们的神经。争创世界一流大学已经成为中国研究型大学的普遍共识，而要完成这一艰巨的任务，除了需要政府和社会的支持外，更需要依靠大学校长的作用，因为可以说："一个有智慧的校长，就是赋予大学灵魂的人。"[②] 随着高等教育环境的复杂性和不确定性的增加，对大学校长各方面的要求越来越高。探究大学校长应有的角色要求，对于提高大学校长的全面素质和促进大学的健康发展具有重要意义。

---

① [挪威]拉斯·史文德森. 无聊的哲学[M]. 范晶晶, 译. 北京：北京大学出版社, 2010：10.
② 余立. 校长——教育家[M]. 上海：同济大学出版社, 1988：111.

《国家中长期教育改革和发展规划纲要（2010—2020年）》提出，要提供有利条件，鼓励校长在实践中积极探索，创新教育思想、教育模式以及教育方法，真正培养一批教育家，实现教育家办学。由此来看，大学校长作为大学管理的主体，颇受重视。大学校长应该结合当代中国高等教育发展实际，把握大学的发展方向，创新教育理念，制定切实可行的目标，有效保证中国高等教育的健康发展。这就要求大学校长能够积极、有效地发挥作用，合理定位其自身角色。

再次，对民国大学校长的相关研究有待深入。目前能够查询到的讨论民国时期大校长的文献都有一个完全相同的结论，即彼时中国的大学校长在成就中国高等教育的现代化之路上居功至伟，一方面他们具有极强的人格魅力和精神感召力，另一方面又学富五车，致力于中国高等教育的发展，从而得到世人的推崇和褒奖。任何人都不能否认民国大学校长在中国高等教育史上的重要作用。这样的结论是正确的，但是并不全面，正像葛兆光所指出的那样，人们在回忆往事的时候，总是将往事加以过滤，留下的东西总是美好的、值得留恋的。葛兆光的说法无疑可以提醒人们，很多民国大学校长所展现出来的"温馨的历史背影"或许是被后人过滤之后的镜像。这面镜子或许并不是像表面上呈现的那样纯粹与完整，而镜子之下隐藏的特殊部分似乎并不那么平静，里面夹杂着或多或少介入现实的野心。

历史事实本身是极为复杂的事物综合体，时间与空间的隔膜增加了人们进行学术研究时的障碍，多种因素的交织导致人们在挖掘史实之时会出现一种无力感与模糊感。不管是由于对有关某种政治史实的刻意遗忘，还是由于当今大学校长在政治能力上的弱化，民国大学校长在政治方面的或被动或主动的行为并未引起足够的重视。然而，事实是，民国大学校长在政治方面所产生的影响力和作用却是值得被后人大书特书的。这种历史事实的缺失使我意图搞清楚最为真实的历史状况，才使本研究有了进一步开展的动力。

最后，专业背景与学术兴趣使然。由于本人本科和硕士就读的是管理类专业，所以在选题之时便希望能"扬长避短"，一方面弥补我在教育基础方面相对薄弱的现实，另一方面发挥我在管理方面的跨学科优势，所以我自然而然将教育管理作为我的选题背景。通过各种资料的搜集，有关高校管理中的领导者——大学校长便成为我进行思考的着眼点。带着大学校长究竟应该发挥什么样的作用这一问题，我与老师们进行探讨，选定这一研究内容。

### (二)研究意义

**1. 理论意义**

历史是一面很好的镜子，以学术与政治为切入点系统探析民国大学校长的角色扮演，在目前高等教育史中是不多见的。正是因为有关民国大学校长角色的相关研究的缺失，才使得揭示事实的学术研究显得十分珍贵。对这段高等教育历史的回顾，能使教育史的研究更加丰腴。因此，试图打开历史隔膜，通过梳理还原民国大学校长在特殊社会背景之下的学术与政治的真实形象是具有重要意义的。

**2. 现实意义**

考察民国大学校长的历史境遇和生存样态，能够为当今大学校长坚守身份选择标准，确保角色定位之清晰提供启发和助益，进而能够为当今大学校长身份认同、角色扮演、作用发挥等问题提供学理上的支持。

尽管时代赋予不同时期的大学校长以不同的社会境遇，但是符合大学人文精神以及成为学术真理守望者的身份，是一个理解大学校长的合理角色的重要选择标准，这是有关民国大学校长研究所能够实现的重要现实意义。另外，深入地、理性地还原民国大学校长的真实境遇，努力为当今大学校长的成长、发展乃至高等教育困境的有效解决提供参考依据是学术"涉入"社会的重要尝试。从根本上说，学术是社会的一部分，学术问题的产生可能是社会问题的某种隐性呈现，整个社会陷入困境的体现之一便是学术危机的出现。对民国大学校长的真实样态的探究、反思、呈现在一定程度上说是对民国时期社会真实样态的一个侧面揭露。从民国社会发展的宏观视野下把握大学校长所处的地位、角色以及作用，不单单是为了还原彼时的大学校长更加贴近事实的历史形象，也是希望透过以民国大学校长这一载体进行的"深描"，我们能够认识到当时处于社会转型期的大学的引领者的崇高的思想理念、高尚的价值取向以及惠泽后世的行为实践,能够深入理解历史上高等教育的真实状况,更是人们理解当前大学校长现实命运的重要参考点。

## 二、文献综述

本研究定位于民国时期的大学,对象是民国大学校长,目标是探究民国大学校长究竟扮演何种角色。基于此,本研究吸收来自中国知网、超星数字图书馆、独秀学术搜索、EBSCO、民国时期期刊全文数据库、山东省图书馆、国家图书馆等的文献资料,从民国时期大学、民国时期大学校长以及民国时期大学校长角色的研究资料中进行挖掘、整理、吸收与批判。

### (一)有关民国时期大学研究

当前,随着我国高等教育体制改革的深入发展,很多阻碍高等教育改革的深层问题逐步显露出来,改革的方向以及目标直抵改革之根本。而同时,统筹推进世界一流大学和一流学科建设又成为时代发展的必然趋势。因此,当前我国大学的发展之路既寄托人们对大学的理想追求以及精神向往,也是针对大学现有弊端,希望建立与现代社会相适应的一流大学的最行之有效的路径选择。不管是历史还是当代,有关大学研究的出发点都要落实于有利于大学改革与发展过程中的深层次问题,落实到现实的可操作层面。当今建设世界一流大学的目标探寻,需要深入对历史进行反思。无疑,民国时期的大学发展状况成为探究的必然。

目前,学术界有关民国大学的研究成果较为丰富,对民国时期大学有着详细的探讨。就所掌握的历史文献而言,有关民国大学的研究,始终没有游离民国以来凸显的大学的现代化发展历程的时代主题,很多学者以更加综合性的分析方法,不断挖掘民国大学的发展历程。民国失序社会的风雨不断冲洗中国大学的发展之路,大学在这种风雨涤荡之下必然面对着崎岖与坎坷,而在这种崎岖与坎坷之下领导大学走向现代化征途的校长必然承受着各种艰辛与困苦。从历史的角度研究大学的发展话题,将大学校长置于一个更加宏观的层面进行思考，可以更加清晰地透视大学校长的成长、发展环境。本文基于将有关民国大学的研究置于更加完整的视角之下，避免主观性的分类产生偏差，因此对有关民国大学的文献综述按照文献的呈现形式进行分类探讨。

**1. 专著**

其一，关于民国大学专题的研究。其中具有代表性的著作有冯友兰的《那时的大学》，该书汇集了多位学术大师对大学生活的回忆以及对大学生们读书做人的告诫。陈平原的《民国大学 遥想大学当年》将民国大学的成长过程分成几个层面进行探讨，如校长、教授、学生、学术以及大学自身发展等。作者提出在当时的民国大学中"校长是可以做主的"，"教授是可以治校的"，"学生是可以不听话的"，"大学是为学术而设的"，"一流不是西化出来的"[①]几个主要观点。李子迟的《晚清民国大学之旅》描述了从1840年到1949年的大学发展历程，将大学的发展置于宏大的历史叙事之中，提供大学发展较为完整的萌芽、成型、鼎盛、衰落阶段的复杂的漫长进程，也充分再现了那个时代推动大学发展和引领时代新思想发展的老师、学生的故事，以及那些流芳青史的运动。周谷平等人撰写的《中国近代大学的现代转型——移植、调试与发展》阐述了近代中国大学发展的历程与西方大学影响的演进之间的相互关系。在其迅疾转型中，由于救亡图存的现实需要、富国强国的时代诉求，工具理性主义在中国大学现代化进程中成为主导力量。西方大学的现代化是从形而上向形而下转移，移出象牙塔而融入社会，中国大学则可以说从没在真正意义上进入过象牙塔，只是在象牙塔周围张望，这是一种从政治实用主义向经济实用主义的转化。中国大学创新之路的艰难不仅是制度层面的，更是理念和文化层面的。对中国大学而言，只有在保持学术本位的价值理念与世俗化需求的互动、平衡中才能找到自己的家园。如何在价值理性和工具理性的相互制衡中坚守大学之道，如何在传承与创新中走出中国大学的独具特色发展之路值得我们深思。[②] 还有作者通过个案研究见中国近代大学制度演进

---

① 陈平原. 民国大学 遥想大学当年 [M]. 北京：东方出版社，2014：1-8.
② 周谷平. 中国近代大学的现代转型——移植、调试与发展 [M]. 杭州：浙江大学出版社，2012：11.

之大势，又能在宏观视野中透析微观之特征，如王李金的《中国近代大学创立和发展的路径 从山西大学堂到山西大学1902—1937的考察》以山西大学为研究对象，进而考察中国近代大学创立和发展的路径，把中国近代大学创立和发展的过程中的一个具体研究对象置于中国近代大学教育草创、形成和渐趋成熟的宏观背景中分析考察山西大学的办学特色以及主要成绩等。①

有关民国大学的专题研究能够较为全面地展示民国大学发展的整体状况，毕竟不同学者对民国大学整体展开描述的着眼点多有不同。但是，这些文献是具有共同之处的，一是认可民国大学在中国高等教育发展史中的重要地位；二是认为应当将民国大学的成长、发展置于特殊的时代条件下进行考察。

其二，围绕有关民国大学发展因素的专题研究。相对较多的资料是有关民国大学教师的研究。如同梅贻琦先生所说"大学，乃大师之谓也"，民国大学对教师的看重引起后世对民国教师研究的普遍重视。"教授治校"制度作为民国大学最为重要的民主管理制度之一，成就民国大学之为"大"的基本精神。不少学者对民国大学中的"教授治校"制度是什么，为什么采取"教授治校"制度，以及怎么样落实"教授治校"制度进行详细研究，这是研究民国教师的一个最为基本的主题，如孟令战的《民国时期教学自由权制度与文化结构研究》，王喜旺的《学术与教育互动：西南联大历史时空中的观照》中对"教授治校"制度的着重探讨。也有很多学者对民国教师权力机制、民国教师流动机制等方面进行研究，而这些研究在很大程度上是建立于民国大学"教授治校"制度基础之上。吴民祥的《流动与求索 中国近代大学教师流动研究1898—1949》，作者借鉴人口学中有关人口迁移理论并结合社会学群体研究与个案研究相结合的方法，打破单纯以时间为线索的线性研究路向，用教师流动原因的分类作为横向研究线索，以时间顺序为纵向线索，横向与纵向相互结合来研究大学教师的流动与中国近代大学教育，并得出近代大学教师自由流动的优越性以及被动压力下流动之消极作用。张正峰的《权力的表达：中国近代大学教授权力制度研究》以教授权力制度为研究和论述的对象，借助当时政府颁

---

① 王李金. 中国近代大学创立和发展的路径 从山西大学堂到山西大学1902—1937的考察[M]. 北京：人民出版社，2007：20.

布的法规以及各大学校史资料进行研究。讨论教授权力制度的形成、保障以及反思由于权力带来的利益纷争，最后讨论此制度与西方大学教授权力制度的区别。① 再有，学者从大学教授聘任视角进行分析，例如邓小林的《民国时期国立大学教师聘任之研究》深入分析民国时期国立大学教师聘任的重要问题，认为教师聘任不仅是大学发展过程中的重要机制，而且也能够推动近代学术的发展。

影响民国大学发展因素的研究资料还包括对民国大学改革的研究。"改革"始终围绕在大学发展与建设过程之中，民国时期的大学亦如此，当今大学也处于改革的浪潮之中。以史为鉴，有比较才有鉴别。比较具有典型性的有甘阳、李猛的《中国大学改革之道》中以探究"大学改革为何如此难以取得成功呢？"为目的，探究大学改革与学术传统之间的关系，提出大学改革的重心是建立和培养一种能够有效促进学术自由发展和实现教学相长的学术传统。本书以大学校长为中心思考大学改革的出路，阐释了蔡元培、梅贻琦、罗家伦等人对建立现代大学的实践与设想。

研究发现，围绕民国时期大学改革的研究主要以大学校长为着眼点展开，毕竟，大学校长作为大学的执掌者始终是一个绕不开的话题。将民国大学校长作为具有极大主动性与能动性的领导者，分析民国大学走向现代化之途的教育理念与教育实践。因此，有关大学校长的理念与大学校长的教育实践便成为此部分文献研究中必须展开的两个维度。而任何一位带领民国大学实现成功改革、发展的大学校长，其大学理念与教育实践又是合二为一的。

**2. 论文**

有关民国大学的研究相对较多，视角也多有不同。其一，民国大学成长、发展于特殊社会背景之下，面对民族危机、政治腐败、经济萧条等状况，仍旧承载中国社会的现代化之使命。因此，将民国大学置于社会整体发展之下进行观照，结合"建立国家""现代化之路"进行分析研究就显得尤为必要。例如王东杰的《民国高等教育中的国家：四川大学国立化进程（1925—1939）》

---

① 张正峰. 权力的表达：中国近代大学教授权力制度研究[M]. 福州：福建教育出版社，2007：8.

以一所地方色彩浓厚的四川大学为例,着重分析现代社会与大学的关系,探讨四川大学走向国立化进程。作者认为,在民国时期复杂的社会环境下,大学走向国立化充满复杂与坎坷。大学、地方、中央、国家四者之间的关系,成为影响一所地方性大学走向国立化的重要因素,其具体情况随着时间的推移而发生变化。再如萧超然分析大学与近现代中国社会历史发展间的关系,其《北京大学与近现代中国》一文将近现代第一所综合性大学——北京大学作为研究重点,认为北京大学是中国近现代文明发展的重要源头之一,也能够称作中国近现代政治发展的重要源头之一。

这种视角将民国大学置于更加宏大的分析视野之下,探讨中国社会的变革对大学的影响,也探讨一所著名大学之于中国社会的意义。毕竟,民国大学的发展有其独特的社会背景,民国大学的成长也承载了社会进步的重担。

其二,围绕有关民国大学发展因素展开研究。如有学者分析国立大学校长与政府之间的关系。谢泳在《1949年前中国国立大学校长与政府的关系》中从国立大学校长的来源以及大学理念、国立大学校长与学潮、国立大学校长的时代环境三个方面进行分析,得出"中国国立大学校长与政府的关系,其实主要是文化与道德关系,而不是一般的行政管理关系。它的主要意义是在精神方面,在没有宗教的国家里,国立大学校长常常是公正和正义的象征。这也是为什么那时国立大学校长的人格和社会声望比学术和专业更为政府看重"[1]的结论。再如,从学术角度进行切入,杨绍军在《西南联大的学术传统》一文中指出,西南联大以其"内树学术自由之规模,外来民主堡垒之称号",书写了现代中国知识分子建构"学术社会"的理想。其时的知识分子,以对"独立之精神,自由之思想"学术理念的捍卫和实践,创造了中国现代教育文化思想史上的奇迹。[2]还有学者着重分析民国时期国立大学招生研究,例如李涛在《民国时期国立大学招生研究》中将视野聚焦于国立大学招生的组

---

[1] 谢泳. 1949年前中国国立大学校长与政府的关系 [J]. 社会科学论坛, 2004(10): 39.
[2] 杨绍军. 西南联大的学术传统 [J]. 云南社会科学, 2003(5): 92.

织主体、选拔途径、招生考试、录取、照顾政策、对招生考试问题的争鸣等重要方面的发展变化情况,[①] 得出相关经验启示。

这些文献从不同层面透析民国大学的发展状况,看似较为杂且乱,其实这些文献所展开的视角,如大学校长发展状况,对学术理念的捍卫,招生情况等探究基本都围绕共同核心展开,那就是探究维护大学发展的基本理念,确保大学之为大的基本精神。

其三,有关民国时期大学与政府关系研究。尽管民国大学与外部的联系逐渐增多,但是相对来说民国大学与政府的关系是各种研究中最为主要的。一方面是因为民国社会复杂的环境或多或少阻碍大学与社会其他组织、部门的联系,另一方面是因为不管是在资金支持或者政策约束等方面,民国大学与政府的关系仍旧是大学与各种外缘环境中最为主要的关系。

姜洪池、林国治的《历史与启示:中国近现代大学与政府权能关系之嬗变》中提出,大学与政府权能关系的嬗变走出一条从大学受政府严格控制到大学寻求自主发展之路。作者在考察 1911—1949 年大学与政府权能关系时认为,当时大学的发展曲折坎坷。以北大改革为例,它使北大成为名副其实的现代大学,并对中国高等教育界产生重要影响,但是这些改革受制于军阀政府和国民党的统治,不能很好实施。刘少雪在《我国近现代大学与政府关系的特点》一文中指出,我国近代大学出现以后,大学与政府之间的关系经历三个发展阶段:首先,大学对政府是一种依附态势;其次,大学意欲摆脱政府过度控制而求得独立;最后,政府将大学视为加强控制的工具。崔恒秀的《民国教育部与大学关系之研究 1912—1937》以教育部对大学的管理职能和手段为线索,系统剖析部校关系。作者认为部校之间的关系有尊重与合作、不作为与敷衍了事、抵制与冲突等各种复杂形态。部校之间尤其是教育部与国立大学之间关系的主导倾向是尊重与合作。[②] 申树欣的《民国时期国立大学与中央政府的关系》以北京大学、清华大学、东南大学以及西南联大四个国立大学为代表进行系统研究,认为国立大学与中央政府之间是相互依存而存在,但是二

---

① 李涛. 民国时期国立大学招生研究[D]. 重庆大学博士学位论文,2014:1.
② 崔恒秀. 民国教育部与大学关系之研究 1912-1937[D]. 四川大学博士学位论文,2008:69.

者之间的博弈却无处不在。

民国政府与大学之间始终围绕控制与自治而展开。不同的发展阶段政府与大学之间的关系呈现不同的紧张与缓和态势,二者之间始终是处于博弈状态下。但是,不可否认的是,一方面,民国时期缺乏一个强大的中央政府,这给予大学发展更大的自主与自由空间;另一方面,随着中央集权的加强,政府将大学作为一个加强控制的工具,大学为此而进行各种抵抗。

### 3. 基本史料

有关校史与教育史对民国大学的研究与接下来即将展开的对民国大学校长的研究综述具有重合之处。由于民国大学校长是本文的研究对象,所以较为详细的综述放在有关民国大学校长的综述中进行阐释。在此,只做简单提及。

基本史料中较具代表性的有王杰的《学府探赜——中国近代大学初创之史实考源》、金以林的《大学史话》和《近代中国大学研究1895—1949》、李子迟的《大学史记——近代中国的那些大学》、陈明远的《那时的大学》、王强的《民国大学校史资料汇编》、刘少学的《中国大学教育史》、潘懋元的《中国高等教育百年》、霍益萍的《近代中国的高等教育》、李华兴的《民国教育史》、蔡克勇的《20世纪的中国高等教育(体制卷)》、于述胜的《中国教育制度通史》、吕思勉的《中国通史:民国大学历史》、刘少雪的《中国大学教育史》等。这些书在表述方面有些许不同,但是基本以时间发展为线索,通过对近代大学的历史研究,对教育史和教育问题进行研究与思考,殊途同归地探讨了中国近代大学成长、发展的历史问题。

需要明确的是,民国时期的大学有国立大学、私立大学、教会大学之分。而本研究只关注国立大学与私立大学。前文的文献综述虽未有对国立大学与私立大学进行分类,但是更多的是对国立大学进行研究。在此,笔者对私立大学的相关文献进行整理分析。有关民国时期私立大学的研究比之于国立大学来讲相对较少,王炳照在《中国私学·私立学校·民办教育研究》中曾提及:"长期以来,多数中国教育史研究者和大部分教育史教材和著述,多以研究官学为主,建立中国教育史特别是教育制度史的基本体系,而古代私学和近代私立学校，内容十分单薄，体系极不完善，研究很不充分和深入"[①]。朱九思在给宋秋蓉撰写的《近代中国私立大学研究》一书序言中言及："本书最大的贡献是弥补了中国近代教育史上一段重要的空白，也是一段实际上几乎被遗忘的历史"[②]。通过研究发现，已有文献资料主要分为以下几个研究方向。其一，探讨私立大学产生原因。毕竟，私立大学是产生于中国特殊时期的产物。有学者认为，私立大学归根是由于在民族危机的刺激之下，继承与发扬重教兴学的民族优良传统的产物。其他观点认为，私立大学是伴随中国社会转型而发展起来，民主政体形式、市场经济发展、民主自由观念倡导等加速私立大学发展。其二，探讨私立大学发展阶段。不同学者对私立大学发展阶段的划分是不同的，大体有两阶段、三阶段和四阶段之说。但是大体可以归结为盲目发展时期—整顿规范时期—稳定衰落时期。其三，探讨私立大学的办学特色。大多数学者从私立大学办学理念、学科建设、经费来源、教学运转等方面进行归纳。学者们认为，私立大学独特的办学特色是其生存的根本。其四，分析私立大学成功经验。有学者认为私立大学成功经验大体有以下几个方面：近代社会的发展提供良好的外部条件；资金来源的多元化提供良好的物质保障；校长具备良好品质；严格的教学管理体制，注重学校软件建设；灵活的办学方略；实用的办学理念，独特的办学精神等。

民国时期的私立大学是民国高等教育的补充，同样也是民国高等教育中的重要组成部分。然而，从已有资料中研究发现，学术界对民国私立大学的研究相对较少，对其在教育史上的重要性认识不够。但是，从已有的研究文献中能够窥见私立大学的成长、发展状况：私立大学与国立大学在有关大学的本质上并未有任何的不同，只是中国特殊的政治体制极为看重大学的公私之分。私立大学同样重视大学的办学理念、办学体制、领导者、与外部的联系等内容。

民国很多大学能够成长为世界一流大学，这段荣耀的历史始终为后人所铭记。由前文研究成果来看，不同学者从不同的角度对民国大学进行全面的

---

[①] 王炳照. 中国私学·私立学校·民办教育研究[M]. 济南：山东教育出版社，2002：12.
[②] 宋秋蓉. 近代中国私立大学研究[M]. 天津：天津人民出版社，2006：1.

剖析，试图"以小见大"，全面挖掘民国大学的进步历程。能够看出，中国大学的发展史是中国高等教育的发展史，民国大学之发展历程并不会因时空的变异而被人淡忘。有关民国大学的历程探究所要解决的重要问题是在当时具体的社会条件之下大学自身发展的逻辑问题。很显然，大学应该呵护其发展的内在逻辑，围绕大学发展的基本理念，使其不因无条件迎合外部社会的需要或强制干预而阻碍大学发展之路；同时，大学也需要直面社会的需要，汲取有利于自身发展的有益成分，在特殊的历史进程中保持生机与活力。从这个意义上讲，民国大学迅速成长与发展是在具体历史条件之下大学和社会之间，大学内部诸要素和谐共存下的双重建构。而这个建构过程，不仅仅适用于历史上的大学，同样适用于当今中国大学发展。

上述几个方面的文献整理仅仅是将有关民国时期大学研究的资料进行一个大概的归类。为了有效地把握已有文献资料对民国大学研究的情况，并且获得对本文研究有关的资料，这种归类相对简洁、明了。针对民国时期大学的发展情况，已有学者开展的研究，在一定程度上成为笔者从事民国大学校长角色研究的重要基础。其中有关研究的思维方法可以借鉴，很多材料可以引用。但是，已有研究也存在一些缺陷，主要表现为：其一，重视描述性研究，忽视分析性反思。从已有文献中能够发现，学者多关注直观性描述与事实性描述，缺少哲学思辨式研究。其二，重视专题形式或个案研究，忽视整体性观照。

### （二）有关民国时期大学校长研究

本文的研究对象为民国时期大学校长，其现实意义在于为当代大学校长成长、发展提供一种借鉴的可能。所以，资料的搜集并不能仅仅局限于民国时期，还应当对当今大学校长的相关研究有所了解。由于大学校长在高等教育领域中的重要作用，近年来，有关大学校长的研究不断增多。综观国内外对当代大学校长的相关研究发现，主要成果集中于大学校长的领导力研究、大学校长治校理念和治校方略的研究、大学校长遴选研究等。综合国内外对大学校长研究成果发现：第一，研究成果大多从大学校长自身角度出发，忽略对社会环境和政策的同步探讨，缺乏孕育当代大学校长成长、发展的时代土壤的相关探讨。第二，对大学校长的研究更多集中于"应然"层面，多属于理想的层面，而非"实然"状态。实践性甚或可行性在当前中国高等教育状态下仍具有欠缺。第三，在分析体系上，一般只是将大学校长作为一位执掌大学的人物提出，而不是将其置于一个系统范围之内进行探究，没有深入考察大学校长本身的可持续发展问题。所以，笔者认为对该问题的研究应该考虑社会、大学与校长的历史演进过程的冲撞，也即从"实然"的角度出发，通过"应然"状态下的体制构建，提出完善大学校长成长、发展的模式，提升"应然"的校长的"人"的体制之建立。并且在这种丰满的"人"的构建和充满个性化的"应然"之下，探究中国的大学应该从怎么样的时代背景孕育下发展、培养出有血有肉的"人"。

笔者结合当前研究的聚焦点，将对民国时期大学校长的研究从文献的呈现形式视角进行分类，一方面遵从大学校长成长与发展的实然性，而不是过于主观性地对研究进行分类；另一方面这种分析能将大学校长置于一种宏观的历史背景演进下进行考察，既可以考察大学校长成长的时代环境与心理特质，又没有忽视大学校长本身的可持续发展问题。这种考察既不囿于对当代大学校长的研究视角，同时也能够看出研究者对民国时期以及当代大学校长研究侧重点的异同。

**1. 专著**

首先是关于民国大学校长的专题研究。该类研究中具有代表性的成果有山东教育出版社的《中国著名大学校长书系》。该系列书系以"史"的视角，放置于教育背景之下，全面考察民国时期著名大学校长的成长背景、教育思想、教育实践与精神境界等内容，其选择北京大学校长蔡元培、浙江大学校长竺可桢、北京大学校长胡适、南开大学校长张伯苓等10位大学校长。该系列书系为研究民国著名大学校长提供丰富的个案资料。程斯辉的《中国近代大学校长研究》，该著作是在其博士论文基础上修改完善而成的。作者从高等教育管理体制角度切入，融合个案考察、群体分析，在运用定量研究、分类研究、比较研究的基础之上，对近代大学校长的群体特征以及个人风格进行描述，宏观与微观相结合，总结出近代大学校长的治学特色以及基本素质，并得出研究近代大学校长的现实意义——造就当代教育家的若干启示。本书以近代大学中的著名人物为个案：蔡元培、梅贻琦、王世杰、竺可桢、张伯苓、李登辉等优秀大学校长，对他们的办学思想以及治学方略进行深入研究。智效民的《八位大学校长》选取蒋梦麟、胡适、梅贻琦、张伯苓、竺可桢、罗家伦、任鸿隽、胡先骕八位校长进行描述，认为他们为争取教育独立与自由、发展教授治校、学生自治的理念与实践以及懂教育、负责任、重人才和无私心的崇高的人格魅力，是中国教育复兴的精神资源，其中蕴含的学术真谛能够成为当今教育改革的提供有力借鉴。张意忠的《民国大学校长》认为，一所卓越的大学，其背后必有一位成功的校长。本书遴选的13位校长，如蔡元培、张伯苓、郭秉文、马君武、蒋梦麟、梅贻琦等在治校过程中都大胆改革、锐意进取、推陈出新，创造民国高等教育的奇迹。而他们具有先进的教育理念，实行教授治校，倡导教育独立，追求学术自由，善待师生员工，加上特立独行的人格魅力，是他们成功的关键，也成为当今大学校长借鉴、反思所在。①王昊的《近代中国大学校长的文化选择》选取近代以来在中国大学史上较为著名的15位大学校长，从人格魅力、教育理念、治校实践等方面对蔡元培、梅贻琦、蒋梦麟、胡适、罗家伦、傅斯年、郭秉文等人进行研究。有的作者倾向于将大学校长置于大学发展的历程中进行考察，采取一种记事记人纪实的回忆方式来展现大学校长的行为实践，并总结这些校长在大学发展史上的地位和作用，如黄延复的《清华的校长们》、陈平原的《民国大学：遥想大学当年》、钟叔河的《过去的大学》。黄延复的《清华的校长们》一书，选择了清华大学历史上的最有代表性的校长，以及无校长名义，但有校长地位的领导人，略作访述和评介。该书最大的特点便是将校长置于清华大学整个发展的历程之中，真实勾画出校长的治校成果与形象，并且切实而概要地勾画出这些校长在清华大学历史进程中的地位以及作用，例如，将梅贻琦定位为"黄金时代"的"带头人"。陈平原的《民国大学：遥想大学当年》选取了民国时期的知

---

① 张意忠. 民国大学校长[M]. 北京：北京师范大学出版社，2012：3.

名人士撰写的有关大学校长研究的文章，例如蔡元培的《我在北京大学的经历》、蒋梦麟的《北京大学和学生运动》、张伯苓的《四十年南开学校之回顾》、潘光旦的《论大学设训导长》等，这类文章出于民国时期之时，写于民国著名人士之手，他们深入接触了彼时的人、事、物，更加贴切、真实地反映出彼时的社会状况、教育情况等，真实反映出编者陈平原所说的何谓"校长像校长。"

其次是有关大学理念、大学管理的研究著作中对民国大校长的相关研究。随着高等教育大众化事实的确立以及创建世界一流大学目标的建立，很多学者对大学理念的反思、大学精神的追寻以及对大学校长治校的思考进行研究。其中具有代表性的著作有韩延明的《大学理念论纲》、眭依凡的《大学校长的教育理念与治校》、刘献君的《大学之思与大学之治》、金耀基的《大学之理念》、杨东平的《大学之道》、刘宝存的《大学理念的传统与变革》、胡国铭的《大学校长与大学发展研究》、韩骅的《学术自治——大学之魂》等。这些著作在分析大学理念之坚守、大学精神之培育的过程之中，对民国时期著名大学校长的办学理念与办学经验进行研究。比如，金耀基对蔡元培改革北京大学进行描述，并将蔡元培执掌的北京大学与艾略特执掌下的哈佛大学，以及吉尔门执掌下的霍布金斯大学进行比较分析；刘宝存以中西方的比较进行分析研究，从大学理念的生成、发展的视角进行切入，分析探讨蔡元培、梅贻琦的大学理念在民国时期高等教育思想发展过程中起的作用。这些著作相对于专题研究来讲，对民国大学校长的论述稍显不足。但是，他们提供的视角与思路对本研究具有很好的启发。

再次，人物传记类研究。有些传记围绕某位大学校长从幼年到老年的成长、发展史，着重描写他们在担任大学校长时期的治校理念与治校实践，如专门研究蔡元培的周天度的《蔡元培传》、张晓唯的《蔡元培传》等。还有一些传记的作者通过寻访先哲曾走过的足迹，向后人重新塑造了一个有血有肉的人物，这部分专著侧重于思想、文化等方面，如唐德刚的《胡适杂忆》等。还有一些专著属于纪念文集，或者说是思想文集，读来不仅增添思念之情，而且可以引发读者对教育、对人生乃至对国家的启悟、反省和思考，如沈卫星主编的《重读张伯苓》等。

最后是教育文集类研究。通过对民国时期大学校长的教育文集可以研究他们的教育思想、教育实践等方面。这方面的研究成果主要有浙江教育出版社的《蔡元培全集》、北京大学出版社的《胡适文集》、南开大学出版社的《张伯苓教育言论选集》、中华书局的《胡适学术文集》、南京大学出版社的《罗家伦史学与教育论著选》。而人民教育出版社的中国近代教育论述丛书中涉猎很多民国时期的大学校长，如《张伯苓教育论著选》《蔡元培教育论著选》《胡适教育论著选》等。这些教育文集经过研究者的筛选和整理，内容丰富、资料翔实，具有很高的研究价值。

**2. 论文**

通过检索发现，有的作者从教育史的角度，选取大学校长的某一种特征展开研究，有的作者选取大学校长的教育理念与思想展开研究，还有的作者是着重分析某一位著名大学校长，具体可以分为以下几类：其一，研究大学校长的领导力水平，并探寻其共同点。如饶正慧的《民国时期著名大学校长领导力研究》，该论文以著名大学校长为研究对象，通过他们执掌大学期间的表现来研究他们的个体领导力，从而深入探究民国著名大学校长领导力的表现、特征以及影响因素。其二，研究大学校长的专业化水平。如王莎的《民国时期国立大学校长专业化水平研究》对35位国立大学校长的自身特点、学术背景、职业背景、领导力等方面进行分析，由此描述民国时期国立大学校长的专业化发展状况。其三，研究大学校长的高等教育思想，并由此总结出大学教育的真谛，即教育自治、学术自由、民主管理和大师办学。如张继霞的《大学的真谛——近代中国著名大学校长教育思想研究》。其四，研究大学校长的办学特色与规律。如程斯辉的《中国著名近代大学校长办学的八大特色》中既体现对学术规律的敬仰，又有对学校管理制度的强化与遵守，还有对大学发展环境的整体把握。其五，研究民国大学精神。如程斯辉的《近代大学校长精神风骨》、智效民的《民国大学校长的精神与智慧》以及高天明的《名校长与中国近代大学精神。高天明认为在民国时期，中国大学精神达到一个高峰。而蔡元培、梅贻琦、竺可桢、蒋梦麟等名校长又是大学精神的化身，以他们为借鉴来反思当今中国大学校长，具有参考价值。其六，对民国大学校长的个案进行研究。如吴舸的《蔡元培高等教育管理思想研究》、张爱梅的《蒋梦麟教育思想研究》、熊星涵的《罗家伦大学理念与办学实践研究》、曹永昕的《竺可桢大学教育思想研究》等。

### 3. 基本史料

其一，教育史中对民国大学校长的相关研究。民国时期大学校长在中国教育史中的地位极为突出、卓越，因此有关教育史的编排无法绕过民国时期大学校长。但是由于民国时期大学校长只是中国教育历史长河中的一部分，由于各种因素的限制，有关教育史的研究不可能涵盖所有的民国时期大学校长，只会涉及群体中的一部分进行研究。例如，高奇主编的《中国现代教育史》，这部著作介绍了张伯苓、陈嘉庚，着重介绍了蔡元培在北京大学的改革。毛礼锐等主编的《中国教育通史》第4卷、第5卷中有对近代大学校长的介绍，在作者详述的22位教育家、思想家中，曾经执掌大学的有蔡元培、胡适、张伯苓、严复与陈鹤琴5位。20世纪90年代以后，中国教育史的探讨较之前有了明显变化，但是涉及民国大学校长的编著仍旧较少，例如北师大版的《简明中国教育史》、华东师大版的《中国教育史》和华中师大版的《中国教育发展史》，这三个版本以教材形式出现，具有典型性与代表性。前两个版本只对蔡元培改革北大的实践和其高等教育思想进行介绍，而华中师大版本涉及的民国大学校长有所增加，包括蔡元培、胡适、张伯苓、陈嘉庚等当过大学校长或者创办大学的人物；同时在介绍近代大学发展过程中的著名大学时提到梅贻琦、竺可桢。郑登云编著的《中国近代教育史》涉及蔡元培、李登辉、张伯苓以及陈嘉庚，肯定这些人物在大学发展与改革过程中的关键作用。但总的来看，这个时期对民国时期大学校长的介绍显然不够充实，除了蔡元培与北京大学、张伯苓与南开大学、梅贻琦与清华和西南联大等得到研究者的着重注意以外，其余大学校长的研究笔墨仍旧很少。

在有关中国教育管理史中对民国时期大学校长进行研究的著作主要从教育管理的视角进行分析。研究不仅仅将视角定位于蔡元培、梅贻琦等，还涉及对雷沛鸿、孙家鼐等人；而且突出这些人物作为管理者的角色，研究其管理思想与管理实践、业绩。但是对民国时期大学校长的介绍仍旧不够全面、深入。相关著作有程斯辉的《中国近代教育管理史》、刘德华主编的《中国教育管理史》、梅汝莉主编的《中国教育管理史》、孙培青主编的《中国教育管理史》等。

在有关中国高等教育史的相关研究中，民国时期大学校长的介绍相对来说就比较多，他们的办学思想与实践也有了更为全面、深刻的把握。例如霍益萍的《近代中国的高等教育》对蔡元培、竺可桢、郭秉文等校长的介绍置于民国时期教育整体发展状况乃至整个民国社会变迁、转型的背景下，使人们对他们治校实践有了清晰的认识。另外，该著作对教会大学校长圣约翰大学卜舫济等也有所涉及。高奇的《中国高等教育思想史》对张伯苓、胡适、蔡元培、竺可桢、吴玉章、梅贻琦等校长的高等教育思想与实践活动进行介绍与评价。

其二，校史中对民国大学校长的相关研究。校史是对一所学校发展轨迹的真实记录，对大学发展进行全面介绍，其中必然包含历任大学校长的办学思想、办学实践的记录。因此，若要进行民国时期大学校长的相关研究，查看现今具有百年历史的大学校史是很有意义的。而且对于中华人民共和国成立前大学校长的介绍和评述，一般是建立在客观、公正基础上。目前，该方面的研究成果较为丰富，例如，《北京大学校史：1898—1949》《北京大学纪事》（上、下册）、《清华大学校史稿》《国立西南联合大学校史》《南开校史研究丛书》《南大百年实录》（上、中、下卷）、《复旦大学志》《武汉大学校史新编：1893—2013》《厦门大学校史资料》《山东大学校史：1901—1966》《中山大学校史》《百年暨南史》等。这些大学校史的研究，不仅可以为研究民国时期大学校长作统计分析提供资料，还可以为研究民国大学校长作定性分析；既可以为研究民国时期大学校长做个案研究，也可以进行比较研究。

通过以上对民国时期大学校长相关资料的文献分析和梳理，可以看到：其一，对民国时期大学校长的相关研究成果极为丰富，且研究方向各异。这为笔者开展进一步研究提供翔实的素材。其二，研究成果多以某位著名大学校长进行个案研究，而整体研究的成果相对来说偏少。这不仅仅因为民国时期大学校长个人特征各异，还因为其教育思想、教育实践具有某些方面的差异。如何撰写这些教育人物并将他们的思想、实践与业绩进行合理定位，并不是一件容易的事情，弄不好会顾此失彼。其三，对于民国大学校长的相关研究中包含部分对民国大学校长的角色的简要分析，虽然角色研究并不是作者意图论述的重点，但是将角色的分析放置在更加宏大的研究范畴之下，这会更加深入、广泛了解民国大学校长的角色。

### （三）有关民国时期大学校长角色研究

国内外当前对大学校长角色的研究主要集中于大学校长角色的演变、大学校长角色定位以及大学校长角色冲突几个方面。从相关研究中可以发现，一方面大学校长角色是随时代、国家等因素不同而变化的；另一方面大学校长角色相对来说是一个综合性的角色，某种单一性角色不能完全涵盖大学校长的地位、作用，但是相对来说，教育家型大学校长是当代研究者普遍认同和倡导的首要角色。而对研究民国时期大学校长文献进行整理时发现，教育家型大学校长的角色同样是最为关注的角色。

已有的书籍对民国大学校长角色定位的研究散见于相关教育史著作和校长丛书中，还有有关教育家型校长的专著中。如在《中国高等教育思想史》中，对近代著名大学校长进行详细阐述，如蔡元培、梅贻琦、张伯苓、竺可桢等，对于大学校长应当具备的素质和校长角色进行详细分析。蔡元培认为："教育是帮助被教育的人，给他能发展自己的能力，完成他的人格，于人类文化上能尽一分子的责任。所以，教育事业应当完全交与教育家……把教育交由懂得教育规律的专家管理。"[①] 程斯辉教授在《中国近代大学校长研究》中将近代大学校长作为独特的群体加以整体研究，由于这些研究对象的历史厚重感和代表性，透过他们可以反映出近代大学的群体特征以及校长的个人特征，

---

① 高奇. 中国高等教育思想史[M]. 北京：人民教育出版社，2001：139.

并指出近代著名大学校长是当之无愧的教育家[①]。周川、黄旭主编的《百年之功——中国近代大学校长的教育家精神》从思想史的角度出发,通过个体人物的介绍和叙述探讨19世纪中期到中华人民共和国成立之间的教育家型大学校长。殷爱荪、周川主编的《校长与教育家》认为校长并不等于教育家,但是校长要努力成为教育家。该书有专章探讨大学校长角色,并对近代大学校长的办学思想,即自由主义教育思想进行总结。

以纪传体出版的对中国教育家进行专题研究的著作中,民国时期有影响的大学校长多有收录,但多以人物群体形式出版,采用小传形式加以描写,对这些教育家的教育理念、教育实践,尤其是他们的爱国主义精神和献身于教育事业的精神进行研究概述。相对来说,这些著作更加注重教育实践和人生经历的铺陈,对他们的教育思想和治校理念缺乏深入而系统的分析。代表性的著作如徐仲林等的《中国教育家传略》、凡喆和一芬编著的《中国古今教育家》、吕渭源和李子健主编的《中外教育百家》、湖南教育出版社出版的《中国现代教育家传》(第1至8卷)等。与此同时,收录民国时期大学校长,并将他们作为教育家进行深入研究的传记类著作主要有陈景磐先生主编的《中国近现代教育家传》、沈灌群和毛礼锐主编的《中国教育家评传》(三卷本)、林耀华主编的《中国历代教育家传》、宋恩荣主编的《中国近现代教育家系列研究》丛书。

已有的论文以"民国时期大学校长角色"进行研究的文献资料相对很少。浙江师范大学一篇硕士论文《学术与政治:国立中央大学中央化进程中的校长角色分析(1927—1937)》探寻中央大学几位校长在学术与政治之间的角色扮演状况。这是目前能够查询到的唯一一篇从学术与政治双重角色为切入点探讨民国大学校长成长、发展状况的论文。其余对民国大学校长角色探究的论文基本聚焦于教育家角色,例如,一篇硕士论文对于民国时期大学校长的角色研究仅仅局限于北京大学,由此得出大学校长扮演学者与教育家两种角色类型。另一篇博士论文简述近代国立大学校长的角色冲突及角色定位,认为中国近代国立大学校长在中国近代高等教育中扮演的核心角色是:在作为教

---

① 程斯辉. 近代著名大学校长的精神风骨[N]. 中国教育报, 2009-03-15.

育者的基础上努力塑造教育家的角色。正是基于对教育家角色的追求，树立了中国近代国立大学校长在中国近代高等教育史上的崇高形象。[①] 还有一篇博士论文研究南京国民政府时期的教育家办大学的情况，梳理国民政府时期教育家办大学的思想理念、组织原则、管理模式等，着重分析了梅贻琦、张伯苓、陈裕光作为教育家的办学之路。而相关期刊研究也少而零散，并且一般是以个例开展研究，例如，有学者在研究蔡元培的高等教育思想后总结蔡元培在具体的措施实施中所扮演的角色既充当了管理者，又扮演了教育家，如《从蔡元培的高等教育思想透视大学校长的角色定位》。同样，对梅贻琦的教育思想、教育实践进行分析总结后，认为他的"教育家"角色实至名归，如《论教育家校长的塑造力——以清华大学"永远的校长"梅贻琦为例》《"自强不息 厚德载物"的高等教育家——梅贻琦》。类似的还有《胡适是一位怎样的教育家？——胡适教育思想刍议》《作为教育家的竺可桢》《民国教育家罗家伦》等。

由此可以看出，研究者普遍把民国时期的大学校长角色定位于教育家。这其中必然有其存在的原因。研究者基本都是从内外两种因素着手进行分析，就外部原因来讲，可以归结为以下几个方面：其一，近代社会转型对教育提出新的要求。人才的培养目标已然从培养统治阶级的接班人转变为培养促进社会经济发展的新型人才；其二，从民族危机赋予教育的特殊使命来讲，在救亡图存的社会感召下，"教育救国"成为知识人阶层的普遍诉求；其三，从民国时期相对松弛的社会政治管理情况来讲，尖锐的民族矛盾与阶级矛盾使得统治阶级将更多的精力放在维护已有的政治统治基础之上，因而教育改革者在面临相对松弛的教育、文化发展状况下，能够行使更多的自主权；其四，从思想文化为教育发展注入新的活力角度来讲，现代知识阶层接触了较多的西方文化，其主体意识不断觉醒，改革意识也在觉醒，加之充满新式的理念使他们能够投入教育实践过程。而上述这些情况使得中国传统教育模式在民国时期产生极大的不适应性，教育改革势在必行。这种现实存在的社会条件

---

① 肖卫兵. 中国近代国立大学校长结构及其角色研究[D]. 苏州大学博士学位论文，2011：170.

为近代教育家的成长提供有利环境。就内部因素来讲，大学校长的人格因素、思想背景、知识水平、个人能力、个人经历等都是成就教育家型大学校长的关键因素之所在，只是研究者的侧重点各有不同而已。如秦俊巧博士在《南京国民政府时期教育家办大学》中着重分析了教育家型大学校长的思想渊源，分析多种教育思想的交流和碰撞而使得大学校长产生了开创性的教育思想。程斯辉博士在《中国近代大学校长研究》一文中只是简单提及大学校长自身的素质决定了教育家型校长的诞生，即优秀校长之能力、知识、性格、品德等作为关键性因素而存在。

就目前所知，针对民国时期大学校长角色的梳理基本都是从教育家角色着手展开的。虽然这种从教育家角色入手分析的角度更加聚焦，能使研究更加深入，但是民国时期的大学校长所处的社会背景和所具备的人格特点等决定了他们在执掌大学时所扮演的多重角色。已有的文献虽然篇幅有限，却直接对民国时期大学校长的教育家角色的相关社会实践与理论建树进行研究，仍然对本选题具有重要的参考价值。而且，从另一方面来讲，教育家型大学校长是学界人士对大学校长主要角色的呼吁，这种学术界研究的发展趋势是笔者不容忽视的现实存在。

教育家角色自然是民国时期大学校长的主要角色，然而应当指出的是，民国时期的大学校长却不仅仅只扮演一种角色。处于社会混乱年代的大学校长需要坚守一个知识分子最起码的政治责任，以及对知识的、对真理的责任。这两种责任对民国大学校长来说，早已不是外在的义务，而成为一种内在的信仰，一种只能如此的工作、生活方式。而这种方式，成就了民国时期大学校长内心良知的彰显以及对真理执着的追求。在这个过程中，大学校长所扮演的角色就不会单纯地体现出教育家角色了。因此，本文在总结、思考已有研究对民国大学校长角色定位的基础之上，结合民国时期特有的社会环境、大学校长的人格因素呈现一种具有包容性和整合性的角色分析：学术与政治双重角色。大学校长如何在学术与政治之间进行角色扮演，以及表明这背后所隐含的社会、历史、文化用意，是民国大学校长研究领域内的一个可能而又重要的方向，也是文章所力求实现的目标之一。

## 三、研究目的与方法

### (一)核心概念

民国大学校长:在 1912 年 1 月 1 日至 1949 年 10 月 1 日这段时间范围内具有明确身份的大学校长,并不包含大学的代理校长和创办人。

角色:最初是一个关于戏剧表演的概念,后来成为社会学的重要概念,在社会学中,角色又可称为社会角色。尽管国内外学者对社会角色的概念各不相同,但是在此主要强调以下几点:社会角色与社会位置、社会地位或社会身份密切相关;社会角色是社会所规定的或期待的行为模式;这种行为模式是个人的。①

另外,还有一些基本概念在此应当明确:

民国大学:本文所指的大学是根据 1912 年《大学令》中所规定的"大学以文、理二科为主;须符合下列各款之一,方得称为大学:一、文理二科并设者;二、文科兼法、商二科者;三、理科兼医、农、工三科或二科一科者",以及 1917 年《修正大学令》中规定的实施本科教育的单科也可称大学的规定。前者称为综合性大学,后者称为单科性大学。就本文具体来讲,指在上述时间范围之内创办的公立大学、私立大学,但是不含教会大学。同时,还包含虽然名称不是大学但是属于本科层次的院校,以及在此时期创办的高等专科性质的学校。

学术:古代学术的意义较多,不仅有学问、学识、学风之意,还有治国之术,教化、法术、本领等义之说。"学术"发展到当代,一般是指系统专门的学问。本文中的"学术"从总体上讲是指与教育、学校、学生有关的事情,具体来讲,其一,指以学术价值为取向,作为考量客观事物的标准;其二,指具有较高学术专业水平的人从事与学术、教育有关的工作。

政治:"政治"一词的文字记载最早出自《荷马史诗》,其一开始指的是城邦公民参与各种公共生活行为的总和,例如统治、管理等行为。中国先秦诸

---

① 秦启文,周永康.角色学导论[M].北京:中国社会科学出版社,2011:38.

子也使用过"政治"一词，如《尚书·毕命》有"道洽政治，泽润生民"，但是将"政"与"治"分开使用的情况更为常见。"政"主要指国家的权力、制度、秩序和法令；"治"则主要指管理人民和教化人民，也指实现安定的状态等。①中国古代"政治"的含义并不同于西方的"政治"的理解，中国古代之"政治"在很大程度上强调维护统治、治理国家的活动。这是和古代的社会政治体制密切相关的词汇。现代的"政治"一词，缘起于孙中山对"Politics"的翻译，他认为，政是众人之事，治是管理，管理众人之事就是政治。在本文所述的政治包含意义较为广泛，但是大致有两种意思，其一，指有关某一阶级或集团从事与权力相关的活动；其二，指关注、从事与国家公共事务有关的活动。

### （二）研究目的

本研究从群体探讨与个体考察相结合的角度，围绕探寻"民国时期的大学校长究竟发挥什么作用、究竟扮演什么角色"之目的展开研究。一方面，从历史的角度考察民国时期大学校长的角色，寻求共性与个性之间的平衡点。着重分析民国时期具有代表性的几位大学校长所扮演的学术与政治两种角色，以求深刻揭示民国时期大学校长学术与政治双重角色之间的实践活动、心理态势、角色冲突及其对角色把握的基本原则等。另一方面，学术与政治之间的徘徊，是中国大学校长群体特有的职业角色状态，文章以民国时期大学校长角色扮演为突破口来探寻这种角色的作用、价值并进行批判性反思。

### （三）研究方法

**1. 文献法**

文献法主要指搜集、鉴别、整理、分析文献，并通过对文献的研究形成对事实的科学认识的方法。由于文献法超越时空的限制，并能够大量占有资

---

① 政治. 百度百科[EB/OL]. http://baike.baidu.com/link?url=wtrixrr80WGbVkCz20i_vQL1qS-rwg7NbawkOVoLfQmM51BJr2cV-V--TD-did4XUZfpwWK27zyzqewmWBVtvK.

料，其适用范围相对较为广泛。由于本研究涉及一个时期的大学校长治校理念与实践等活动的梳理工作，所以文献研究法是本研究的基本研究方法。本研究拟通过文献研究查阅书籍、报刊等，收集、整理与本研究相关资料，并逐一阅读、鉴别和分析，厘清他人在相关研究方面所做的工作，概括所取得的成就、研究存在的问题，找出自己的研究空间，以求准确把握大学校长的角色活动，以展现大学校长这一职业角色的真实形象。在文献处理上，遵从掌握第一手资料的原则，而非追求原始资料为目的。因此，本研究所采集的第一手资料既包含部分原始资料，也包含经过整理的原始资料，例如日记、文集、校史等。

#### 2. 生活史研究

生活史研究是对人们的生活经历进行了解以及分析的方法。它是从个人理解和解释其周围世界的角度去研究其生活经历。这种研究方法可以全面收集个体各个方面的信息，具有开放性、全面性和详细性，所以其研究资料不仅能够用来作为解释新知识和新理论出现的依据，而且能够权衡外在的政治、经济、文化等对个体行为的影响。由于本研究需要了解、分析民国大学校长个人生活的各方面的情况，通过个人经历来发现他们的教育理念与实践、政治理念与实践等方面产生的影响，可以更加生动、鲜活地展现民国时期大学校长角色扮演的特征。

#### 3. 比较法

比较研究法是确定对象间异同的一种逻辑思维方法。由于比较研究法能够从事物的相互联系和差异的比较中观察事物、认识事物，从而探索规律[①]，因此，比较研究法对于本选题有其适用性和优越性：民国大学校长学术与政治角色的扮演存在其可比较性，能够从比较的角度把握民国大学校长个体的特性。具体来讲，本研究在明确民国大学校长角色扮演这一比较前提的基础上，将选取具有典型性的四位大学校长进行比较研究，以求发现民国大学校长角色扮演的共性与个性，并且更加清楚地认识民国大学校长角色扮演的基

---

[①] 裴娣娜. 教育研究方法导论[M]. 合肥：安徽教育出版社，2013：223-224.

本原则与本质特征，得出符合客观历史事实的结论。

**4. 案例分析法**

所谓案例分析法，就是在研究一般现象与抽象的理论时，挑选一个或几个具体事件或个人、单位、地区、国家为具体研究对象，加以具体研究，通过观察、比较、分析，从中揭示出同类事物的一般规律。[①] 鉴于民国时期大学校长数量较多，没有办法全部加以研究。因此，需要从众多大学校长之中选取具有典型性的人物作为个案进行研究。本研究通过案例分析来对民国时期四位大学校长学术与政治双重角色的扮演进行深入透视，从而更加清晰地了解民国时期大学校长群体双重角色扮演的情况。

### （四）研究框架

本研究对每一部分分条缕析，以求达到全面论述、深刻剖析的效果。具体安排内容如下：

第一章，民国时期大学校长角色扮演的群体透视。本章从政治、经济、文化背景方面，将民国大学校长置于社会转型这一环境中进行综合考察。随后分析民国大学校长的多元化角色：学者、教育家、管理者、社会活动家四种主要角色类型，并总结这四种主要角色类型所具有的共性便是围绕学术与政治展开。

第二章，民国时期大学校长角色的个案研究。虽然历史给予民国大学校长相同的时代背景，但由于个体因素的差异，他们可能会产生不同的选择。本章以民国时期的著名大学校长中的典型人物蔡元培、胡适、罗家伦以及竺可桢为主要分析对象，探析他们作为大学校长是如何徘徊于学术与政治角色之中的。

第三章，民国时期大学校长角色扮演之共性。尽管民国大学校长对学术与政治的追求存在个体差异，但是仍旧可以从四位典型大学校长的角色扮演中找出其存在之共性。

---

① 周敏凯. 公务员制度概论 [M]. 北京：高等教育出版社，2009：20.

第四章，民国时期大学校长角色徘徊之缘由。本章探寻民国时期大学校长徘徊于两种角色之间的看似偶然实则必然的缘由。

第五章，民国时期大学校长角色扮演之启示。本章结合当今中国大学发展过程中面临的新形势、新任务，总结、思考民国大学校长角色扮演的经验、启示，审视当前大学校长角色扮演、作用发挥的情况。

最后一部分为结语，"放大了"的校长责任的承担。本部分将民国大学校长的研究置于一种更加宏大的视野之下，探究民国大学校长更加崇高的学术与政治使命。

## 四、创新与不足

### （一）创新点

第一，在研究方法方面，本研究将整体描述与个案分析相结合，逻辑把握与历史透视相结合，外在分析与内在剖析相结合，不仅增强研究的深度及信度，同时能够提出一些新鲜的观点。

第二，在研究广度方面，一方面，本研究结合知识分子转型的角度深入探究民国时期大学校长在面对学术与政治冲突时的矛盾与平衡。另一方面，本研究将大学校长置于"放大"的校长地位，探究其对中国高等教育现代化进程以及中国政治现代化进程等方面的作用，由此为大学校长角色扮演、作用的发挥拓展一个更为广阔的研究领域。

### （二）不足之处

第一，在资料把握方面，本研究涉及的相关研究资料极多，包括教育史、年谱、自传、校史、亲朋回忆等。而民国时期恰是优秀大学校长至多的时代，这就使得资料堆积如山，阅读和整理的工作量极大。从不同研究背景、不同经历、不同思想的个体中找到群体共性，而且从群体中寻找具有典型性的个体就是一件相当复杂的工作。由于笔者水平有限，可能会出现筛选资料的有限性与偏颇性，导致文章在撰写过程中不够翔实与充分。

　　第二，在研究深度方面，本研究既要客观分析民国时期大学校长角色扮演的原貌和精神内核，又要尽可能反映其时代局限和现实价值，研究具有一定的时空跨度，而且涉及教育史、政治学、管理学等相关方面的内容，具有学科交叉的复杂性。另外，在具体探讨民国时期大学校长处理学术与政治时的角色时将其独特的地位、丰富的心理更加淋漓尽致地刻画具有相当的难度。而由于笔者理解、分析、整合等能力的限制，导致文章在研究深度方面并未能达到令人满意的地步。

# 第一章  民国时期大学校长角色的群体透视

民国时期的政治、经济、文化背景,一方面为大学的发展提供舞台,另一方面对大学的发展提出符合时代意义的要求。民国时期大学校长作为特殊时代孕育下的主体,在当时环境的挤压之下承担着多元化的角色。而这些多元化角色不管是从个人发展层面,还是大学发展层面,再或者从推动社会发展层面来讲,都聚焦于学术与政治。从学术与政治进行展开,不仅仅是民国大学校长自身职责的承担,还是民国大学校长自觉的社会担当,更是时代赋予民国大学校长的历史使命。

本章对民国时期担任国立大学或者私立大学校长一职的人物进行群体分析。所谓大学校长"群体"并不能包含每一位大学校长,而是试图表明民国大学校长所表现出来的主要共性。

## 一、民国时期大学校长的生存背景

民国时期的政治、经济、文化环境为大学校长的生存、发展提供最基本的时代背景,一方面他们的角色扮演、作用发挥深深根植于民国时期特殊的历史背景,同时又承担着复杂历史条件下赋予他们的特殊使命,并不可避免地受民国时期特定的历史背景制约。因此,对民国时期的社会状况进行简要分析,从而将民国大学校长置于特殊的历史背景之下进行阐释就显得颇为必要。

### (一)政治:民族危机、军阀割据与变革图存

从总体上讲,整个近代中国政治发展状况对教育的影响,如程斯辉先生

所讲:"伴随着尖锐的阶级矛盾和民族矛盾,无论是清政府、北洋军阀政府还是国民党政府都把主要精力放在了应对尖锐的阶级矛盾和民族矛盾上。连年不断的国内战争,此消彼长的甚至使中华民族面临生死存亡的民族战争,迫使不同时期的统治者很难腾出手来对思想文化教育进行过多的控制。因此这就使近代教育改革、文化发展整体上处于管理相对松弛、宽松的环境中,这种环境使教育改革者有了一定的自由度和自主权,有利于教育改革者的创造性发挥。"①

罗兹曼认为:"政治上的失败乃是解释中国现代化起步缓慢的一个最重要的原因。"② 1911年的辛亥革命以及相继成立的中华民国,意味着持续将近二百七十年的清朝倒塌,更意味着持续两千多年的封建君主专制制度的彻底瓦解。更为重要的是,初步建立起民主共和国制度,以"民族国家"的形态代之以"朝代国家"的形态,实现由传统社会向现代社会的转变。然而,"无量头颅无量血,可怜换得假共和"。中华民国并没有走上民主共和的坦途。另外,当中国的辛亥革命发生后,大国的反应并不相同。美国由于辛亥革命后建立的民主共和体制而欢喜不已,日本则因革命思想弥漫中国并取得成功而坐立不安。孙中山在革命爆发后赴英国寻求帮助意图抑制日本的行动表明,此刻中国政治环境中,外国势力仍旧具有压倒性的作用。

然而,外国势力试图在中国发挥重要影响,所采取的下一个步骤是寻找新政府来维持秩序并履行早期签下的各种条约义务。袁世凯便是在当时形势下的可用目标。而当袁世凯意图在社会激荡时期成为大独裁者的美梦破碎后,帝国主义列强支持下的各派别围绕北洋军等遗产展开激烈争夺,各省有势力的人物也为保存自己的政治利益纷纷组建军队,划分势力范围。由此而产生的战乱愈演愈烈,把中国拖入长期分裂割据和军阀混战的时代。从某种意义上说,一部中华民国史,基本上就是混战中的军阀的合成史,所以说军阀混战、武夫当权的历史在民国政治史上具有浓墨重彩的一笔。更为重要的是面

---

① 程斯辉. 中国近代大学校长研究[M]. 北京:人民教育出版社,2010:459.

② [美]吉尔伯特·罗兹曼. 中国的现代化[M]. 国家社会科学基金"比较现代化"课题组,译. 南京:江苏人民出版社,2003:189.

对社会性质的飞跃，军阀在背负传统重负跟跄而行之时，它还带有西方资本主义殖民政策的痕迹以及几代中国人对传统文化进行物质与制度反思的印记。也就是说，民国时期的军阀发展所蕴含着三种历史过程：中国传统秩序走向灭亡的过程，西方资本主义在中国殖民化的过程以及中国探索现代化的过程。

中国自鸦片战争开始就进入世界列强的强势进逼情势之下，民族危机始终是悬在中国人民头顶上的达摩克利斯之剑。中华民国成立后，民族危机继续加深。民国初期，俄国策动蒙古"独立"与分裂内蒙古，俄国在新疆的侵略活动以及英国阴谋策划西藏"独立"的活动时刻威胁着中华民族的生存。日本攫取德国在山东的权益，趁机成为东亚的主宰。为了预防战后世界的不测，日本于1915年提出"二十一条"，暴露了日本加速对华扩张，试图将中国变为其独占势力范围的野心。1915年以后，日本在中国政坛上成为最强大的外国势力。但是，此时中国的政局远不是悲哀无望的，因为它不断在成长、运动。更何况，尽管国际环境恶劣，尽管中国人民挽救民族危亡的活动一再受阻，但毕竟不是中国政治困境的决定性因素。列强的势力不断被消耗，并且没有任何一国列强完全实现自己在中国的目标。20世纪20年代中后期，曾经威胁中国生存的帝国主义列强之中，有的垮台，有的因内部问题无暇顾及中国。帝国主义对中国统一的威胁有所缓解，但中国的反帝情绪有增无减。这种强烈情绪的真正根源，就是国内政治混乱而产生的民族挫折感。朝秦暮楚的军阀使政权易手于瞬息之间，纵横捭阖的政治争夺者与维护者在军阀舞台上来去匆匆的局面使民众无法依靠所谓的"中央政府"。而且，帝国主义与军阀主义在维护自身利益方面更是沆瀣一气。

1927年4月南京国民政府成立，但根基未稳，远在武汉的国民政府与其分庭抗礼，矛盾不断。蒋介石一方面不断扩充军事力量，另一方面加紧与武汉政府斡旋，最终以"宁汉合流"而告终。1928年当南京国民政府的青天白日旗悬挂在东三省之时，南京国民政府形式上"统一"全国。随着蒋介石在国民党内势力的不断增加，蒋氏企图独断专行、总揽全权的野心昭然若揭，以政治纠纷为主的党内斗争最终演变成军事斗争，影响惨重的大规模战争由此到来，直到1930年10月决定大势的中原大战而告终。之后，占尽政权和军事优势的国民党建立和巩固了在全国的统治地位。由于其所代表的大地主大资产阶级的利益，一方面，对内实行专制独裁，维护和加强反动统治，并展开对共产党的围剿行动；另一方面，通过各种措施，谋求中国的稳定和发展。国民政府安排受过现代化教育的人担任要职，还在发展现代化策略中广泛聘用专业技术水平高的国内外知名顾问。这样，各地军阀从表面接受了国民党的地位。长此以往，中央政府的政令逐渐在中国广大地区生效。

20世纪二三十年代是对中国的现代化具有重大意义的时间段。尽管这期间不断充斥着政治混乱和社会动荡，但在民族目标方面产生令人惊讶的共识。人们期望社会不断进步的同时摆脱列强干涉，并最终实现国家统一。然而，现实往往不给人们奢求完美的机会。南京政府在建立后没几年就受到日本侵略进攻的威胁。九一八事变后，日本侵占东北，1937年7月7日的卢沟桥事变是日本全面侵华战争的开始。日本在与意大利、德国等国的相互支持过程中，兵峰直逼华北、华东等地，把中华民族推向生死存亡的边缘。从此开始，日本对我国大学肆意轰炸，意欲根绝中国复兴的希望。大学被迫从中国沿海地区迁往内地，造成炮火轰炸下的"现代中国"代表者们——教师、学生、城市精英等"心理统一"的强大压力，社会各阶层之间的认同感逐渐增强。中国社会各阶层在面对民族危难骤然加深的历史进程中，提出了不同挽救主张。民众的救亡运动推动全国的团结抗战。由于中国社会的协整性极强，它自己很难开出基本的"结构的形变"，由此，外力的逼促、挑激在某种程度上改变了中国社会一成不变的结构。所以，客观地说，列强侵略确实给中国带来现代化因素，加速中国社会由传统向现代的转变。但是，从根本上说，列强带给中国的现代化因素不过是把中国变成殖民地半殖民地的副产品而已，绝不会是有意将现代化因素在中国培植乃至顺利发展，反而直接严重阻碍中国现代化的进程。

回首此段历史可知，中国现代化的运动与中国优秀知识分子的雪耻图强意识，即为确保"中国之为中国"，维持中国之"认同"有关，也与追求国家"权力"与"财富"，即"变革"中国，使"中国之为中国者"有所变有关。这短短几十载，中国优秀知识分子在对中国现代化的认知便已自觉不自觉地环绕在"认同"与"变革"之中，只是分量有所不同。而从辛亥革命以及之后的军阀混战乃至国民党建国工作可以看作由"认同"向"变革"的推动。而此时期挽救民族危亡的运动早已不同于19世纪末20世纪初期的"中体西用"之说，加之中国现代化进程的逐渐推进，因此，民族危机带来的"变革"也远远大于"认同"。

历史上的民国时期，可用分裂和混乱等词语来形容。这个时期一方面面临列强侵略所带来的民族危亡的局面；另一方面各地大小军事势力割据，中央政府无法掌控。但是，正是由于这个时代为挽救民族危亡的自救活动与缺乏强大权力的统一政府的现实存在，因此有着不同于以往的自尊与自由并存的时代氛围。这就无形中为当时的大学校长执掌大学提供了一个相对宽松的环境，并为大学校长自身的发展提供了众多可能性。另一方面，政治变革作为社会发展的上行路线给高等教育的发展提供了基础和保障，而现代化发展是民国时期最主要的历史动向，高等教育的现代化之路也由此展开。

### （二）经济：表面发展、实则窘困与苦苦支撑

经济发展给教育条件的改善提供各种可能性的同时，也极大改变了人们对教育的观念。而教育所具备的经济功能更显而易见：教育能够通过科学技术的普及提高劳动者的素质；教育通过创设完善的人文环境，培育健全人文精神为经济活动提供道德和文化基础；高等教育机构是知识、技术和工艺创新的机构。民国时期的经济状况为大学校长掌校提供了最基本的物质环境。现实告诉我们，此时的经济现状深受民族矛盾与阶级矛盾的影响，但是民国时期的大学却能成功地跻身于世界一流。而此时期的大学校长在深受经济窘境的情况下所致力于培育的新型教育体制，希望能为促进民国时期的经济发展带来一丝生机。

中国经济的现代化运动，自海禁开放后就随外资和中外合资企业的增加与生产技术的引进有所发展，并集中于沿海沿江地区。但由于军阀混战，兵连祸结，使这一过程时断时续，同时，外资占当时整个国民经济的比重也很小。第一次世界大战期间，西方帝国主义无暇来顾，给民族新兴工业蓬勃发

展带来良好时机。1912年至1920年间，中国工业年增长率为13.4%（1912年至1949年工业年增长率为5.6%，1926年至1936年年增长率为7.6%），这是中华民国整个时期呈现快速增长的阶段。然而，军阀混战，以及军阀政府随意截留、挪用教育经费充当军费，中国彼时各高校时常出现教师薪金被扣留而导致的罢教活动。

南京国民政府在1927年建立后，曾经做出系统的努力，以求为全面的民族发展奠定基础。虽然当时的中国同时面对民族矛盾与阶级矛盾的双重压力，但国民党政权认定经济发展的主要障碍源于外部。国家主权的恢复，被认为是使政府得以自由地重建民族经济的决定性因素。[①] 各种全国性建设措施展开，例如整顿财政金融，为发展经济铺路；以国营企业发展重工业，带动其他行业发展；致力于教育事业与技术改进，激励农业、手工业进步；恢复关税自主，强化中央政府的财政基础等。在1927年至1937年这10年间，首次出现全国上下朝气蓬勃的局面，而且中国经济已具备了"起飞"的制度基础，在若干方面，已露"起飞"迹象。[②] 在金融、交通运输、新式进口领域等方面都有贡献。就教育建设方面，1916年全国只有大专学生二万五千人，到1934年已增加到四万三千人。高等院校校数，由1928年的28所增加到1937年的108所。主修与经建有关的理、工、医、农学生，由1931年占学生人数30.7%上升到1935年的51.2%。[③] 然而，中国教育的现状似乎不像表面上所展示的那么美好。据《第二次中国教育年鉴》统计，国民政府教育预算经费，1930年时仅14404067元，占国家总预算比例的1.46%，以后逐年递增，1936年时增至55406050元，占国家总预算比例的4.48%。[④] 相比同时期西方国家对教育的投资来说，简直是"杯水车薪"。而且，这些技术与经济现代化的事业，被束缚在意识形态和社会的保守主义框架中，以恢复儒教僵尸体制为鹄

---

① 罗荣渠，牛大勇．中国现代化历程的探索[M]．北京：北京大学出版社，1992：248．
② 罗荣渠，牛大勇．中国现代化历程的探索[M]．北京：北京大学出版社，1992：212．
③ 黄建中．过去十年的高等教育[A]．中国文化建设协会．抗战前十年之中国[C]．香港：香港龙门书店，1965：523．
④ 秦俊巧．南京国民政府时期教育家办大学研究[D]．河北大学博士学位论文，2013：29．

的，抵制社会和制度的重大变革。因此，虽然中国经济曾出现过"起飞"迹象，但以经济基础带动教育发展而言，国民政府并未能取得成功。

抗日战争期间，中国所受损失惨重。集中于沿海沿江各省的现代工业精华遭到严重破坏；交通运输设备多毁于战火。除受战争的直接破坏外，遗留下来的工矿企业、手工业、农业等物资、设备亦被日本侵略者强取豪夺。中国经济"起飞"的条件被破坏殆尽。另外，为支持这场战争，国家预算中的七成用于军费，作为国家税收主要来源地的沿海沿江地区基本陷入敌手，使政府财政来源濒临灭绝。1937年赤字已占国家支出的37%，到1941年赤字达到81%。① 政府为弥补财政的巨大缺口，不得不采取增发钞票的措施来维持短期需求。而这对依靠固定薪资的广大教师的生活水平造成极大困扰。教师的收入在1942年只有1937年的三成，不得不节衣缩食，甚至变卖随身物品满足最基本的温饱需求。

清朝崩溃后，经济方面总体是进入一个虽发展不平衡，但逐渐提高和相对更加一体化的时期。只是，概述民国时期经济状况，总体基调必然是极低的。在1949年以前的年代，看不到总产量持续增长的状况及其带来个人福利增长的可能性。虽然现代工业和运输部门以相对比较快的速度发展，但直至1949年之前的影响都极小。由于中国缺乏一个稳定的中央集权体制，未能建立和维持一个进步而开明的阶级统治基础，加之现存的官僚体制臃肿无能，民国时期的经济发展始终缺乏保持长期稳定的内在基础而丧失活力，而其影响下的教育状况更缺乏动力。另外，尽管在中国社会与国家机器内部有诸多因素可以解释经济无法走上现代化发展快车道的原因，那些使这个国家薄弱的经济基础更加气息奄奄的力量，却是帝国主义列强之间的政治经济争夺，尤其是日本对中国经济的破坏。帝国主义可以容忍一个软弱的、依附性国家政权的存在，但是对以民族复兴，促进经济腾飞为前提的各项努力，却极力反对。高等教育作为开启民智，创新知识与技术的手段与源泉，必然被帝国主义国家肆意摧毁。

---

① Arthur N. Young, China's wartime Finance and Inflation[M]. Harvard University Press, 1965：20.

经济的发展，在民国是一个充满想象的产物。之所以如此说，是因为民国的经济状况在表面上呈现一定的发展态势，但是在战争危机、政治腐败、通货膨胀等的摧毁下，只能如昙花一现。经济确实需要为教育的发展提供各种财政、资金等的支持。然而，现实似乎给予民国大学校长重重一击，整个社会的经济状况无疑严重制约大学的发展。"冰山上开不出玫瑰"似乎是无可争议的，但是恰是在这种"缺衣少食"的环境下，大学校长为大学的生存苦苦支撑，虽然经济困境无从改变，但是围绕争取教员合理薪资、争取大学建设经费以及教育经费独立等行动仍旧能看到众多大学校长的不懈努力。

### （三）文化：放眼西方、冲击传统与文化交融

19世纪中叶，西方的侵略迫使中国打开大门，中国人开始睁眼看世界。最初中国人认为西方的长处在船坚炮利，随后又开始学习西方的政治制度，主张君主立宪。然而，最终都以失败告终。辛亥革命推翻了几千年的封建君主专制，建立民国，实行"民主共和"，但是中国社会并没有发生实质性的变化。中国的社会状况如此，那么中国人又是如何呢？对此，陈独秀指出："今之所谓共和，所谓立宪者，乃少数政党之主张，多数国民不见有若何切身利害之感而有所取舍也。……立宪政治而不出于多数国民之自觉，多数国民之自动，唯曰仰望善良政府、贤人政治、其卑屈陋劣，与努力之希冀之主恩，小人之希冀圣君贤相施行仁政，无以异也。"[①] 由此可见，中国人由于缺乏普及性的教育，全国上下都不知民主共和到底为何物。中国传统的思维方式成为制约人们理解、思考的障碍。另外，文化的复古运动迭起，复古作为孔子的精神所在，信孔便成为复古者的精神和性命所在。类似忠孝节义、八德的建设案，连篇累牍地披露出来。但是毕竟其已与时代发展趋势相悖，并不能成气候。只是这种顽固的文化心理往往会与恶浊的政治相因而至。

中国始终陷于困境之中，严峻的现实迫使人们思考：中国一直在向西方

---

① 陈独秀. 吾人最后之觉悟 [N]. 青年，第1卷第6号，1916年2月15日.

学习，从坚船利炮到科学技术的引进，再到政治制度的应用，为什么中国始终处于落后局面，不能像西方那样强大？于是，先进的中国人对中西文化的核心部分进行深层次的认知和思考。

李大钊在其《东西文化之根本异点》一文中指出："东西文明有根本不同之点，即东洋文明主静，西洋文明主动是也……一为自然的，一为人为的；一为安息的，一为战争的；一为消极的，一为积极的；一为依赖的，一为独立的；一为苟安的，一为突进的；一为因袭的，一为创造的；一为保守的，一为进步的；一为直觉的，一为理智的；一为空想的，一为体验的；一为艺术的，一为科学的；一为精神的，一为物质的；一为灵的，一为肉的；一为向天的，一为立地的；一为自然支配人间的，一为人间征服自然的。"[①] 通过这种比较，相当一部分人认为："社会文化是整套的，要拿旧心理运用新制度，决计不可能，渐渐要求全人格的觉醒。"[②] 于是，一大批先进的知识分子掀起五四新文化运动，从根本之处撞击着中国传统文化。

"五四"所提倡的新文化运动具有意义重大的一面。以民主和科学为旗帜，进行了广泛的讨论。它所表现出的强烈的反传统的精神，显示出对自己民族文化心理的追询和鞭挞，希望把西方近代科学和自由平等、人权等作为一种基本精神、基本态度、基本方法来改造中国文化，改造中国人，并注入中华民族的文化心理结构。实际上，目的就是要改变传统文化的价值观、思维方式，重铸民族新魂。[③] 随着传统文化与教育不断受到质疑与批判，在西方文明中寻求救国、强国之路成为一种必然。先进的知识分子们挺身而出，奔走呼号，传播新思想、新文化，启发民众，唤醒民众。

然而，我们必须意识到的问题是，"五四"提供给中国人一个接触西方文化的机会，让中国人认识到西方的启蒙思想下的科学主义与实证主义。但是，毕竟西方文化有其精神内核。中国以儒家传统担负行为规范，中国的道德也多从儒家而来，而西方宗教却是道德的源头，更是他们人生意义的源头。这

---

① 李大钊. 东西文明根本之异点[A]//. 李大钊文集（上册）. 北京：人民出版社，1984：557.
② 梁启超. 五十年中国进化概论[A]//. 梁启超文选（下）. 北京：中国广播电视出版社，1992：554.
③ 安宇. 冲撞与融合——中国近代文化史论[M]. 上海：学林出版社，2001：30.

样一来,"五四"时期的知识分子根本接触不到西方人生意义的源头,因此在文化问题上,许多概念是社会科学的一般概念无法通释的。对于"科学""民主"背后的文化成分,人们的知识几乎为零。很多后世的研究都毫不客气的总结道:"五四"以来,我们接触的是西方文化的外表,一种片面化的文化观,甚至是相当肤浅的。根本就没有深入西方文化的核心。这种文化现状深刻地影响着民国大学校长的教育与政治理念。

经历新文化运动的风暴之后,"中学"的传统地位受到根本动摇,但是"西学"仍旧不足以完全将"中学"取而代之,双方的信奉者们通过各种手段宣传各自的思想与文化"精髓",他们都努力说服他人相信自己的文化是拯救民族危机,实现民族复兴的唯一良方。新文化运动之后,双方因此进行过多次关于东西文化选择的讨论,不管是想恢复"中学"的正统地位,还是想将"西学"奉为"至圣",二者都未能完全达到各自的目的。"时值20世纪30年代,由于政府当局的保守倾向,思想文化界分流也日趋明显,这使始之于20年代的对东西方文化之争带上了政治色彩。自由主义知识分子因不满于保守当局的独裁,在文化倡导'西化论',而与统治者关系密切的知识分子则多以文化保守姿态出现。关于文化选择的争论,出现了立场完全不同的两派:'西化派'与'本位派'。'西化派'以陈序经等人为代表,'全盘西化'是他们在争论中提出的口号。'本位派'则以发表《中国本位的文化宣言》的10教授为代表,他们提出了'建设中国本位文化'的口号以与'西化论'者相对立。'西化派'强调文化的普遍性和时代性,'本位派'则强调文化的民族性和特殊性。他们都从各自眼中的现实出发,依据其文化理论,展开了相互诘难,从而再次引发了一轮空前激烈的中西方文化之争。"[①] 尽管在这场争论中双方都有相互的批驳与诘难,都产生过矫枉过正的偏激情绪,但是这种文化的辩论不仅仅揭示着东西方文化的特质,而且他们的主张,在一定程度上代表着中国未来的出路。"这场文化论战,时间并不很长,很多问题未及深入,而且事实上,参加论争的任何一方都没有真正从理论上正确地阐述和揭示出近代中西文化融

---

① 张宪文,等. 中华民国史(卷二)[G]. 南京:南京大学出版社,2006:440.

合中的矛盾关系，这一文化取舍上的两难困境和结局，正是当时中国知识分子主体在文化转型中的矛盾困惑心理的写照。然而值得肯定的是，由于这场讨论是在文化抉择层面上展开的，它为人们如何正确对待中国文化的继承与反叛，如何对待西方文化的扬与弃，以及如何对待中西文化的差异，在深化认识上开拓了思路，这就为转型社会中一种新文化的出现作了有益的探索和铺垫。"①

总之，无论是主张西化，还是主张回归传统，都能够体现出中国文化深层结构的重大变化。这种变化以崇尚民主与科学的现代性追求为价值核心，以期盼中华民族及其文化复兴的强烈民族主义冲动和文化的精神关怀为内在动力，以自觉寻求中西文化的交汇、融合为活力源泉和创新形式，而这种一体性的文化精神结构伴随整个民国的文化发展进程。就是在这样的文化背景之下，民国大学校长的大学理念不断成熟和发展，通过不断的反思、实践，最终形成符合自身特色的大学理念。

## 二、民国时期大学校长角色的多元化

"天地大舞台，舞台小世界。"其实，国家、社会对于大学来说，就是一个大舞台，而大学校长在执掌大学这个小舞台时需要扮演各种角色。大学校长作为大学舞台上的一个演员，能否成功塑造这个社会角色，则取决于国家、社会、学校的要求，取决于他对角色的认识和理解，取决于他在工作"转场"中，如何有效把握"进""退"的契机，摆正角色与自我的关系。

如前所述，民国时期的大学校长生活的时代是一个新与旧、血与火、生与死、光明与黑暗、正义与邪恶交织的时代，这是中国近代社会的重要转型期。这样的时代，为大学校长提供改变中国高等教育历史进程的大舞台。虽然民国时期大学校长处于相同的时代背景之下，但是由于个体差异而形成了多元化角色类型，使他们能上演一幕幕鲜活的历史活剧。

---

① 张宪文，等. 中华民国史（卷二）[G]. 南京：南京大学出版社，2006：443-444.

## （一）学者

**1. 学者型大学校长之标准**

讨论学者型大学校长，首先要明确什么是学者。通常人们将学者看作有学问的人或者在学术上有一定造诣的人。关于学者，邓实曾说："学也者，学其一国之学以为国用，而自治其一国者也。"[①] 郑晓沧给出他的理解，认为学者相当于德国的专门研究工作者，即 Research scholar。他指出：兹姑以一般 scholar 为言，其在中国，今日通称为"学者"，求之旧籍，依个人意，相当于"士"。[②] 而这里的"士"有多重含义，不仅仅指具有演绎与归纳整理思想的高尚的修养者，在学识之外，也包含其人格修养。由此来看，学者与知识分子便有了千丝万缕的联系。虽然二者之间并不能画等号，但是这种理解是以一种开放的眼光来看待这个丰富的群体，避免因为主观认知的偏见化而导致学者内涵的窄化。由此，学者的含义有广义和狭义之说。狭义的学者指"做学问的人"，在学术上有一定成就的人。广义的学者是知识分子的中坚力量，他们不仅从事学术的探索和创造，也关心社会公共事务，富有人间情怀的强烈感触。在此，我们更为强调从广义上来理解学者。

**2. 学者型大学校长之原因**

（1）执校前的学术之路

考察民国大学校长之所以能够被称之为学者的原因，应该首先从其担任大学校长之前的高等教育经历、获得学位等方面加以研究。毕竟，没有前期的学术铺垫，众多大学校长不可能在其校长之位上仍旧坚守学术之路，也不可能成为在学术上有成就之人。

早在1914年教育部制定的《直辖专门以上学校职员任用暂行规定》中有明确的要求："凡直辖学校校长，非专门以上学校毕业，不得充任。"[③] 由此可以看出，民国时期对大学校长的教育经历比较看重，高等教育经历是成为大学

---

① 章太炎. 国学概论[M]. 上海：上海古籍出版社，1997：7.
② 郑晓沧. 大学教育的两种理想[A]//. 杨东平. 大学精神. 沈阳：辽海出版社，1999：58.
③ 潘懋元，刘海峰. 中国近代教育史资料汇编·高等教育[G]. 上海：上海教育出版社，1993：783.

校长不可或缺的条件之一，也是他们成为学者的不可或缺的基石。因此，探讨民国大学校长任职前的高等教育经历有利于全面理解学者型大学校长这一角色。

民国大学校长的高等教育经历有国内和国外高等教育经历之分。就国内高等教育经历来说，民国大学校长的教育经历主要集中在近代较早创建的几所高等学府。这些著名学府不论在教学、研究还是其他领域，均处于国内领先地位，为在其中就学的大学校长提供成长、成材的环境。而另一方面，国内的高等教育经历为他们去国外继续深造提供可能。就民国时期数以百计的大学校长来说，其中的绝大部分都有在国外接受高等教育的经历。在这一部分大学校长之中，还有在两个以及两个以上国家留学的经历，例如马君武、罗家伦、王世杰、任鸿隽、熊庆来、周鲠生等。还有一部分大学校长虽然只在一个国家留学，但是在留学国家中的两所以及两所以上大学进行学习，例如郭秉文、蒋梦麟、黎照寰、何炳松、胡适、竺可桢、胡先骕、杨功亮等。当时这些民国大学校长所接受教育的国外大学，基本都是世界知名大学，例如哥伦比亚大学、伦敦大学、哈佛大学、柏林大学等。在这些知名高校中求学、做学问，使他们具备专门学科的知识、技能，具备广阔的前沿视野以及过硬的科研能力。

"学位"是衡量个人学术水平的凭证。既然我们将"学者"定义为在学术上有一定成就的人，那么我们需要寻找一种尺度来探究大学校长的学术水平，而"学位"便是最为直观的表述方式。而民国大学校长在执掌大学之前便已经获得学位，而拥有某种学位是他们成长为学者型大学校长的基本要素之一。本文所探讨的民国大学校长的学位指他们在任大学校长一职之前所获得的包括学士、硕士、博士学位在内的三种学位。而获得博士学位的不再考虑其硕士及学士学位，即探讨民国大学校长在高等教育经历中所获得的最高学位。同时，必须说明，前述探讨的民国大学校长具有国内外高等教育经历，但是这并不能表明他们必然获得相应的学位。根据研究发现，在中国近代国立大学校长中，有100位国立大学校长获得学位，占总数的70%。[①] 而在这100

---

① 肖卫兵. 中国近代国立大学校长结构及其角色研究[D]. 苏州大学博士学位论文，2011：70.

位国立大学校长之中,获得硕士及博士以上学位为85人,占获得学位校长总数的85%,占中国近代国立大学校长总数的60%。由此来看,近代国立大学校长具备较高的专业技术水平和专业素养,这为他们成长为学者型大学校长做铺垫。

(2) 大学校长自身的精神素养

并不是每一个从事学术研究的人都能称得上学者,而能够称得上学者型大学校长的,在很大程度上要归结为大学校长所具备的精神素养。民国很多大学校长就是由于具备一种学者的精神,才能将角色发挥得淋漓尽致。学者精神是一种致力于学术的研究、创造与传播,具有对学术与社会担当的精神。具体来讲,从民国学者型大学校长身上可以体现出以下精神:独立、超越、诚笃和批判,由此,民国大学校长才能在其学术之路上走得宽广且深远。

独立精神是学术的本质要求,也是学术发展的必要条件。研究学术,必须具备一种独立的精神和自由的意志。民国众多大学校长以探求真理为使命,在面对权威的禁锢和利益的诱惑之时,能够经受住考验,独立自主地做出判断。具备学者所必备的独立这一精神支柱,成为他们实现志业的必然要求。蔡元培的《教育独立议》是教育界掀起的教育独立思潮运动的标志,也是蔡元培用充满激情的呐喊来诠释独立精神的崇高体现。胡适始终维护蔡元培的《教育独立议》,将之奉为圭臬。国难之时,胡适非但没有收起"教育独立"的主张,反而加倍强调,这种对独立精神的坚守在其1937年的庐山谈话中可见一斑。这种主张是否可行,暂且不论,胡适无非是在民族危难之际,更加刻意地维护文化教育事业,因为他信奉"文化不亡则民族不亡"。虽然蔡元培、胡适等人独立之语声甫落,但是这种独立精神的维护却不失为一种可贵的尝试。作为众多大学校长中的一员,蔡元培与胡适对独立精神的维护是典型而不是特例,众多民国大学校长都在坚守独立精神的道路上执着前行。

学术研究需要植根于现实,但是又必须超越于现实。一方面,学术来源于现实,另一方面,学术研究应当获得超越时代的价值,唯有超越于现实才能够达成此目的。民国学者型大学校长所肩负的超越精神既是一种理性主义的精神，也是一种理想主义的精神。因此，现实主义者的情怀与理想主义者的精神底色同时在民国学者型大学校长身上发挥作用。而他们所具有的理想主义精神，是价值观层面上的理想追求，这种理想不一定能够转变成为现实，尤其在民国这种特殊的历史环境下，学者型大学校长所怀有的理想更加具有实现的难度。胡适作为20世纪中国学术界的领军人物，博采中西文化之长，努力开创中国学术的新天地。其学术生命植根于中国传统文化的沃土之上，本质上是为了再造中国文明的新天地。胡适试图通过研究问题、输入学理、整理国故而实现再造文明的学术设想，在当时具有很高的学术价值，也具有超前性。我们无法否定胡适再造文明途径的正确性、进步性，他的学术之中潜藏着深沉而诚挚的中国情结，而又努力向前看。这是一种学者独有的超越的精神，一种以更大的努力去发展比过去更加辉煌的文化精神。

诚笃的精神，是追求知识、探寻真理时的真诚的态度及信念。按照马克斯·韦伯的观点，以学术为业的人，只有怀有献身于学问的情怀，才能将自身提升到他所献身的志业的高贵与尊严的同等地位。学术源自内心之需要，它不仅仅植根于学者对真理的敬畏，对知识的信仰，还是学者人格的诠释，是学者使命与责任的彰显。正如金耀基教授所说："在学术的探索中，'知识的诚笃'是特别重要的德性……这种德性是大学教师与大学生不可或缺的专业或本位的责任，也可以说是作为一个'学人社会'的大学的道德支柱。只有当这种德性发挥之时，知识的尊严与学术的纯净性才能有力地建立起来，才不会曲学阿世，才能有'为学术而学术'的孤往直前的精神，而学术的火炬才能从上一代传递给下一代。"[①] 当去翻看民国大学校长的种种事迹之时，恰恰是被他们对知识、对学术的诚笃精神所感动。胡适的"大胆的假设，小心的求证"等严谨治学的话语启迪了一代又一代的学子；蔡元培博古通今，治学态度严谨，主张为学之道在于求实的理念为后人所敬仰。

批判精神是学者在探求真理时必不可少的基本精神。正如雅斯贝尔斯所说："科学立场更深一步的特点是它的论点随时准备接受任何批评。对于思想

---

① 金耀基. 大学之理念[M]. 北京：生活·读书·新知 三联书店，2008：2.

者来说,尤其是对于科学家与哲学家来说,批评态度是生活的必要条件。为了迫使他检验自己的见解,无论怎样质疑都是不过分的。"① 民国学者型大学校长将批判精神作为他们学术研究的基本态度与方法,将任何理论与学说在被充分怀疑、批判的基础之上,达到创新知识和发展真理的目的。毕竟,作为学者中的翘楚,很多大学校长在总结自身经验的基础之上得出,任何理论与学说都不可能达到绝对真理的极限,绝对真理是不存在的。真正的研究需要在一次次批判与怀疑的过程中,不断修正谬误,达到知识的求真,从而促进知识的发展。

（3）大学的学术探究使命使然

大学需要积极探索学术真理,这是大学最初的本质体现,是大学得以存在的重要使命,是学校能够传承与发展的必备条件。学术研究具有其内在的要求,以"学术为业"的专业共同体就是为了追求共同的理想而汇聚到一起,将学术研究的继承性、持续性与开拓性得以延续。而大学校长作为大学这个共同体的重要领导者,必然应该是宽容、成熟的学者,具有较高的学术威望与学术领导力,是大学内众多学者的学术榜样,指引着他们投入到学术研究之中,激励他们不断进行学术研究,体味着一个学者的真正内涵与真谛。也就是说,只有拥有较高学术威望的大学校长才有可能成为大学师生的榜样,才有可能被"一个自由和独立的知识分子的社团"及其成员所认同,②也才有可能真正成为大学这个独特的社会组织的代言人。另外,大学是培养人才,进行科学研究,提供社会服务以及进行文化传承的重要场所,这些活动都与学术活动紧密联系。大学校长的主要工作更是围绕上述活动展开,身为学者的大学校长更有利于开展上述各项实际工作。如卡斯帕尔教授所言:"我坚信,在考虑大学校长的学术资格时,非常时髦地强调管理方面的商业技能倾向是错误的。因为在一种结构性的无政府状态中,你所以能完成工作,是由于你具备说服力,你被看成教师中的一分子,你既能够教书最好还能进行研

---

① [德]卡尔·雅斯贝尔斯. 大学之理念[M]. 邱立波,译. 上海：上海人民出版社,2007：48.
② [美]克拉克·克尔. 高等教育不能回避历史[M]. 王承绪,译. 杭州：浙江教育出版社,2001：72.

究。"① 因此，大学校长的学术属性是第一属性，学者身份是大学校长的必要身份。纵观民国时期大学校长所展现给世人的精湛的专业知识、严谨的治学态度、高深的学问，都是他们能在当时赢得其他学者的尊重以及为后世所赞扬的重要原因之一。

**3. 学者型大学校长之共相**

(1) 学术水平之高

在大学，学术水平最能体现学者形象，它也是大学学者声誉与声望的重要象征。因此，既然学者作为民国大学校长主要角色之一，那么必然要从他们的学术水平谈起。事实是，民国众多大学校长的学术水平之高享誉世界。由于篇幅所限，本文选取几个有代表性的学者型大学校长来展示他们的学术水平。

浙江大学校长竺可桢，中国著名的地理学家和气象学家，中国近代地理学的奠基人。他在历史气候学、历史地震学、历史天文学、中国自然科学史等学术研究领域取得了丰硕的成果；曾先后出任上海大夏大学、北京工业大学、中国公学、广西大学校长的马君武，是近代著名的科学家、翻译家、诗人；北京大学校长陈大齐被视为我国现代心理学的先驱；中国公学、北京大学校长胡适贯通中西，研究领域涉及史学、哲学、教育学、伦理学、文学、考据学等多个方面；云南大学校长熊庆来作为中国近代数学的先驱者之一，为推动中国数学教学和数学研究做出突出贡献；中正大学校长胡先骕是中外学者公认的中国近代生物学、尤其是植物分类学的奠基者之一……

(2) 学术责任之重

一者，学者型大学校长应该对学生的发展负起责任。虽然民国众多大学校长与学生之间一般不会通过直接接触来肩负起对学术进步的责任，但是他们会通过宏观把握来肩负起对学生的责任。例如，提倡通识教育，使学生通过构建完善的知识能力以及素质结构，了解人生意义，并且成长为全面发展之人。梅贻琦在《大学一解》中对通识教育内涵的概括具有典型性："今日而言

---

① [美] 杰拉德·卡斯帕尔. 成功的研究密集型大学必备的四种特性[A]//. 中外大学校长论坛文集. 北京：高等教育出版社，2002：121.

学问，不能出自然科学、社会科学，与人文科学三大部门；曰通识者，亦曰学子对此三大部门，均有相当准备而已，分而言之，则对每门有充分之了解，合而言之，则于三者之间，能识其会通之所在，而恍然于宇宙之大，品类之多，历史之久，文教之繁，要必有其一以贯之之道，要必有其相为因缘与依倚之理，此则所谓通也"①。梅贻琦认为通识教育目的是培养学生的"出身"与"资格"，所谓"出身"，就是新民之出身，而"资格"则是参加社会事业的资格。因此，大学要加强通识教育，培养"全人格"的通才，实现德、智、体、美诸育并举。此外，蔡元培"沟通文理"的主张，胡适的"通才"教育培养模式、罗家伦的"全人教育"理念等都是提倡通识教育的具体体现。

二者，学者型大学校长负有对知识的责任。首先明确，学者型大学校长需要面对知识的增扩、创新以及传递责任。要传递知识，就应当出现新的知识，既需要增扩知识，也需要创新知识。而知识的增扩与创新显然需要研究与探索，如果学者不求上进，止步不前，那么他很快就会落伍。很明显，民国学者型大学校长非常重视学术研究，他们不仅仅将自己置于学术创新与研究过程中，而且创造条件为大学师生提供学术研究的氛围。例如，蔡元培在北大成立研究所，促进了中国现代学术研究机构的兴起；罗家伦在清华大学设立清华研究院，将研究视为大学的灵魂。然而，研究过程中会出现众多难以控制的状况，并且"由于高深学问处于社会公众的视野之外，在如何对待学问上遇到的问题方面，公众就难以评判学者是否在诚恳公正地对待公众利益"②，因此，学者具有良好的道德责任便颇为重要。的确如此，蔡元培、胡适、蒋梦麟等学者型大学校长不仅能够以身作则，而且以其自身行为影响代代学子。

其次，学者型大学校长对知识的责任还包括促进本研究领域、研究学科发展的责任。民国学者型大学校长一般都有自己擅长的领域和学科。由于他们本身就在某个学术领域中处于领先地位，再加之大学校长的身份使然，他

---

① 梅贻琦. 大学一解[N]. 清华学报，第13卷第1期，1941年4月.

② [美]约翰·布鲁贝克. 高等教育哲学[M]. 郑继伟，译. 杭州：浙江教育出版社，1987：113.

们应该处于该领域领头者地位，能够为其他学者和学子开辟道路，引导他们沿着这条道路前进。这就要求他们不仅仅要忠于自己的研究领域和学科，更应该献身于自己的领域和学科。"这种献身精神还要求理智上的彻底性和精细的正确性"①。浙大校长竺可桢的"求是"精神就包含着对学术研究的奋斗精神、牺牲精神。他常常以布鲁诺、伽利略等人为例："当时意大利的布鲁诺倡议地球绕太阳转而被烧死于十字架；物理学家伽利略以将近古稀之年亦下狱，被迫改正学说。但教会与国会淫威虽能生杀予夺，而不能减损先知先觉的求是之心。结果开普勒、牛顿辈先后研究，凭自己之良心，甘冒不韪，而真理卒以大明。"②竺可桢不但以此教育别人，更是身体力行，在他所研究的地理学和气象学领域做出巨大贡献。

最后，维护学术自由也是学者型大学校长对知识肩负的责任之一。在民国政治混乱、社会风气不良的时代背景下，学者型大学校长更加意识到维护学术自由是最本质的知识责任。学术自由不仅仅是作为一个学者所应维护的基本责任，更是作为民国大学校长所应该提供的最基本的学术环境。事实也的确如此，综观民国大学校长的治校理念，几乎都把学术自由作为基本的准则加以维护。

三者，学者型大学校长对社会负有一定责任。学者型大学校长可以通过自己的研究方向、研究领域来造福人类。学术研究不仅仅要求真，也需要求善。其终极价值判断就在于是否对人类有益。因此，民国学者型大学校长在进行学术研究时的伦理规范就不仅是理性、中立性、公正性、独创性等，还包括一项重要的内容，便是责任。民国学者型大学校长多在教育实践过程中勉励学生通过学术研究的提高，科学精神的培养，为社会服务。例如，马君武主张办教育的宗旨在于"立足于复兴民族之基础，以实用教育为方针，"提倡"求得科学的知识和为生活而工作的技能，以从事生产"。民国学者型大学校长通过自身以及其培育下的学子们的学术科研能力为社会添砖加瓦，承担促进社会政治文明和进步的责任。

---

① [美]约翰·布鲁贝克. 高等教育哲学[M]. 郑继伟，译. 杭州：浙江教育出版社，1987：113.
② 张意忠. 民国大学校长[M]. 北京：北京师范大学出版社，2012：160.

(3) 学术理想之远大

理想在中国古代被称之为"志向"。志向被视作人的目标，而立志则为人之根本。"夫志，气之帅也，木之根也，水之源也，源不浚则流息，根不植则木枯，命不续则人死，志不立则气昏。是以君子之学，无时无处而不以立志为事"。[①] 学者的理想可以概括为以下几个方面："志于学""志于真"以及"志止于至善"。民国学者型大学校长作为学者中的典型代表，自然应努力实现上述理想。具体来说，"志于学"是最基础的理想，即学者型大校长应该以研究学术为目标。"志于真"是他们从事学术研究的同时要始终坚持"求真"，敢于执着坚守真理。

学者型大学校长在身体力行中成为社会的典范，他们遵守中国传统文化精神中的"道德精神"，追求"一种做人的理想标准"。因此，民国学者型大学校长不仅处在完善知识系统、构建良好学风的过程中，同时还讲究人格风范，社会对他们产生的要求和他们自己为自己设立的要求都需要以内化的道德力量来约束自己，这种约束是由"内圣"而达到"外王"的最高道德准则。[②] 而且这种理念要求民国学者型大学校长在面对彼时纷繁复杂的社会状况之时，不应采取回避的态度，而是以高度的热情投入其中。因此，民国学者型大学校长带着一种强烈的社会使命感，将个人融入社会。《大学》有曰：大学之道，在明明德，在亲民，在止于至善。"志止于至善"中的"至善"是一种无止境的最高境界。民国学者型大学校长在一种崇高的精神追求和坚定的信念之下，坚守一份"至善"的人生目标，成就人生自我价值和社会价值的实现。

## （二）教育家

### 1. 教育家型大学校长之标准

在教育界，关于什么是教育家的问题，不同学者会给出不同的答案。一种意见认为，教育家是在前人的基础之上提出具有开创性理论的人，例如被国内外教育界普遍认可的孔子、蔡元培、陶行知等，以及享誉国际的夸美纽

---

[①] 王阳明. 示弟立志说 [A] //. 标注传习录. 北京：光明日报出版社，2014：247.

[②] 王恩华. 大学学者的使命与责任 [J]. 高等教育研究，2005(1)：14.

斯、赫尔巴特、苏霍姆林斯基等。这种看法对教育家的教育思想极为注重，以其教育思想的系统性、完整新、新颖性和影响力来评判或者衡量是否满足教育家标准。另外一种看法是从事过教育实践活动并作出贡献之人称为教育家，或者把对深入研究教育理论的学者称为教育家。由此来看，这两种对于教育家的认识存在不一致之处。前者对教育家的定义过于严格，这会将很多在中外教育史中做出突出贡献之人排除在外，并不能反映出教育发展的全貌。而后者的标准过低、过窄，会导致因此而称之为教育家之人过多、过滥。

我们将教育家定义为那些在前人教育实践的基础上进行过富有成效与特色的教育实践活动并为其所处时代培养出许多有用之才的人，以及那些在前人教育思想的基础上提出过独到的教育理论并产生过一定社会影响的人。[①]需要意识到，并不是每一位民国时期的大学校长既能够提出丰硕的教育理念，又能够将其教育理念转化成卓有成效的教育实践。也就是说，将这二者进行完美结合的民国大学校长，在当时的大学校长群体中所占的比例有限，更多的民国大学校长在办学实践中有所长。另外，还有一批民国大学校长由于受政治影响较深，党派色彩较浓厚，并且在办学过程中将党化教育深入进教育实践过程之中，故其治校实践并未得到当时师生的普遍认可。但是这其中的某些校长的确为中国的教育事业做出杰出贡献，其尊重人才、尊重学术的理念与实践为当时中国高等教育的发展带来勃勃生机，能够称得上博通中西的教育家，其中尤以罗家伦为典型。

**2. 教育家型大学校长之原因**

就外部原因来讲，主要有以下几个因素，其一，民国正处于社会转型过程之中，要求高等教育为满足社会生产力的进步、经济的发展而实现新的转变；其二，民族危机赋予教育以新的使命，人们寄希望于现代科学的教育理念与教育实践，希望通过教育来培育以天下为己任，引领社会发展的卓越人才；其三，民国高等教育的发展处于相对松弛的环境之中，这种环境使得教育改革者拥有一定的自主权和自由度，给予此时的教育改革者更大的创造性

---

① 程斯辉. 当代教育家论[J]. 教育评论，1991(6)：6.

空间；其四，思想文化的解放运动对教育发展注入新的活力，中华民族的现代意识逐渐觉醒，知识分子的主体意识也在逐渐觉醒，高等教育领导者与改革者的意识更在觉醒，并一步步形成卓有成效的教育改革运动；其五，西方教育思想和教育实践的输入以及中西文化的碰撞为教育改革带来借鉴，先进的教育改革模式被优秀的大学校长在治校过程中直接或间接地加以模仿、借鉴乃至超越。因此，这种社会变化而引起的民国教育改革的浪潮，为彼时的教育家成长提供有利的环境和机遇。

民国时期社会发展对高等教育提出更高的要求，而这却与当时落后的高等教育状况形成鲜明对比，也成为民国时期高等教育面临的主要矛盾之一。因此，民国大学校长上任之后便面对如此矛盾，而这种矛盾在当时社会中逐渐加剧，并扩展为更加具体化的矛盾，例如民主与专制的冲突、控制与自治的冲突、知识与行动的冲突、理想与现实的冲突、稳定与动荡的冲突、教育与政治的冲突等。而如此这些迫使大学校长不得不直面矛盾与冲突，去加以研究和解决。而那些真正将矛盾和冲突认真思考、透彻研究、有效解决的大学校长，不仅成就了自身，而且带领一所所高等学校走向成功，实现了由单纯的大学校长向教育家的转变。

另外，值得注意的是，中华民国成立后，颁布了一系列大学的办学宗旨和大学校长的选拔资格规定，这对于大学校长的教育家角色形成具有重要影响。北洋政府教育部于1912年颁布《大学令》第十二条规定："大学设校长一人，总辖大学全部事务。"① 确立校长负责的大学内部管理制度。《大学令》第一条提出大学办学宗旨："以教授高深学术、养成硕学闳才、应国家需要为宗旨。"② 这为大学校长思考大学办学方向提供最基本的指导。例如，蔡元培把"抱定大学宗旨"作为首要期望提出，"诸君来此求学，必有一定宗旨，欲知宗旨之正大与否，必先知大学之性质"③。对于大学校长的遴选，1929年国民政府颁布《大学组织法规定》："大学校长不得由官员兼任，大学校长一人综理校

---

① 潘懋元，刘海峰. 中国近代教育史资料汇编. 高等教育 [G]. 上海：上海教育出版社，1993：365.
② 潘懋元，刘海峰. 中国近代教育史资料汇编. 高等教育 [G]. 上海：上海教育出版社，1993：367.
③ 蔡元培. 就任北京大学校长之演说 [N]. 东方杂志，第14卷4号. 1917年4月15日.

务，大学校长在任期间，除担任本校教课外，不得兼任他职"[①]。由此，把握大学发展脉络、教授高深学问、懂得教育规律、具有鲜明的治校理念和办学思想成为大学校长任职的重要条件。

虽然教育家的成长离不开外部环境的影响，但是能够实现由校长向教育家角色的转变，主要还是由校长自身因素决定的。因此，影响民国大学校长成长为教育家的外部因素虽然极为重要，但是并不能由此而忽略教育家个体的因素。他们的能力特征、性格特点、品德特征等是促成他们成长为教育家的内在原因。

就能力特征而言，民国时期优秀的大学校长往往具有敏锐的洞察分析预见能力、及时果断科学的决策能力、预防和处置学校事故与突发事件的能力、善于总结办学经验和提炼办学思想的能力。[②]

在民国时期，各种力量相互制约、此消彼长，而如何在这种纷繁复杂、变化多端的环境中把握大学发展之舵，不仅仅使师生不至迷航，也使大学朝着预定的方向前进，就需要大学校长具有敏锐的洞察分析能力、预见能力和果断的决策能力。例如，罗家伦认为抗战是长期的，文化单位不同于军事单位，不能一迁再迁，所迁之处应该能通过水陆直达，遂选定重庆沙坪坝。罗家伦的此项举动为一些高校所不理解，认为罗家伦未免有些杞人忧天。然而，当抗战真正开始之时，很多高校出现手忙脚乱之状况，即便是北大、清华、南开等高校也所虑不周，出现多次迁移的情况。罗家伦领导之下的中央大学，则是一步到位，减少不必要的人力、物力、财力损失。

民国一些优秀大学校长能够在动荡不安的社会环境中任职长达十年甚至更长的时间，一个不可忽略的原因就是他们具有预防和处置事故与突发事件的能力。这些大学校长通过一系列规章制度订立基本规范并进行严格管理，并通过有效沟通校内外各种关系，争取社会力量的支持，调动大学师生中的骨干力量来预防事故和突发事件的发生。在民国动荡的历史条件下，大学不

---

① 苏智先，佘正松，等. 现代大学制度创新研究[M]. 成都：四川人民出版社，2008：110.
② 程斯辉. 中国近代大学校长成长为教育家的当代意义[J]. 河北师范大学学报（教育科学版），2007(5)：8.

会是一个个纯粹平静的港湾。而这些大学校长面对各种事故之时,用沉着、冷静来机智应对。这个时期的大学校长面对接连不断的学生运动时的表现,便具有典型性。以蒋梦麟为例,他在原则上是不主张学生运动的,但是在变态社会里,又不得不视情况而作灵活的处理。他常常会在学生运动开始之前对学生的行为加以劝阻;当学生运动无法制止时,他对于学生出于维护国家民族的公平正义以及自身合法权益的运动基本报以"理解之同情";而在学生运动过后,如果有学生被捕,他会想尽办法加以营救;当然,如果是学生采取无理取闹的行为,蒋梦麟断然反对并进行批评教育。他所坚持的基本理念是为学术和学生着想,他所主张的更多的是"理性的沉思",而不是或者说不仅仅是"感性的呐喊"[①]。蒋梦麟所表现的从容、镇定,在彼时深受"危机四伏"感萦绕的北大学生看来,起到了稳定人心的积极作用。

民国很多大学校长都善于管理,长于教育实践,在高等教育创新之路上取得卓越的成绩。有些大学校长对自己的办学经验和办学思想总结、提炼的不够。因此,民国很多大学校长都没有给后世留下有关他们办理高等教育思想以及实践的著述。当然,还有很多大学校长在注重办学经验的同时,能够形成自己完整的教育思想、理念,供后世借鉴、学习,具有代表性的大学校长有蔡元培、梅贻琦、蒋梦麟、胡适、李登辉、张伯苓、郭秉文等。以在国内外教育史上颇为有名的蔡元培为例,他在北大任上不仅做出具有划时代意义的教育实践,而他同样重视对教育加以研究,总结各种办学实践经验,形成教育理论。他曾经专门著述阐释他在北大办学时的基本教育思想,总结办学时的经历,不仅供与他同时代的大学校长进行参考、借鉴,而且为后世大学校长提供宝贵的经验。这就使得像蔡元培这样的大学校长能够在民国众多大学校长之中脱颖而出,成为大学校长中的优秀代表和被后世普遍称赞的教育家。

性格因素对民国大学校长的人际交往和事业拓展而言至关重要。概括民国大学校长的性格特征,主要包括以下几个方面:首先,具有深谋远虑之

---

① 袁慧勇."学事"与"政事"——蒋梦麟的"不合作主义"与"合作主义"[D].浙江师范大学硕士学位论文,2012:47.

特征。由于民国大学校长所处的时代之特殊,所以他们不仅为有力促进中国的高等教育发展,例如改善办学条件,完善学校制度体系,增强师资队伍建设等;同时,他们还密切关注国家、民族的命运,注重培养能够服务社会、奉献社会的优秀人才,将教学、研究、服务提高到新的高度。其次,具有大度宽容的性格。俗语有言,"有容乃大"。民国大学校长包容的性格特征成就了他们成为一代名家,例如,民国很多大学之内曾出现多个党派纷争的局面,而优秀的大学校长能够允许不同党派并存,自由发表意见;另外,这些优秀的校长都能够做到宽待教师、宽待学生,给予教学和研究以充分的发展空间,不苛求、不挑剔。最后,具有刚正不阿的性格。民国众多大学校长具有刚强正直,不逢迎,无偏私的优秀性格。面对外力的干涉,他们宁可采取"不合作主义"的辞职态度,也不会放弃自己的原则而曲意逢迎;同时,面对民族危机,采取不低头、不屈服的态度,表现出不屈的民族自尊精神。然后,具备开拓创新的精神。民国优秀的大学校长在面对具有浓厚封建残余的高等教育状况之时,克服各种困难,将西方现代高等教育理念深深灌输进中国高校之中,成就中国高等教育的开拓之功。最后,具有坚韧执着的品质。民国大学校长的办学志向颇为高远,但是特殊的时代环境与大学发展的基本条件无法为他们实现理想造就舞台,因此,理想与现实之间形成巨大反差。但是,为了实现高等教育理想,民国大学校长在几年甚至十几年的时间里坚忍不拔,永不言弃,从而造就中国高等教育史上的一个又一个辉煌。

就品德特征而言,教育家作为教育领域的杰出代表,品德高尚是必不可少的条件之一。因为教育家只有品德高尚,方可成为人师。作为学生的榜样,面对学生要做到"其身正,不令则行",成为学生乃至社会的楷模;面对社会时做到"修身齐家治国平天下",只有达到如此境界才能赢得社会不同群体的认同,而这也成为教育家品德特征的重要标准。需要指出的是,品德特征与能力、性格特征等方面彼此相互联系,有时很难分开。前文已对能力与性格特征进行较为详细的描述,在此不对品德特征多做分析。总之,应该从整体上把握大学交织成为教育家的素质特征。

**3. 教育家型大学校长之共相**

(1) 倾情教育，报效国家

教育家，对教育的"爱"之情无疑是核心要素。教育家型的民国大学校长对教育的爱是发自内心的，把教育视作自己的生命，超越功利，不矫揉造作。换句话说，教育并不是纯粹一种谋生存的工具，个人能够从中获取物质奖励与荣誉奖励；教育更多的是一种实现自我价值的事业，它源自内心的赤诚无私、满腔热忱，它所承载的意义已经远远高于日常认识。因此，对于这些教育家来说，教育是其一生能够致力于的崇高事业，是其安身立命之所在。民国时期的教育家，具有崇高的"家国情怀"，他们为国育才，为民育子。他们企图通过教育来启迪民智，以教育来改善社会之流弊，使教育与民族、国家的命运休戚相关。在他们的教育救亡逻辑中，教育作为社会改造的根本手段而受到重视。尽管"教育救国"之路被证明是行不通的，但是教育是民族振兴、社会进步发展的基石，教育能够成就个人，也能够奠基着国家的长远发展。因此，可以说，凡是教育家，都不会将自身封闭在狭小的学校空间范围之内，他们心系家国，将教育与社会、国家之命运紧密相连。

(2) 追求本真，成就学生

教育家型大学校长不断致力于追求教育的本真，还原教育的本来面目。在彼时的社会环境之下，教育的本真有时会被忽略，教育成为一种具有功利性价值的手段与工具，导致教育的歪曲和异化。对此，民国众多大学校长做出不懈努力，蔡元培由此而提出建立"完全人格"教育，这是其人才培养的终极目标和理想追求，认为人格诸要素只有和谐发展，才能推动国家强盛和社会和谐。张伯苓也曾对教育的异化和歪曲提出批评，他认为，教学生死读书，结果只会教出一群"病鬼"，并无任何用处。"教育一事，非独使学生读书习字而已，尤要造就完全人格，德智体不可偏废。"[①] 张伯苓给南开制定的"公允公能"的校训，就是意指学生要养成公德，同时又需要兼备能力。还有很多大学校长都在为守护教育的内在价值而不懈努力，他们通过各种方式来发展学

---

① 张伯苓. 德智体三育并进而不偏废 [A] //. 崔国良. 张伯苓教育论著选. 北京：人民教育出版社，1997：8.

生的潜能，重视学生的个性差异，促进学生的全面发展，以成就每一位学生。

(3) 敏于洞察，勤于思考

民国大学校长众多，但是并不是所有的大学校长均可称之为教育家，有的大学校长虽然从事教育事业长达几年甚至更长时间，但是专业成长较为缓慢；而真正能够称之为教育家的大学校长能够获得快速成长，并且在教育领域取得很大成绩。这种现象产生的一个重要原因就是这些大学校长是不是一个"有心人"，是不是在日常实践过程中能够做到眼光敏锐，及时捕捉新的信息，发现新的问题，在思考和总结的基础之上不断成长。只有这样，才有可能更好地积淀、生成、发展教育思想，在此基础上取得卓越的办学成就，成长为优秀的教育家。就胡适而言，他始终围绕大学教育问题展开思考。他的大学教育思想涉及大学发展的各个方面。1914年，胡适在《非留学篇》中出于中美大学教育巨大反差发出"留学者，吾国之大耻也"[①]的感慨。随后，胡适有关大学的认识经历了一个由浅入深的发展过程。最初，他对大学是按照"学科齐全"进行理解的，但是他发现分科大学与"大学之真义"还有很大差距；之后，胡适的思考逐渐深入，他学习欧洲科学发展的经验，探寻科学与大学之间的关系，提出以"科学研究"为中心的大学发展模式；与此同时，他从制度上思考大学问题，认为大学只有建立在独立、自主的基础之上，才能实现科学研究的真正意义，学科齐全也才有价值。由此，胡适在执掌北京大学期间着手致力于实现他的大学理念，并为实现"一流大学"而不断奋斗。

(4) 筚路蓝缕，锐意改革

改革向来都要突破重重艰难，更何况是在社会环境相当复杂的民国时期。然而，就是在这种积贫积弱的民国时期，更需要通过改革来实现国家的复兴、挽救民族危亡。因此，这个时期的教育家型大学校长不仅仅承担带领中国高等教育走向现代化的使命与责任，同样担负着国家和民族振兴的希望。蔡元培主掌北京大学，抱定宗旨，纠正根深蒂固的"学而优则仕"的教育模式，其

---

① 胡适. 胡适全集（第20卷）[C]. 合肥：安徽教育出版社，2003：6.

改革"包容博大,规模恢弘,影响深远,'思想自由,兼容并包'不仅成为近代大学一致追求的办学理念,也早已是'蔡元培精神的象征'"①。蒋梦麟谨遵蔡元培之余绪,不遗余力地推动北京大学的改革,在风雨飘摇的战乱年代,使曾是革命活动和学生运动漩涡的北京大学,逐渐变为学术中心,将学术自由的风气维持不堕,实现了北京大学的中兴。②熊庆来出任云南大学校长,到校之后,根据云南的自然、人文状况以及云南大学的实际情况,对云南大学进行一系列卓有成效的改革,使云南大学成为中国高校教育发展史上的一个奇迹。

### (三)管理者

**1. 管理型大学校长之标准**

首先我们需要对"管理"有一个明晰的了解。罗宾斯认为管理就是协调组织活动的一个过程,通过协调以及监督他人的活动而保证有效率、有效果地完成工作。顾明远在《教育大辞典》中将管理定义为对一定系统的人、财、物、事计划、组织、指挥、协调、控制的过程。即组织共同劳动,协调个人行为,执行群体职能的活动。③笔者结合相关研究,认为管理是管理者通过与他人互相协助或者指导他人,从而高效率、高质量地完成任务的过程。这里就牵涉出管理者,简单来说,管理者是一种特定的管理行为类型,指在特定组织类型中,能够承担管理职能,从事管理活动的人。他们能通过自己的管理专业知识以及所在职位,影响或者改变所在组织的行为方向并且能够获得较高的成效。而大学中的管理者是指在高等教育系统之中,承担管理职能,并且进行管理活动的人。大学中的管理者分为不同层次与不同类型,而本文的研究对象——作为管理者的大学校长,指在大学中处于最高层领导地位的管理者,对大学全权负责,协调大学内部各要素,沟通大学与外部的联系和决定大学发展方向的人。

---

① 丁刚. 中国教育的脊梁——著名教育家成功之路 [M]. 北京:高等教育出版社,2010:11.
② 徐继存. 民国时期教育家的共相 [J]. 西北师大学报(社会科学版),2013(6):77.
③ 顾明远. 教育大辞典(第7册)[Z]. 上海:上海教育出版社,1990:207.

**2. 管理型大学校长之原因**

(1) 具备优秀的人格魅力

现代管理学相关研究表明,管理者对被管理者的领导主要依靠两种力量:第一为权力影响力,即法定权力本身对被管理者的支配力量;第二为非权力影响力,即管理者以自己的品德、智慧、才干等人格因素所形成的对被管理者的感召力量。[①] 非权力影响力部分源自管理者的人格魅力。民国管理型大学校长正是通过其人格魅力、社会声望等奠定其管理者的地位,赢得身边各类群体的支持,获得管理权威。例如,蔡元培既是学识广博的晚清翰林,担任过中华民国的高级职务,被奉为民国元老、学界领袖,又通过北大改革引领中国高等教育走向现代化之路,他性格高洁,作风民主、严于律己,同时又胸怀天下,受到各个不同群体的推崇、尊敬。蔡元培之所以能在执掌北大之时做出如此巨大的成就,不能不归功于他的君子人格所带来的巨大的感染力。

(2) 具备卓越的领导力

民国时期的大学处于转型过程中,其中包含诸多传统与现代、落后与先进等因素的交织,而面对如此复杂的学校状况,民国管理型大学校长具备良好的领导力,带领全校师生另辟蹊径、突出重围,而这其中包含变革精神、冒险精神和权力意志。这些在特殊时期承载特殊使命的精神和意志,不仅来自一种包含现代人文精神的大学制度环境,更多源自管理型大学校长自身魅力。毕竟,具备领导力与影响力的大学校长给人一种动力和归属感,并且能够在共同愿景的制高点上探讨革新。具体来讲,民国管理型大学校长具备一种科学的领导方法,在全校师生的支持下,带领学校获得迅速发展。综观这些校长的领导方法,不同的人各不相同,但是他们都颇为注重以人为本和抓主要矛盾的方法。就前者来说,民国管理型大学校长普遍关注师生的工作、学习以及生活中的疾苦,力所能及地通过自身帮助解决问题。胡适、梅贻琦等校长均自己出资,资助困难学生,密切了患难与共的师生关系。另外,民

---

① 张志平. 管理者管理艺术研究 [D]. 华中师范大学硕士学位论文,2004:9.

国管理型大学校长注重通过激励措施来贯彻以人为本的理念。胡适曾说,"蔡先生能充分信任他手下的人……若有成功,他每啧啧归功于主任的人,然而外人每归功于他老人家。因此,人每乐为之用,又乐为尽力。迹近于无为,而实则尽人之才,此是做领袖的绝大本领。"[①] 就善于分析工作中的主要矛盾来讲,民国管理型大学校长在统领学校全局之时,不断反思学校的发展状况,在对大学管理体制、组织结构进行不断完善的同时,十分重视大学的学术研究。他们深知,学术是大学赖以生存的基础,所以他们以学术研究为重点,以此为中心展开工作。

(3) 具备良好的沟通与协调能力

一个成功的管理者应该具备良好的沟通与协调能力,这是其必备的基本技能之一。沟通是通过人与人之间、人与群体之间传达思想,转移信息,提供反馈的过程,以求分享知识,消除误会,思想一致和感情通畅。协调是指管理者运用自己的权利、威信以及各种方法,为组织的正常运转创造良好的条件和方法,形成组织活力,促进组织目标的实现。民国管理型大学校长所进行的大部分管理工作,比如开会、对下属批评表扬等,是通过沟通达到协调管理的目的。这种能力是作为管理型大学校长在进行学校内外事务管理的过程之中必须具备的一项能力。他需要与政府、政党等进行沟通,将政府、政党等意见进行传达,既会主动说"不",也会将各方利益协调妥当。他还必须以谦逊的态度对待下属,有自我批评的精神,能够虚心听取不同意见,遇事交流沟通,达成共识。而在这个过程中,为他人着想是作为民国管理型大学校长赢得社会拥护、尊重的重要因素,冯友兰曾说:"蔡先生的教育有两大端,一个是春风化雨,一个是兼容并包。依我的经验,兼容并包并不算难,春风化雨可真是太难了。春风化雨是从教育者本人的精神境界发出来的作用。"[②] 也就是说,作为管理型大学校长要有一颗博爱的心,以他人为中心而

---

① 胡适. 致罗隆基的信 [A]//. 耿云志,欧阳哲生. 胡适书信集(中). 北京:北京大学出版社,1996:654.

② 冯友兰. 我所认识的蔡孑民先生 [A]//. 陈平原,郑勇. 追忆蔡元培. 北京:中国广播电视出版社,1997:168.

不是以己为中心进行相互沟通，怀有"依靠人、培养人、爱护人"的态度，就能达成良好的管理艺术。

(4) 具备辉煌的职业背景

民国大学校长在任职前有着辉煌的职业背景，他们有的人在高等学校从事教学或管理工作，有的在行政部门担任管理人员。高等学校及行政部门的工作经历为管理型大学校长积累了丰富的工作经验，对他们管理各自学校起到重要作用。民国众多大学校长在高校的任职经历可以分成两部分，即高校的教学经历和高校内部的管理经历。本文选取30位大学校长进行统计整理，绘制民国30位大学校长高校工作及行政工作经历情况统计表。

表1-1 民国时期30位大学校长任职前高校工作及行政工作经历统计表[①]

| 校长 | 高校教学经历 | 高校管理经历 | 行政工作经历 |
| --- | --- | --- | --- |
| 蔡元培 | 译学馆教习 | 绍兴中西学堂监督，南洋公学特班总教习，澄衷学堂、爱国女学、绍兴学务公所总理 | 唐绍仪内阁成员，教育总长 |
| 胡适 | 华童公学、中国公学教员，国立北京大学、光华大学教授 | 国立北京大学代理教务长，教务长兼英文系主任，文学院院长兼中文系主任 | 驻美大使 |
| 郭秉文 | 南京高等师范学校教授 | 南京高等师范学校教务主任、教务长、校长 | 无 |
| 王世杰 | 国立北京大学、国立中央大学教授 | 国立北京大学法律系主任、教务长 | 法制局局长兼海牙国际仲裁所裁判官 |
| 周鲠生 | 国立北京大学、国立东南大学、国立武汉大学教授 | 国立中山大学筹备委员会委员，国立东南大学政治系主任，国立武汉大学筹备委员会委员、政治系和法律系主任、法科所所长、教务长 | 上海商务印书馆编辑所法制经济部主任，南京国民政府行政院参议 |

---

① 参考自百度百科。

续表

| 校长 | 高校教学经历 | 高校管理经历 | 行政工作经历 |
| --- | --- | --- | --- |
| 王星拱 | 国立北京大学、国立中央大学、安徽大学、国立武汉大学教授 | 国立北京大学教务长，省立安徽大学校长，国立武汉大学筹备委员会委员及建筑设备委员会委员，国立武汉大学化学系主任、院长、副校长 | 无 |
| 黎照寰 | 中国公学大学部教授、上海交通大学教授 | 上海交通大学副校长 | 香港工商银行行长，广东航政局局长，广九铁路管理局局长，国民政府财政部参事、交通部铁路处处长，铁道部次长 |
| 胡庶华 | 湖南公立工业专门学校教授、事务主任，武昌大学教授 | 国立武昌大学总务长 | 江苏省教育厅厅长，上海钢铁厂、汉阳兵工厂厂长，国民政府农矿部农民司、农林司司长 |
| 何炳松 | 北京大学史学系教授 | 北京高等师范学校史地部主任、英语部主任，国文部代理主任 | 浙江省长公署助理秘书，省视学，上海商务印书馆史地部主任、国文部主任、编译所所长 |
| 程天放 | 复旦大学、国立第四中山大学、中央大学教授 | 无 | 国民党江西省党部执行委员兼宣传部长，国民政府参事，考试院参事，安徽省政府委员、教育厅厅长，安徽省政府代理主席，中央宣传部副部长 |
| 张乃燕 | 国立北京大学、北京高等师范学校、北京工业专门学校、浙江工业专门学校、上海光华大学教授 | 国立广东大学工科学长 | 浙江省教育会会长，广州大本营参议，广州国民政府参事，外交部秘书，教育行政委员会委员，江苏省政府委员兼教育厅厅长 |

续表

| 校长 | 高校教学经历 | 高校管理经历 | 行政工作经历 |
|---|---|---|---|
| 石瑛 | 国立北京大学教授 | 无 | 中华民国临时大总统秘书、湖北省议会议员与国会众议会议员 |
| 王录勋 | 山西大学教授 | 山西大学工科学长 | 无 |
| 梅贻琦 | 清华学校教员、物理系教授 | 清华学校教务长，清华大学留学生监督处监督 | 无 |
| 赵士卿 | 国立中山大学教授 | 国立中山大学医学院院长 | 国立编译馆编纂兼自然组主任 |
| 熊庆来 | 云南工业学校、云南路政学校教员、国立东南大学、国立西北大学、国立清华大学教授 | 国立东南大学算学系主任，国立西北大学数理化系主任，国立清华大学数学系主任、理学院院长 | 中国科学院数学研究所研究员、函数论研究室主任 |
| 萨本栋 | 国立清华大学教授 | 无 | 无 |
| 马君武 | 上海公学教授 | 上海公学总教习 | 司法总长，教育总长，实业部次长，国会参议员，广州军政府交通部长，总统府秘书长，广西省省长 |
| 蒋梦麟 | 国立北京大学教育系教授 | 国立北京大学代理校长，国立北京大学总务长 | 浙江临时政治会议委员兼秘书长，浙江省政府委员兼教育厅长，教育部长 |
| 任鸿隽 | 国立北京大学教授 | 国立东南大学副校长 | 北京政府教育部教育司司长，上海商务印书馆编辑 |
| 罗家伦 | 国立东南大学教授 | 中央党务学校教务主任、代教育长 | 国民革命军总司令部参议，总司令部政务委员会教育处处长 |
| 胡先骕 | 南京高等师范学校、国立东南大学、国立北京大学、国立北京师范大学教授 | 国立东南大学植物系主任 | 庐山森林局副局长，江西省实业厅技术员，静生生物调查所植物部主任，筹建江西农业院，云南农林植物研究所所长 |

续表

| 校长 | 高校教学经历 | 高校管理经历 | 行政工作经历 |
|---|---|---|---|
| 朱家骅 | 国立北京大学、国立广东大学教授 | 国立北京大学德文系主任，国立中山大学委员会筹备委员，国立中山大学委员会校务副主任委员、代理校务委员，国立中山大学教务主任 | 广东省教育厅厅长，地质调查所所长 |
| 竺可桢 | 武昌高等师范学校教师，南京高等师范学校、国立东南大学、南开大学、国立第四中山大学教授 | 国立东南大学地学系主任，国立第四中山大学地学系主任 | 中国科学社讲演委员会主任，中国气象学会首届理事、副会长，商务印书馆编辑，南京北极阁气象研究所所长，中央研究院评议员 |
| 邵裴子 | 浙江高等学堂英文教习，北京国立法政专门学校教授 | 浙江高等学堂教务长、浙江高等学校校长，北京法政专门学校教务长，第三中山大学筹委会委员，国立浙江大学副校长兼文理学院院长 | 北京政府财政部科员、科长、秘书，币制局科长 |
| 吴南轩 | 国民党中央政治学校教授 | 中央政治学校副教务主任，复旦大学副校长、代理校长 | 教育部聘编审，国民党中央党部训练部测验科主任，考试院考试委员会专门委员，中央派遣留学委员会委员 |
| 吴有训 | 国立第四中山大学副教授，国立清华大学、国立西南联合大学教授 | 筹建江西大学，国立第四中山大学物理系主任，国立清华大学物理系主任、理学院院长，长沙临时大学理工设备设计委员会委员兼图书馆设计委员会和课程委员会委员，国立西南联合大学理学院院长兼清华大学物理系主任等 | 教育部学术审议委员会委员 |

续表

| 校长 | 高校教学经历 | 高校管理经历 | 行政工作经历 |
| --- | --- | --- | --- |
| 茅以升 | 交通大学唐山工学院教授、国立东南大学教授 | 国立东南大学工科主任,南京河海工科大学校长,交通部唐山大学校长、北平大学第二工学院校长、交通大学唐山工学院代院长 | 江苏水利局局长、浙江省钱塘江桥工程处处长、交通部桥梁设计工程处处长、中国桥梁公司总经理 |
| 杨振声 | 武昌大学、国立北京大学、燕京大学、国立中山大学、国立清华大学教授 | 国立清华大学教务长、文学院院长 | 无 |
| 胡敦复 | 大同大学、复旦公学教授 | 清华学堂教务长,大同学院院长,大同大学校长,复旦公学教务长、校长 | 无 |

由上表可知,在笔者选取的这30位民国校长中,在任职大学校长之前都有高等学校工作经历,而这些校长又全部从事过高等学校教学工作,其中有3位校长没有高等学校管理经历,这3位校长是国立武昌大学校长石瑛,安徽大学校长程天放,国立厦门大学校长萨本栋。在30位拥有高等学校工作经历的大学校长中,有8位校长只有在一所高等学校工作的经历,他们分别是北京大学校长蒋梦麟、国立厦门大学校长萨本栋、国立东南大学校长郭秉文、国立武昌大学校长石瑛、国立山西大学校长王录勋、国立清华大学校长梅贻琦、国立同济大学校长赵士卿、大夏大学校长马君武。其余22位校长有在2所及2所以上高等学校的工作经历。拥有高等学校管理经历的27位大学校长中,有11位大学校长有在多所高校从事管理的经历,其余16位校长只在一所高校从事过管理工作。由此可见,民国时期的大学校长基本在任职之前都具有高等学校的工作经历,其中绝大部分还从事高等学校管理工作。这些经历为他们了解高校状况,发挥自身的管理能力奠定良好的基础。

民国时期的大学校长们,大部分都有在政府部门工作的经历,还有一部分曾经在商业部门、研究所等工作,这部分经历对民国时期的大学校长的管理水平能够产生一定的影响。根据上表对30位大学校长职前的行政经验进行统计发现,有7位大学校长在职前没有行政部门工作经验。在有行政工作经验的23位大学校长之中,有20位大学校长在政府相关部门有工作经验,其余3位大校长在研究所、编译馆从事相关行政工作。而在政府相关部门从事行政工作的20位大学校长中,有10位曾在教育部、教育厅等教育行政部门工作。由此可见,民国大学校长在任职前有着丰富的行政管理工作经验,大部分校长身处政府高位,能够为他们造就一定的社会声望,并能够积累良好的人脉关系。也正是由于这样的职前经历,他们在之后管理大学的过程中能够较好地处理与外部的关系。而对于职前就身处教育行政领域的大学校长来说,他们不仅能够深刻了解教育状况,了解大学的运转机理,而且能够增加其管理经验。

必须明确,上述表格中列出的30位大学校长,并不都属于民国管理型大学校长,在此只为表明民国大学校长基本都具有高校教学与管理经验,或者行政工作经验,而这些经验为他们其中的某些校长真正发展成为管理型大学校长提供良好的基础。

**3. 管理型大学校长之共相**

(1) 把握准确的办学方向

一者,制定明确的战略规划。大学战略规划是带有全局性、方向性的行动纲领,它是对大学未来发展的谋划与部署,使学校事业发展由模糊向清晰转变,由自发向自觉转变,由无序向有序转变的重要基础。民国管理型大学校长将制定明确的战略规划作为自身的神圣使命与重要职责。检验民国大学校长是否是一位称职的管理者,关键就要看他是否抱有远见卓识与战略眼光。具体来讲,他不仅仅应该知道学校朝向何处发展,而且愿意将自己放置在战略规划变局之中,推动大学朝向自己所规划的方向前进。例如,蔡元培所定义的大学性质——"研究高深学问者也";而梅贻琦的"所谓大学者,非大楼之谓也,乃大师之谓也"几乎使他与蔡元培先生比肩而立,而在他领带下形成了"通识教育"培养特色,并将工科教育着重发展;竺可桢在"求是"精神指导下形成了系统、科学的教育理念，培养浙大英才教育的目标，并形成注重科学研究的良好氛围。总之，他们具备较高的规划、决策与推进能力，能够提出符合当时社会发展需要和学校发展实际的，具有可行性的发展规划。当然，这种总体发展规划所涵盖的内容很广泛，包括人才培养、学科与专业建设、教师队伍建设等。

二者，专注于学术的管理理念。作为培养人才、发展科学、服务社会以及传承文化的场所，大学具有特殊的品质与特征。作为区别于其他机构管理的重要特征和内在逻辑，学术管理极为重要。大学学术管理包含两个方面：对大学学术活动和学术事务的管理。学术管理的基本目标在于建立一种自由、独立的学术氛围，积极促进学术的健康发展，稳步提高大学的学术水平。学术管理在很大程度上关乎大学的成败兴衰。民国管理型大学校长均立足于大学学术水平的提高，并且努力追求大学的学术声誉。没有学术大学就会失去灵魂，而学术的成败关乎于学术管理，而大学校长的学术管理理念与实践就显得颇为重要。这也正是蔡元培的大学非仅为"多数学生授课，造就一毕业生之资格而已也，实也为研究学术之机关"的理念所在；是蒋梦麟的"学校之唯一生命在学术事业"中所蕴含的"厚重学术"的理念所在；也是梅贻琦在就职典礼上明确指出的办大学之目的之一在于"研究学术"，并指出"学术造诣，是不能以数量计较的"理念之所在。

大学教师是维护大学学术性，保证大学学术精神得以延续与繁荣的必不可少的基础所在。因此，加强具有学术造诣的大学教师队伍建设，培养具有学术造诣的优秀的大学教师，是管理型大学校长行使管理职能的重要一环。具体来讲，其一，民国管理型大学校长注重参与授权的结合，最典型的例子莫过于"教授治校"制度在民国大学中的推行。教授治校制度的实行，一方面削弱校长的权力，另一方面却加强教授的权力。而民国管理型大学校长一力实行此项制度，将管理事务的权力交给教授去做，使教授能够主动、自觉地关注大学的发展，提出自己的意见。这样做既能够保证做到管理决策的集思广益，又能在校内充分发扬民主。其二，在教师选聘上，严格筛选德才兼备的教师。民国管理型大学校长对教师的聘任颇为重视。为消除大学内部官僚积习，增强大学学术研究氛围，增强学生对于知识的兴趣，众多管理型大学校长一方面在教师聘用上采取严格的选拔制度，另一方面对于学术水平很高、学术能力极强的学者采取破格聘用的原则。

(2) 保障大学管理体制改革

其一，民国政府对大学管理相对较为重视，这个时期颁布的有关教育方面的法规政策达到1500件。虽然政策文件种类繁多，覆盖范围也广泛，但是政府对大学的控制力并不强。一方面固然由于北京政府的式微不利于政策推行，即使南京政府强力推行"党化教育"，也由于其与自由主义精神的冲突而缺乏"市场"。另一方面，民国大学校长对这些政策的抵制或者置之不理成为民国大学行政管理在一定程度上游离于政府控制之外的重要因素。我们不仅要去了解，而且要去研究、学习民国大学的这些著名校长，如蔡元培、梅贻琦、蒋梦麟、胡适、罗家伦、竺可桢等对某些政府政策的抵制。这可以看出我们对于民国大学校长在坚守自由、自主、独立的管理体制的肯定，也能够反映出这些大学校长的管理能力之于民国发展的意义。其二，教授治校体制下形成的校长、评议会、行政会、教务处、总务处等各司其职、分工合作，形成高效的大学管理体制。大学校长通过让渡其绝对权力，将以教授为代表的学术权力凌驾于行政权力之上，有效阻止大学的行政化和官僚化，使得大学学人社会、知识性社会的本色在大学行政权力的更迭或者是大学政策的变动中得以保持。[①]

(3) 善于处理学校内外事务

"和谐"自古以来就是中国传统文化中一个不可或缺的范畴。"和谐不仅是整齐一律与平衡对称，更重要的还在于差异中见出协调，在不齐中透出整齐，在整体上给人以匀称一致、和顺适宜的感觉，并使主客体达到矛盾统一。"[②]民国大学就是一个彼时的微缩社会，各种派别、各种思想的人置身其中。每一个人不管是出于学术的理由，还是由于地域的缘由，都会有自己的人际圈

---

① 赵剑. 民国大学管理制度设计的现实思考——以行政权为中心的考察[J]. 长沙大学学报，2014(3)：69.

② 金炳华. 哲学大辞典（修订本）（上）[Z]. 上海：上海辞书出版社，2001：519.

子。但是很显然,良好的人际环境不能天然形成,而维护好每个人在人际圈中的和谐感与满足感,需要一个成功的管理者来创造。在民国大学校长实施管理过程中,能否将"和为贵"思想继承并发扬,建立并发展良好的人际关系,是对作为管理者的大学校长的管理能力的一个重要考量标准。其一,民国管理型大学校长表现出的是一种人格平等、互相尊重。众多校长留学国外,深受西方民主、自由、平等观念的影响,乐于并善于用平等的方式、谦虚的态度与人交流。他们不仅能够认真听取他人的不同意见,而且在他人对大学发展提出建设性意见时,能够尽力推行。胡适曾经回忆,丁文江曾经为北大的发展提出一些改革方案,但是均受到很大阻力,而蔡元培却始终全力支持,最终"得行其志"。其二,民国管理型大学校长在管理中能够以师生为本,怀有一颗博爱的心,始终将"人"放在管理的中心,以调动人的主动性、积极性来推动大学的进步。

大学作为一种社会组织,不可避免地会存在一些利益相关者。就民国时期的特殊环境来说,大学校长作为维系各利益相关者的重要纽带,充分获取保证大学发展的各类资源,能够很好地在利益相关者之间进行引导,毕竟民国时期的大学校长具有更大的自主性与主动性。

(4) 高超的自我管理艺术

大学校长的自我管理是指校长自身对其思想与行为各个方面的认识、感受、学习、监督、控制以及完善。民国管理型大学校长普遍重视自我管理,并在以下几个方面进行努力:其一,管理型大学校长在进行学校管理时,要不断进行自我认定,明确自己的角色和地位,了解自己的长处。蒋梦麟曾说自己做事全凭"三子":以孔子做人,以老子处世,以鬼子办事。难怪胡适赞扬"蒋梦麟是一个理想的校长,有魄力,有担当"。[①] 蒋梦麟"以儒立身,以道处世,以墨治学,以西办事"的风格,不改初衷地中兴北大,使北大的教学与科研能力达到历史上的最高水平。其二,坚持自己的教育理念。民国管理型大学校长在结合学校发展、社会现实等基础上,形成先进的教育理念,并

---

① 张意忠. 民国大学校长 [M]. 北京:北京师范大学出版社,2012:129.

渗透进学校日常管理过程之中，形成全校师生得以认可、接受的目标。在这个过程中，大学校长的教育理念能够得到有效执行，将自己的教育理念转化成全体师生的理想与行动，如此，实现教育理念的最优化。其三，进行自我反思与自我评估。在大学校长带领全体师生实现"共同愿景"过程中，需要不断反思、总结经验、教训。蔡元培、胡适、罗家伦、竺可桢等大学校长哪一位不是在进行教育实践的过程之中，不断的自我反思以修正其教育理念，而最终成为影响后世的卓越的大学校长。例如，胡适在提出"10年高等教育发展计划"之时，曾经指出要"在10年之内，集中国家的最大力量，培植5个到10个成绩最好的大学，使他们尽力成为国家学术独立的根据地"[①]。然而，他的上述及意见在报纸披露后，许多报刊发表社评，有人对此表示赞成，也有人提出批评。因此，胡适根据相关的批评建议，对其"争取学术独立的10年计划"做了些许调整。尽管胡适这一高瞻远瞩的计划以落空而告终，但是胡适在吸收他人之言，总结中国教育之经验，适时调整教育理念的过程之中所表现出的管理艺术值得后人称赞。

## （四）社会活动家

### 1. 社会活动家型大学校长之标准

有关于社会活动家的标准，不同学者的侧重点多有不同。有学者从人际关系的角度定义社会活动家，如乔盛认为，能够调整和打破世界秩序的，能够改变人际关系本身结构的，唯有那么一种人发挥着重要作用。这种人被当代社会称为是杰出的社会活动家。[②] 还有学者认为，社会活动家就是社会上的积极、活跃人士。当然，不同学者对社会活动家的标准虽有所不同，但是都具有的共性便是，一是热爱社会，了解社会，拥抱社会，牵挂社会；二在于其投身于活动，周旋于活动，打拼于活动，操控于活动。就本文的研究来说，社会活动家是指一方面积极沟通、协调大学与社会之间的联系，另一方

---

① 刘筱红，金珂. 追求卓越 坚守自由——北京大学校长胡适[M]. 济南：山东教育出版社，2012：245.

② 乔盛. 治国论[M]. 北京：中共中央党校出版社，2013：137.

面积极参与社会活动,并且在社会活动当中具有一定的影响力的人。他不仅具有能广泛斡旋解决社会事物矛盾的能力,又是各种社会活动的推动者或者领导人物。需要明确的是,社会活动家虽有政治追求,但不谋求权力。

**2. 社会活动家型大学校长之原因**

(1) 大学校长自身素质的形成

其一,社交广泛。民国大学校长在掌校之前多留学欧美国家,无论是由于生性爱好交际,还是由于国外的留学氛围为他们提供相互交流、合作的环境,他们在留学过程中便已经建立起良好的沟通关系。另外,不少大学校长曾经是政界要人,已经建立了相对完善的权势网络,他们可以利用已有的资源,进行广泛的社交。再有,民国大学校长在当时属于高收入人群,月薪为600余圆左右。充裕的物质条件能够为这些大学校长当作活动经费,或广交友朋、或支持社会事业建设、或资助青年等。而这些,都有助于经营人脉,营建权势网络和能量系统。

其二,主动参与。自觉自愿的行为,积极主动的意识,是民国大学校长自身具备的良好素养。他们不会等待他人的指示,也不可能等待他人的指示。"应该做什么,必须做什么"在他们的心里甚为清楚,之后他们会情绪高涨,精神饱满地投入到教育变革、政治改革的浪潮之中,不停地冲撞、不懈地努力。凡是具有影响力的社会活动家型大学校长,从来都是主动面对彼时的政治混乱、教育低迷的挑战,并且当成一种社会责任去迎接,表现出来的形式必然是积极地投身于所关心的伟大事业之中。

其三,感召效力。作为社会活动家型大学校长,除了具有社交广泛、主动参与的特征外,还需要在公众中具有强有力的感召效力。民国时期的很多大学校长不仅是出色的社会活动家,同时有的还兼具管理者、政治家、教育家等角色。他们体魄上折射出强烈的人格魅力,以独具的形象和风范对全体公众产生强大的鼓舞作用,有形而无形地向周围熟悉的人们传递出感召效力信息。[1]

---

[1] 乔盛. 治国论[M]. 北京:中共中央党校出版社,2013:139.

(2) 大学校长职业发展的必然要求

随着民国高等教育的逐渐发展，大学经历了由局部向整体的改革。民国大学的管理逐渐摆脱封闭的管理状态，大学校长的工作内容逐渐扩展，教育教学、科研活动、社会关系活动的多元化发展相互交织。民国大学校长的工作伴随着民国社会的崛起而承载了新的内容。他们需要管理好一所大学，同时更需要发展好一所大学。毕竟，民国时期的很多大学能够称得上"蕴蓄珍珠的活贝"，它们在短短30年的历史之中对中国文化与思想的发展做出了巨大贡献。而一位位成就如此至高荣誉的民国大学校长在其执掌大学的过程中必然要带领大学朝向更加积极、开放的状态前进，必然要穿梭于社会各个显眼的公众场合，比如政府、教育部、社会组织、研究机构等，通过施展平时所积蓄的"三才"之武器——"才智、才华、才能"，协调各种社会势力，平衡利益分配关系，由此而成为社会的活跃分子。

(3) 大学发展的现实要求

作为从传统社会中转型而来的民国大学，能够在短时间内摆脱传统文化的牵制，从相对封闭的环境之中走出来，借鉴西方大学开放、包容的文化氛围，迅速走上正轨，发展出能够称得上世界一流的大学，这在当时中国处在内忧外患的复杂环境中，无疑当属奇迹。除北京大学以外，出现一批世界知名大学如清华大学、武汉大学、中央大学、北洋大学、南开大学、厦门大学、云南大学、复旦大学、浙江大学等。于学科水平看，清华大学的物理学、南开大学的经济学、北洋大学的工学等，都已经具备较高的国际知名度。这些知名度的获得，体现了民国大学所具备的文化宽容精神；同时，秉承大学学科建设的公共责任感，力戒空谈学理，学科建设植根于国情并为中国服务而形成的"真实"特色。[①] 由此来看，民国时期的大学在基于促进自身发展目标的基础之上，已然敞开胸怀，其成长、发展与社会各界的联系相对广泛而密切。这种联系不仅包括大学发挥教育自身的影响和作用使学校服务于社会、作用于社会，同时又包括大学寻求社会各方面对大学发展的支持。很明显，

---

① 黄俊伟. 公共记忆中的民国大学 [J]. 现代大学教育，2012(4)：75.

大学作为一种重要的社会组织，它的生存和发展，与政府的支持、社会的关心和帮助密不可分。但这些理解与支持并不可能自动发生，它一方面建立在大学有着良好发展态势来赢得社会地位与荣誉的基础之上，另一方面，它需要大学主动争取社会的关注、支持。而大学校长作为联系内外、沟通上下的桥梁，显然要担负起公共活动的主要职责。

**3. 社会活动家型大学校长之共相**

大学校长作为社会活动家，主要指大学校长在社会上发挥对外交往能力，以及热心公众事务，关注民生、民情。社会活动家的突出特征是社会活动能力强、善于协调各方面矛盾。他们的工作重点一方面是对大学内外部关系的沟通和协调，另一方面，对于大学校长自身来讲，抒发社会情怀，积极参与社会公共事务。

（1）推动大学社会服务职能的发展

随着民国大学逐步迈入现代化路程中，大学的社会服务职能逐渐展开，民国大学已经走向社会发展的中心，成为整个社会中最具活力、最能代表时代前进方向的机构。关注社会发展，形成社会自觉之意识已然成为民国大学校长的共识。他们需要利用大学外部环境为大学发展做出贡献，同样，社会的发展也要求大学做出更大的贡献。蒋梦麟认为，现代教育的关键在于如何培养学生对社会的认知与责任心，故而离开社会则不能言教育，舍弃个人则更不能言教育。盖个人为教育之体，社会为教育之用。两者兼则教育之体用备。那么怎样才能达到体用兼备的目的呢？蒋梦麟认为关键之点就是要培养"科学之精神""社会之自觉"的社会共识。① 梅贻琦同样认为"吾们在今日讲学问，如果完全离开人民社会的问题，实觉太空泛了"。"诸君每人能得到一种学识或技能，在社会上成一有用人才，可帮助国家解决一部分的困难，诸君才算对得起自己，对得起社会。"②

总体来看，民国大学校长在推动大学的社会服务职能的发展时主要有以下几个特点：其一，大学服务社会的内容和形式更加丰富，日趋多样化。民

---

① 马勇. 蒋梦麟：第一位真正意义上的教育部长[N]. 社会科学报，1996-05-18.
② 梅贻琦. 欢迎新同学的几句话[N]. 清华暑期周刊，第9卷第8期，1934-09-7.

国大学为社会提供服务的主要内容和形式有：开展成人教育和继续教育；大学向社会开放图书馆、教室设施等。例如，蔡元培借鉴西方各国特别是法国所谓平民大学，由大学教员组织，专在夜间讲演，无论何人，均可入校听讲。因此，蔡元培在北大开设了平民夜校，招收住在北大附近的工人和城市小资产阶级的子弟四百余人入学。再如，郭秉文要求各系科注意面向社会，为社会服务。他充分利用高校的人力资源，开办商业院校、补习学校和暑假讲习班等多种形式的培训机构，积极为社会造就商业从业人员及专业财经人员、贸易人才，深受社会各界支持。其二，大学与社会相互合作，使服务呈现双向性，即大学不断满足当时社会需要的同时，社会也不断满足大学的相关要求。尽管民国时期的大学与社会之间并不能言之已经建立一种完善的伙伴关系，但是大学的开放性以及社会的容纳性相对提高，二者之间的合作时有发生。例如，为了使学校获得更多的社会支持，郭秉文改革学校领导体制，添设校董会，其成员既有著名教育家，又有能对政府和地方施加影响的社会名流，还有实业界、金融界巨子。东大校董会的设立，沟通了东大和社会的联系渠道，使学校在办学过程中获得了来自社会的更多政策、舆论和经济上的支持，得以迅速发展。[①]

观察民国大学之成长与发展，有一个引起人们注意的现象，每一所知名大学的发展几乎都与一位特定的大学校长相关联，比如蔡元培之于北京大学、罗家伦之于中央大学、竺可桢之于浙江大学、梅贻琦之于清华大学、郭秉文之于东南大学、唐文治之于交通大学、张伯苓之于南开大学、熊庆来之于云南大学、马君武之于广西大学等。这些带领大学走向世界一流道路上的校长群体们尽管在学术与文化背景方面存在些微的差异，但是"兼容并包"的情怀与气度却是共同拥有的，而这种情怀也是大学之为"大"的表现与象征——立足大学，面向社会。

（2）致力于社会政治活动

近代中国既是一个处于变革与转型之中的过渡社会，也是一种历史进程

---

① 张意忠. 民国大学校长 [M]. 北京：北京师范大学出版社，2012：76.

被高度挤压的"非常态"社会。因此，在如此社会变迁的过程中，社会结构的失调与社会环境的混乱而引发的众多社会问题就成为困扰先进中国人的一个"疑难杂症"。国家危亡、政治腐败、社会萎靡的状况使得接触过中国传统文化以及受过西方先进教育思想熏陶的民国大学校长们不会袖手旁观。探索救国救民的道路乃至推动中国社会现代化发展之路，成为以民国大学校长为代表的中国现代知识分子的主流意识以及人格追求的主要目标。

作为一个具有现代意义的知识分子，民国大学校长积极扮演一种"社会良心"的守望者角色。他们是国家政治实体中不可或缺的社会精英，他们以民族文化建构、传播、发展的主要社会载体出现，以怀抱天下的宽阔视野积极投身于社会政治生活中。换言之，在时代的感召之下，民国时期大学校长们既无法实现"两耳不闻窗外事，一心只读圣贤书"的超然于世，也不可能以"学而优则仕"心态与行为的贼营于世，而是"风声雨声读书声声声入耳，家事国事天下事事事关心"的积极于世。①

在救亡与启蒙成为民国时期的时代主题之时，众多大学校长投身于依靠"教育救国"的队伍中，他们利用学术、教育来抨击时政、革新政治、唤醒民众，为寻求救国救民之路而不懈奋斗。例如，蔡元培委身高等教育事业后，明确要为革新政治而培养人才，实现为社会服务的精英教育，在他的倡议及努力下，初步建立了新式的、与民主共和政治相适应的教育体系。还有一部分大学校长或者通过间接参与的方式，如议政，或者通过直接参与的方式，如投身到政治洪流之中，他们在一次次的失败中不断摸索中国发展的新道路。纵观整个民国时期，学生运动大多与内忧外患的状况，与国家的前途命运紧密相关。而大学校长作为这个过程中不可回避的人物，发挥至关重要的作用。例如，时任北大校长蔡元培在"五四运动"中用出走抗议政府，保护学生生命安全，支持学生运动；武汉大学校长周鲠生在珞珈山"六一惨案"中积极营救被捕学生，强烈谴责政府相关部门的下流做法，并带头参加遇难者出殡大游行活动。当然也有如梅贻琦一样夹在政府与学生之间，疲于应对的。梅贻琦

---

① 袁慧勇．"学事"与"政事"：蒋梦麟的"不合作主义"与"合作主义"[D]．浙江师范大学硕士学位论文，2012：63．

等人表示对学生运动"表示同情",但是"赤手空拳的群众运动,只有荒废学业,绝非有效的救国方法"①。然而,虽然梅贻琦等人对学生运动并不如蔡元培等人的态度激烈,他们同样"在每次的学潮中,都以自己的力量掩护着青年的安全"②。由此来看,尽管民国大学校长对学术运动所持态度有所不同,但是他们都肯定学生运动对彼时的政治腐败、民族危亡的或多或少的积极作用,从而投身其中。虽然现实给予他们实现社会政治理想的道路充满坎坷与曲折,但是,他们通过艰苦的努力为中国社会的现代化之路做出了突出的贡献。身在那个时代的民国大学校长,自觉地担当起社会重建和学术重建的任务是显而易见的。

## 三、民国时期大学校长角色聚焦:学术与政治

学者、教育家、管理者、社会活动家是民国时期大学校长扮演的主要角色类型。虽然他们的角色扮演呈现多元化,但是概括起来,不外乎徘徊于学术与政治之间。本部分首先明确民国时期大学校长学术与政治角色之意蕴,进而阐释多元化角色聚焦的具体表现。

### (一)大学校长学术与政治角色之意蕴

**1. 民国时期大学校长的学术角色**

大学,作为最早的学术性行会自治组织,起源于中世纪的欧洲。它由追求知识与传播思想的人自觉、自发地聚集在一起而产生。传播知识成为中世纪大学的主要任务,大学追求纯粹的知识而远离社会的喧嚣,因此,人们赋予了大学"象牙塔"的称谓,以此来体现其与世独立的特征。伴随时代的逐步发展,民国时期大学的内涵已然丰富,它从单一的传播知识的"象牙塔"转变成承载多种功能的社会组织。然而,时代的变迁并不会影响大学追求知识的本质,以学术为己任是大学区别于其他社会机构的重要标志。大学不断追求

---

① 大公报[N]. 1935-12-14.

② 黄延复. 清华的校长们[M]. 北京:中国经济出版社,2003:231.

学术的高深化以及以致力于培养学术人才。因此，大学存在的合理性与合法性自然源自大学的学术属性。

既然大学以学术为基本属性，那么大学发展必然要遵循学术发展的逻辑要求，其中包含人才培养的基本规律、学科发展的基本规则等，而这些通常掌握在民国大学知识人手中，毕竟，他们以高深学问的拥有者和传播者的身份立足于大学之内。民国大学校长作为大学掌舵人，首先，要求他们具有较高的学术造诣，成为大学知识人群体的代表者，这是大学的本质属性所赋予大学校长的基本要求。换言之，民国大学校长是学术上的象征者。其次，民国大学校长需要依靠理性的精神引领学术的发展，需要以学术价值为取向作为考量客观事物的标准：他需要贯彻实施学术自由、独立的理念，需要为大学发展提供良好的学术环境，需要满足大学师生对学术发展的基本要求……换言之，民国大学校长需要以大学的学术、教育发展为职志，通过各种教育理念的倡导，教育实践的贯彻增进大学的相关学术事业。换言之，民国大学校长是学术上的推动者。最后，民国大学校长将民国大学置于社会历史发展的进程之中，一方面推动中国高等教育现代化的历史进程，另一方面通过学术、教育的发展推动社会历史发展进程，将学术带入至高、至善的境界，成为中国现代文明发展的重要源头，也能够称作中国现代政治发展的重要源头。

总之，对于个人来讲，民国大学校长具有相对的学术权威，成为"博学首领"；对于大学来讲，民国大学校长应当引领大学向学术优良的方向发展；对于社会来讲，民国大学校长应当致力于中国高等教育的现代化乃至通过学术、教育发展推动中国社会的现代化发展之路。

### 2. 民国时期大学校长的政治角色

随着民国大学的发展，大学已然走入社会的中心，其规模日益庞大，功能不断丰富。首先，民国国立大学校长是行政管理序列当中的一分子，私立大学校长需要获得教育部、政府的认可，他们都需要处理相关政治性事务，例如参加政治事务会议，为统治者出谋划策等，主动或被动地从事与政治权力相关的活动。其次，大学与外界的联系逐渐增多，大学校长需要在当时具体的社会条件之下协调大学自身发展的逻辑与社会发展的功用性之间的相互依赖的关系以及思考、解决相互间存在的矛盾与冲突,通过价值妥协的方式达成双方的价值共赢。最后,民国大学校长需要立身社会、立身国家,面对民国混乱无序的社会背景,抒发"以天下为己任"的政治情怀,承担政治责任与使命,积极投入到国家政治建设中去。

总之,从个人层面讲,民国大学校长需要按照相应的政治权力模式从事政治行为;从大学层面讲,民国大学校长需要带领大学承担社会服务功能;从社会层面讲,民国大学校长需要致力于中国社会现代化发展之路。很明显,这与民国大学校长的学术角色具有诸多重合之处。

### (二)大学校长多元化角色的聚焦

民国时期大学校长主要扮演学者、教育家、管理者和社会活动家的角色。通过前述分析发现,这四种角色之间是有其共性存在的。其一,民国时期的大学校长都围绕学术与教育事业开展其基本业务。大学校长作为掌舵人,是中国现代大学制度的先行者、奠基人,他们以大学的领航人、独立的学术知识载体、深化文化学术的创造者、传播者的身份出现。从前述民国大学校长的角色扮演之中可以看出,大学校长通过对角色的行为实践、感悟以及内化使各种角色能够围绕统一的思想,达成统一的共识并采取相应的行动以实现大学理念。这种统一的思想与共识便是建立在对学术本质有着深刻的理解,对大学精神具有独特的价值判断和坚定不移的信仰的基础之上。尽管民国时期的大学处于新旧更替的复杂背景之下,大学校长在引领高等教育前行的过程之中必然处于摸索之中,然而在他们的努力之下,民国时期的高等教育改革进行了一次次成功的尝试,为之后的大学教育步入正轨、走向现代化奠定了重要基础:教育宗旨由"学而优则仕"转变为"大学,研究高深学问者也",人才选拔由因循守旧转变为知人善任、不拘一格,学科门类由单科独立发展各科并重,大学管理由校长独裁转变为教授治校,学术氛围由学术专制到学术自由……

其二,国家、社会的状况为民国大学校长成长、发展提供了基本的舞台与环境,使得民国大学校长是国家政治实体中不可或缺的社会精英。他们以独特的人格魅力,以兼济天下的胸怀,在社会政治生活中获得重要的参与权:首先,他们处理学校内部政治性事物,从事相关政治行为;其次,领导大学满足当时的社会需要;最后,对彼时混乱、腐朽的政治环境进行涉入,围绕"建立国家""现代化"以及"中国的出路"的思考展开行动。

需要意识到的是,培育学术、教育成为解决政治问题的力量,成为历史发展的必然。民国大学校长将学术带入至高、至善的境界,学术研究的基本终极价值判断取决于是否对人类有益:他们倾情教育,报效国家……从根本上讲,民国大学校长立足于教育、学术、文化本位来培养对政治的较长远、深刻的思考,表达他们的人文关怀与社会情怀。换言之,他们并不仅仅从事抽象的符号生产或传播,还以"社会良心"的身份出现在公众面前,运用他们的学识、智慧对国家政治、社会事务进行批判性反思,肩负起社会责任。由此来看,学术与政治是无法截然分开的。

作为一个具有现代意义的知识分子,民国大学校长在社会关系中所确立的角色实际是双重的。一方面,他们是民族文化建构、传播、发展的主要社会载体。他们将这些活动视作包含独立存在价值的至上事业,视作赖以生存、自我确证的职业本位。[1] 毕竟,民国大学校长建功立业之基点,自我价值之实现,不必投向于政治,通过学术本身便可以换回曾经被大一统政治扼杀的学术自我的直觉机能。另一方面,他们又是国家政治实体中不可或缺的社会精英。他们以得天独厚的文化修养和精神素质,以他们超越自身的济世胸怀和宽阔视野,在社会政治生活中拥有一席毋庸置辩的决策参与权。[2] 他们在历史的舞台之上发挥着学术与政治的双重功能。

---

[1] 许纪霖. 智者的尊严——知识分子与近代文化[M]. 上海:学林出版社,1997:23.
[2] 许纪霖. 智者的尊严——知识分子与近代文化[M]. 上海:学林出版社,1997:23.

# 第二章 民国时期大学校长角色的个案研究

民国大学校长扮演着学术与政治的双重角色，虽然历史给予他们相同的时代背景，但由于个体因素的差异，他们可能会产生不同的选择。概而言之，大概有以下四种类型：第一类大学校长虽经受教育与政治之悖论的困扰，但相对来说仍旧游刃有余于二者之间，如蔡元培。第二类大学校长不断在教育与政治之间徘徊，明显存在依违两可的矛盾心态，如胡适。第三类大学校长则抱有对政治与权力的无限眷恋之情，在政治权势网络中实现其自身价值，这样的选择对于有着一套自己独立思想信念与教育理念的人来说，只能面临着自我的"异化"与人格的"屈尊"，如罗家伦。第四类大学校长欲躲避于政治的浑水之外，但实际上很难在现实环境中、在自身心灵上保持对权力与政治的超然，只能是保持一种中庸立场，如竺可桢。"你谈政治也罢，不谈政治也罢，除非逃在深山人际绝对找不到的地方，政治总会寻着你的。"① 本章选取这四位具有典型性的徘徊于学术与政治之间的大学校长，分析这四位大学校长是如何在学术与政治之间进行深入涉入，以及他们试图达成的目的和实际所达成的结果。

## 一、游刃有余：以蔡元培为例

蔡元培②是一位具有革新精神，又具有民主作风的人。他对政治始终抱有一种强烈的关怀，承载"心怀天下"之大任，担任北京大学校长一职使

---

① 陈独秀. 陈独秀文章选编（中册）[M]. 北京：生活·读书·新知 三联书店，1984：1.
② 蔡元培于1916年12月至1927年8月担任北京大学校长.

得蔡元培从庙堂走向自身成为可能。只是，学术与政治之悖论的困扰，一直围绕在作为大学校长的蔡元培身边，但是他相对来说能够游刃有余于二者之间。

### （一）从庙堂走向民间、走向自身

**1. 投身政治洪流中**

蔡元培出身科举，为清末翰林学士，这在封建社会中是一种极大的政治荣誉。然而，他没有因此成为清朝统治的维护者，而于19世纪末20世纪初接受了西方资产阶级民主思想的影响，彻底从封建体制中走出，选择反清革命的道路，成为辛亥革命前后的政治活动家之一。

在此过程中，蔡元培参加过众多政治活动，如拒俄运动的领导者；参加暗杀团，成立光复会；主持同盟会上海支部；成为迎袁专使；支持"二次革命"等……出于对政治现实的不满，蔡元培不断投入到政治事业之中。但是一次次的尝试与失败之后，蔡元培发现若想改变现状，真正实现民主政治，先从教育着手，启发民智，培养国民高尚人格似乎是当时最为有效的路径。于是，蔡元培放弃只身投入政治洪流中的实践，转而投向教育事业之中。

**2. 为教育事业而努力**

自蔡元培到北大执行校长职务之始，就通过吸收借鉴西方先进的高等教育理念，继承中国传统文化精华的基础上，对北大进行大刀阔斧的改革，取得了令世人瞩目的辉煌成绩。而且，蔡元培从庙堂走向民间，走向自身，正是从其对北大的改造开始的。因此，以教育为核心是蔡元培执掌北大11年不变的基本原则，为教育而努力是蔡元培始终致力发展的事业。

蔡元培执掌前的北京大学属于典型的"官僚养成所"，学生入学"仍抱科举时代思想，以大学为取得官吏资格之机关"[①]；教师不是研究学问，而是灌输固定知识。蔡元培在就任北京大学校长的演说中将大学定位于"研究高深学问者"，意欲区别于传统高等教育机构的"官僚养成所"的性质。其一，蔡

---

① 高平叔. 蔡元培全集（第6卷）[C]. 北京：中华书局，1984：350.

元培主张"凡大学必有各种科学的研究所"①。通过研究所的创建,为教职员工的研究提供基本场所,更给大学生继续深造及从事科学研究提供良好机会,促进研究的深入。其二,对于延聘教员,作相应规定。蔡元培拒绝延聘作为官员的兼职教员,这一方面有助于保证教员知识水平、学养积淀、思想操守等整体素质的提升,另一方面切断部分学生以攀附官员教师"干禄之终南捷径"的腐朽思想。其三,为了在学生中培养研究风气,蔡元培要求将"所印讲义,只列纲要,其详细节目,由教师口授后学者自行笔记,并随时参考",以期学生培养自学能力,启迪学生自动研究的精神。其四,为了营造有利于学术研究之良好氛围,蔡元培相继推出《北京大学日刊》《北京大学月刊》,认为只有在研究中才能有所创新发展。在蔡元培看来,高深学问可以作为高等教育活动的起点,也是贯穿于整个高等教育活动的一条主线,离开高深学问便无所谓高等学校。"教育阶梯的顶层所关注的是深奥的学问。"②重视大学的科学研究功能是现代大学的基本特征之一,在一定程度上体现大学的时代特性。蔡元培改善大学性质,重新定位大学目标的举措,不仅仅促进北大的发展,其意义远超出一所大学的范围,在中国高等教育发展史上具有划时代意义。

蔡元培在学术方面的成就需要后人慢慢品评,其改革北大的具体实践由此展开。蔡元培在整顿北京大学时,"变法""革命""进步""启蒙"等似乎已经成为时代的主流,"传统"与"保守"又深深烙刻在人们头脑中,这很容易挑起所谓"激进派"与"保守派"的矛盾,他们中间的很多人似乎是在坚守二者必须择其一的观点。因此,蔡元培采取"思想自由、兼容并包"的方针,开启学术"百家争鸣"之风。按照蔡元培的观点,大学之所以大,就在于大学能够容纳不同学派和人才。在教师聘任方面,坚持"学诣为主",不看重教师的学历、主义或者派别等,只要有真才实学,就能聘任为教员。在学术上反对墨守成规,提倡自由发展。他认为如果抱残守缺,持一孔之论,守一家之

---

① 蔡元培. 何谓文化 [N]. 北京大学日刊,1921-02-14.

② [美] 约翰·S. 布鲁贝克. 高等教育哲学 [M]. 王承绪,等,译. 杭州:浙江教育出版社,2002:4.

言，不可能造就高水平的大学。因此，"无论何种学派，苟其言之成理，持之有故，尚未达自然淘汰之命运，即使彼此相反，也悉听其自由发展。"①让不同的人才自由发展，让不同思想和流派相互争鸣，使北大出现人才济济的良好局面，为学术发展、繁荣以及新思想的传播提供保证。应该肯定，"思想自由，兼容并包"的方针顺应文化教育发展的客观要求，从思想学术上为国人开导出一股新潮流，冲破传统习俗，推动大局政治，并且使新文化有了发祥、立足之地，科学、民主的思想得以传播。这是蔡元培将西方现代大学实质融会贯通的体现，也是蔡元培对中国现代大学不懈追求的体现。因此，从这个意义上讲，蔡元培不仅仅是现代北大的缔造者，更是中国现代大学理念和精神的缔造者。

大学无论是在人才培养、发展科学还是在服务社会、引领文化方面的成就，在很大程度上有赖于作为学校主体之一的教授群体。蔡元培作为一个以围绕学术角色为根本的大学校长，非常注重发挥教授的作用。在教授遴选方面，他提倡"积学而热心"的原则；在教学上给予教授以充分的教学自由权利；在大学管理方面，他反对校长权力的过分集中，主张民主办学，成为国内最早秉持"教授治校"原则的人。实行"教授治校"，是为了依靠真正懂教育和学术的专家来管理学校，而这项原则又是深谙教育与学术本质的人才能倡导与坚持的。不得不谈的是，由于蔡元培革命民主主义立场的影响，也由于他"兼容并包"理念下聘任的新派人物在北大的广泛影响，以教授为主体的评议会曾多次发表过反对北洋军阀的宣言，并曾几次宣布与北京政府教育部脱离关系。这其中暗含的民主精神以及以教育学术为主的理念使"教授治校"制度不仅仅在教育学术方面，也在政治方面起过很好的进步作用。

教育的根本问题是培养什么样的人的问题。教育学之父夸美纽斯认为，教是为了不教，教育是使受教育者成为他自己——个性健全、职能发展的和谐人。蔡元培明确提出教育应当造就具有"完全人格"的人，最终达成具有民主精神、自由意识、平等理念的人。由此，蔡元培提出"五育并举"的方

---

① 高平叔.蔡元培教育论著选[C].北京：人民教育出版社，1991：710.

针,后来又改称为"四育和谐"。蔡元培对"完全人格"培养的重视,一方面是适应民主共和政体对教育的客观要求,另一方面也是他接受现代西方文明成果并使之与中国高等教育相结合的结果。故此,"培养学生之完全人格"作为高等教育的理想追求,划清与传统高等教育培养治术人才的界限。这一目标不仅符合我国近代社会转型的现实需要,也顺应高等教育发展的客观规律,深刻体现出蔡元培高等教育思想的精髓。

### (二)依附性政治精英人角色的解构

#### 1. 以政治作为基本责任

"政治场"的强力整合作为社会因素而存在。由于政治与国家的命运休戚相关,作为有着强烈责任感和使命感的知识分子,蔡元培在介入社会之时必然面临被政治整合的命运。蔡元培在当时是一位具有"超凡魅力"的人物,在他周围簇拥了大批教育界、学术界、政治界的优秀人士,而蔡元培也被这些人士拥为精神界导师,因此各阶层乃至政府当局把他看作重要政治力量,通过各种途径加以整合。蔡元培担任北大校长一职与孙中山希望蔡元培去帝王思想和官僚气息浓厚的北京,宣传、传播革命思想有关。1924年1月,中国国民党第一次全国代表大会召开,经孙中山提名,蔡元培被选为候补中央监察委员。第二次以后的国民党全国代表大会,蔡元培均被选为中央监察委员。而且,孙中山与蔡元培经常相互来函,就国际和平、南北调和、国家法律等问题交换意见。由此可见,孙中山对实处大学校长一职的蔡元培之重视程度。而社会各界的重要参政议政会议等都可以看到蔡元培的身影,其中一些会议、社团等利用蔡元培的号召力来唤起民众的注意。例如,1922年10月4日,北京四十余团体召开联席会议,举行国民裁兵运动大会并组织游行,一致推举蔡元培为北队指挥,并推举其为讲演员。虽然蔡元培曾经发表过"委身教育,绝不与闻政治"的启示,但是面对国家危亡、政治腐败、社会混乱的局面,他被拉去参加各种会议、商讨各种事物,成日奔走在军、政、教界名流之间。虽然他一直以北京大学校长的身份抒发己见,但其在政界的地位及重要性,已使他难以从政治中脱身。

如果说政治场的强力整合作为社会因素将其向"政治"中推进，那么"忧国忧时"是蔡元培在掌校期间向政治靠拢的个人因素。从蔡元培进入历史的那一刻起，政治和学术就构成了他人生的两翼，而政治家和学者或教育家则贯穿于蔡元培大学校长身份的始终。虽然蔡元培认为自己属于学界中人，而非政治中人，尽量想做到以纯粹的大学人的姿态来区分教育与政治，但是其曾经与政治过多涉入的现实无法被抹去，其政治精英者角色无法完全忘怀，"家事、国事、天下事，事事关心"的现实关怀却使他忍不住从象牙塔中走出来，这便使得他内在地抒发出作为现实的怀疑者、批判者和社会良心之作用。而当社会政治力量矛盾激化，蔡元培作为一个有学术修养、有思想、有号召力、有人格魅力以及引领未来知识分子走向和推动高等教育精神发展的大学校长不可能保持绝对中立，即便内心愿意如此，社会大环境也会对其作出的时事评判带有倾向性，甚至坠入政治漩涡中，身不由己。

蔡元培认为，中华民族的生存、发展具有压倒一切的重要地位，独立、自主是中国亟待实现的基本要求。他一直将民族独立看作中国政治现代化前提，始终高举民族主义的大旗，提倡武力抵抗外来侵略，力争废除不平等条约。他多次以文字形式在北大日刊乃至全国性报刊上发表反帝运动宣传文章，体现了他炽热的爱国心，正如周恩来评价的，"从排满到抗日战争，先生之志在民族革命。"另外，蔡元培认为，中国要实现政治现代化，必须实行民主政治。他发表自己的政治主张——他始终坚持改良主义的政治倾向，通过和平渐进的方法来改变中国政治现状。例如，蔡元培曾同胡适等人一起，反对孙中山的北伐主张。为积极促进南北两方和平谈判，蔡元培等人发起成立和平期成会、全国和平联合会、国民制宪倡导会等。"五四"过后，面对国内的军阀混战和政治腐败，蔡元培等在《努力周报》上发表《我们的政治主张》。虽然这种"好政府主义"初步实现独立自由的精神，体现了以蔡元培为代表的自由知识分子干涉政治的模式，但是由于这一主张毕竟是"书生论政"，过于理想化而遭到责难，并以失败而告终。生逢国难当头、政治混乱之时，蔡元培等民国时期的大学校长不可能一味投身于对学术意义乃至宇宙真谛等"终极关怀"，他们的精神不可能高蹈于时代苦难之上，因此投身现实关怀是能够理解的。时代使然,奈何?对此,冯友兰的"若惊道术多迁变,请向兴亡事里寻"或许是对蔡元培想献身于教育与学术而不得,终为政治所牵绊的最好诠释。①

蔡元培既意图把北大塑造成献身学术研究、保持自由独立精神的"象牙塔",同政治保持一定距离;同时又想用教育影响社会、改良社会。而这在民国是不可能发生的,蔡元培自身也很快陷入此种悖论之中。而且,蔡元培认为当时不断涌现的学生运动无可厚非,又抱定学生应以学业为重,学生身份于国民身份应当分离。这不仅是蔡元培"悖论"的表达,也是其在政府与学生之间、学生的学业与社会情怀之间的多重关怀下矛盾被挤压的结果,还是他接受北大之职献身教育与学术之初衷发生冲突之所在。由此,使得他在不知不觉中充当了政治性的角色,并使北大日益发展成为政治文化的中心而充当政治的舞台。

**2. 政治寓于学术**

蔡元培主张与腐败政府斗争,与帝国主义斗争,认为此纯系一国国民之责任。然而,如若直接参与政治来改变中国内忧外患的现状,是一项很难的任务。虽然如前所述,蔡元培的确也这么做了。同时,作为一位大学校长,蔡元培认识到恰恰可以利用其特殊身份将政治寓于学术中,来实现他的人生抱负。

其一,蔡元培对当时社会现状极其不满,憎恶那些骑在人民头上作威作福的军阀,为中国深受帝国主义压迫而痛心。他意图改变现状,实现民主政治,启发民智,培养人民高尚的品格。"发展共和事业仍然离不开教育,但此时的教育'其精神不在提倡革命,而在养成完全之人格。盖国民而无完全人格,欲国家之隆盛,非但不可得,且有衰亡之虑焉。造成完全人格,使国家隆盛而不衰亡,真可谓爱国矣。"②他在给汪精卫的信中写道:"吾人苟切实从教育着手,未尝不可使吾国转危为安,而在国外所经营之教育,又似不及在国内之切实。弟之所以迟迟不进京,欲不任大学校长,而卒于任之者,亦以

---

① 李欣然. 大学校长教育与政治的双重关怀及其困境——以蔡元培为中心的考察 [J]. 高等教育研究,2015(6):93.

② 蔡元培. 蔡元培全集(第3卷) [C]. 北京:中华书局,1984:7.

此。昔普鲁士受拿破仑蹂躏时,大学教授菲希脱为数次爱国主义之演说,改良大学教育,卒有以旧普之亡,而德意志统一这盛业(普之胜法,群归功于小学教员;然所以有小学教员者,高等教育之力也),亦发端于此。"[1] 蔡元培之所以出任北大校长,是同他的爱国之情,为共和培养"完全之人格"的人才观相联系的。他认为教育的特殊功用就是立人,人立则国强,以此而实现国家富强的愿望,并试图挽救已濒临灭绝的民主共和事业。他以为之前各种救亡活动之所以失败,就是没有依靠教育培养人才的长期打算。

其二,蔡元培认识到若想推进中国现代化进程,必须用一种健全的文化精神与之配合。他积极推动中国民主的唯一精神凭借——"五四"新文化运动,确立"民主"与"科学"两大价值。蔡元培曾言:"谓教育家最重要的责任,就在创造文化。"[2] 我们应该承认这样的逻辑:没有蔡元培的教育理念,就没有新北大,没有新北大,就没有五四新文化运动。[3]

众所周知,蔡元培与陈独秀、胡适等人一道都是新文化运动的倡导者,但是蔡元培明显不同于他们的是其在文化问题上所具有的强烈的人文主义倾向和以此为基础的道德关怀。对于其他一些倡导者来说,他们提倡新文化运动更多出于政治的动机,将文化视为实现政治目的的必不可少的手段。对于蔡元培而言,其发展新文化的动机固然也有政治层面的目的,但是将文化革新视为人的内在禀赋,视为人性升华和人格完善的途径,是他更为看重的目的。因此,蔡元培将新文化运动与其教育理念完美相结合。他表示,新教育应该注意个性的发展,完善人格,才能在人类文化上尽一分子的责任。而且,五四运动唤醒国人,成效不会长久,且"技止此矣,无可复加",故国人欲"为永久的觉醒","则非有以扩充其知识,高尚其志趣,纯洁其品性,必难幸致"[4]。因此,欲建立长效机制,便要从教育入手。这不仅出于蔡元培的校长职责使然,更在于其信念使然。对于蔡元培在新文化运动中表现出来的独特

---

[1] 蔡元培. 致汪精卫函 [N]. 旅欧杂志,1917-04-15.

[2] 蔡元培. 在檀香山华侨招待太平洋教育会以各国代表宴会上演说词 [A]//. 高平叔. 蔡元培教育论著选. 北京:人民教育出版社,1991:350.

[3] 刘敏. 论蔡元培教育思想的人文精神 [J]. 四川师范大学学报,2001(2):67.

[4] 高平叔. 蔡元培全集:第3卷 [C]. 北京:中华书局,1984:313.

的思想倾向，梁漱溟对其以中肯的评价："从世界大教育东西密接以来，国人注意西洋文化多在有形的实用的一面，而忽于其无形的超实用的地方。虽然关涉政治制度，社会体俗的像是'自由''平等''民主'一类观念，后来亦经输入仍不够深刻，仍没有探到文化的根本处。唯独蔡先生富于哲学兴趣，恰是游心乎无形的超实用的所在。"① 因此，就不难理解蔡元培将北大改造为新文化运动的强大策源地，将科学与民主的精神具体而微地体现在北大教育革新中，使之成为新文化的"灯塔"。

其三，蔡元培始终把学术发展与近代中国的政治命运联系起来。在北大教育改革中，他非常强调学术研究。在政治混乱、民族危机交织的近代中国，蔡元培始终坚信，"民族的生存，是以学术做基础的。"② "学术昌明的国家，没有不强盛的；反之，文化幼稚和知识蒙昧的民族，没有不贫弱的。"③ 他号召大学承担起民族崛起的使命，号召青年担负起民族强盛的使命，而这首先要从学术水平的提高做起。他认为现代化的竞争，就是学术的竞争；中国在现代学术发展过程中远远落后于西方国家，更没有对世界负笈贡献，所以中国的竞争能力就非常有限。中国当时所面对的各种危机与困境使得蔡元培坚信，要挽救中国危亡的局面，复兴中华民族，唯有从学术方面抓起。而且，从更具体层面讲，"心理上、物质上、社会上各种建设，没有一个问题不要以学术研究为基础的，也没有一件不赖于学术研究的。"④ 因此，蔡元培赋予学术以救国的使命。最终达到的是用学术推动政治走向民主，由低级走向高级，由无序走向有序，由僵化走向活跃。但是，必须明确的是，蔡元培在倡导探究深奥学问的同时，首先看到的是知识是学术事业不证自明的目的，是大学之所以为大学的原因之一。"为真理而真理"且忠于客观事实的学术研究是其应然的范畴，而蔡元培将其进一步拓展为结合时代特色，解决政治、社会问题则体现了学术的实然范畴。

---

① 梁漱溟. 忆往谈旧录[M]. 北京：中国文史出版社，1991：89.
② 中国蔡元培研究会. 蔡元培全集（第8卷）[C]. 杭州：浙江教育出版社，1997：14.
③ 中国蔡元培研究会. 蔡元培全集（第6卷）[C]. 杭州：浙江教育出版社，1997：564.
④ 中国蔡元培研究会. 蔡元培全集（第7卷）[C]. 杭州：浙江教育出版社，1997：105.

其四，他带领大学及大学人服务于政治。1918年11月，为支持协约国胜利，蔡元培号召学生走出校园，与国家休戚与共。胡适认为蔡元培第一次借机会把北大使命扩展到学术以外，自此"北京大学走上了干涉政治的道路了，蔡先生带着我们都不能脱离政治的努力了"。① 蔡元培主持下的北大，是"五四"反帝爱国运动的策源地。虽然蔡元培并不赞成学生沉溺于政治运动，但他并不反对学生参加政治运动，更不主张学生可以不关心国家及民族的命运，闭门读书。"读书不忘救国，救国不忘读书"，应是蔡元培以及其之后的民国大学校长在处理学生运动与读书求学关系所作的最精当的诠释。因此，可以说，五四爱国运动的爆发与他本人有着直接关系。②

中国此时仍旧处于水深火热之中，但是蔡元培以为通过教育整顿便可以使国家转危为安，这种看法具有很大的局限性，它是不科学的，没有抓住问题的根本。但是，当举国充斥着各种矛盾与危机，封建残余思想大量存在，不知民主共和为何物，社会缺乏起码的自由与个人主义理念，民主与科学的教养更无从谈起之时，利用文化教育作为主要阵地，对人们进行现代化理念下的科学、民主、自由、平等的启蒙，是促使国家在世界之林立住脚，并且变革现实政治、实现政治现代化的不可或缺的途径。

**3. 超越于政治的学术**

处于民国"非理性"环境中，各种政治势力对教育并无施积极推动之力，反而把教育视作争夺的对象以及实施控制的手段，尤以大学为甚。虽然蔡元培曾经多次表明对政治的态度，如1917年3月15日致汪精卫函："弟进京以后，受各政团招待时，竟老实揭出不涉政界之决心。"③ 1918年1月14日致吴稚晖函："弟虽在京师，然誓不与闻政治，至今已成习惯，惟校务太忙，无暇读书，亦终日为人役耳。"④ 然而"不涉政界之决心"与"誓不与政治"的宣言响彻耳边，"教育独立"的理念誓死遵从，但是面对大学的发展，蔡元培自

---

① 胡适. 纪念"五四"[A]//. 胡适文集(第11卷). 北京：北京大学出版社，1998：578.
② 崔志海. 蔡元培传[M]. 北京：红旗出版社，2009：123.
③ 蔡元培. 致汪精卫函[A]//. 蔡元培全集(第10卷). 杭州：浙江教育出版社，1997：295.
④ 蔡元培. 致吴稚晖函[A]//. 蔡元培全集(第10卷). 杭州：浙江教育出版社，1997：327.

身对于教育的诉求与险恶的政治环境间产生尖锐的矛盾冲突,蔡元培以一个校长的身份面对,采取种种抗争手段,这是对于教育本质的坚守,无可厚非。而当蔡元培认为结果完全超出预期,导致其无可忍受之时便采取"不合作主义"应对,这种"不合作主义"成为他不向恶势力妥协的武器,也是蔡元培在维护教育自身价值与政治环境压迫下不得已而采用的手段。从1916年到1927年蔡元培任北大校长期间的一系列辞职事件,如1917年因张勋复辟帝制,"元培以北京空气不适于孱弱……不意日来北京空气之恶,达于极点,元培决不能回北京。谨辞北京大学校长之职。"[①]1919年6月,蔡元培发表《不肯再任北大校长的宣言》中宣布辞去北大校长一职,并明确指明原因:"第一,绝对不能再作那政府任命的校长。为了北京大学校长是……半官僚性质,便生出许多官僚的关系,要是稍微破点例,就要呈请教育部。第二,我绝对不能再作不自由的大学校长。想稍微开点风气,教育部来干涉了,国务院来干涉了,甚而什么参议院也来干涉了。第三,我绝对不能再到北京的学校任校长。北京是个臭虫窠。"[②]1923年因抗议北京政府教育总长彭允彝干涉司法独立、蹂躏教育的卑鄙行径,"目击时艰,痛心于政治清明之无望,不忍为同流合污之苟安;尤不忍于此种教育当局之下,支持教育残局,以招国人与天良之谴责。谨此呈请辞职。"[③]从中便可明确看到其因自由诉求与政治环境间的矛盾对于"不自由的校长""恶政府""反动政治""猛兽"的抗争。

但是学术为公的理念永远都不过时。政治免不了牵涉进世俗功利的浑水中,而学术试图追求超越世俗的理想境界。因此,具备超越性的胸怀的学术研究不能局限于一时、一地、一事,更不能被卷入政治的漩涡中而无法自拔。因此,蔡元培虽然重视学术所具有的政治价值,但是他明确提出超轶于政治的教育理念。民国初年,蔡元培任教育总长时,就在《对于新教育之意见》中指出:"教育有两大类别:曰隶属于政治者,曰超轶于政治者。……共和时代,

---

① 蔡元培. 辞北京大学校长职呈[A]//. 蔡元培全集(第3卷). 杭州:浙江教育出版社,1997:100.

② 蔡元培. 不肯再任北大校长的宣言[A]//. 蔡元培全集(第3卷). 浙江:浙江教育出版社,1997:632.

③ 蔡元培. 向大总统辞北京大学校长职呈[A]//. 蔡元培全集(第5卷). 杭州:浙江教育出版社,1997:7.

教育家得立于人民之地位以定标准,乃得有超轶于政治之教育。"① 蔡元培任北大校长之后,对政治干涉以及政党操纵下的学潮予以抵制和反抗。他认为,学生的身份与国民的身份必须分离,学生当以学业为重,不应以政治活动荒废教育。政治运动不能牵涉到学校,否则会影响学生的学业。另外,由于彼时政权频繁更迭,教育经费难以落实;加上现代学术体制建设之初,专业研究机构尚付阙如,大学人缺乏物质保障与学术空间。1924年教育部颁布的《国立大学条例》中看出,以行政权力干预大学自由之意图异常明显,遭到北大师生强烈反对,认为"教育务求独立,不宜转入政治之漩涡。如果官僚政客一入学校,则教育事业牵入政治漩涡之危险,更将层出不穷,是又势所难免者也。"② 受上述环境的影响,教育界掀起索薪风潮的同时,又由原来的教育经费独立发展到提出整个教育独立的要求。蔡元培提出教育独立是实现学术自由与发展的前提条件。"教育是帮助被教育的人给他能发展自己的能力,完成他的人格,与人类文化上能尽一分子的责任;不是把被教育的人,造成一种特别器具,给抱有他这宗目的的人去应用的。所以,教育事业当完全交与教育家,保有独立的资格,毫不受各派政党或各派教会的影响。"③ 这清楚地表明了蔡元培的教育思想与当时北洋政府之间的冲突。

蔡元培以为个人的引退,有助于维护教育本质,这只是一个校长在不健全的教育压力下所能做的为数不多的抗争而已,现实似乎并没有太大改变。他虽然提出"教育独立"主张,看似改变他过去的主张,将教育办成"超然"的事业。然而实际上,这种不合作的主张,固然没有从根本上着眼,并且片面强调个人进退之于教育、甚至之于政治的作用,是不恰当的。而且,面对当时腐败的政治状况,在避开变革彼时政权性质的情况下,试图保证教育不受军阀政府的控制,要求教育独立,是不切实际的。但是,这毕竟表现了蔡元培清高自尊的学者人格、维护教育价值的追求以及他决不附和军阀黑暗政

---

① 蔡元培. 蔡孑民现实言行录[M]. 桂林:广西师范大学出版社,2005:95.
② 王学珍,郭建荣. 北京大学史料(第二卷)[G]. 北京:北京大学出版社,2000:104-105.
③ 蔡元培. 教育独立议[A]//萧夏林. 为了忘却的纪念——北大校长蔡元培. 北京:经济日报出版社,1998:11.

治的鲜明立场。而且，维护纯学术性事业，反对军阀专政这一点上，它是具有积极意义的。蔡元培虽然尽力维护教育理念的纯洁性，但在一个专制集权色彩浓厚的国家，努力发扬并践行教育独立理念，必然是一个妥协与斗争相互交织的过程。毕竟，作为"半官僚"性质的大学校长，只能在面对政府控制过分之时，采取辞职抗议的手段；而当控制有所减弱的时候，又复职，这或许就是蔡元培所谓的"行为不能极端自由，而信仰不可不自由"[①]。而且，在他数次辞职中，暗含其"有所不为"的原则，这其中很能体现他的以教育为国家"重器"之立场，即努力寻求协调"国家利益"与"教育独立"之间的相互平衡。

### （三）凸显教育先锋者的地位

1917年"集中西文化于一身"的蔡元培，在短时间内便完成了北京大学由传统到现代的关键转型。蔡元培对大学精神、大学性质、大学功能及使命，都进行了不同于以往的阐释与定位，使其具有现代的、恒久的意义，为民国其他大学乃至新时期的大学成就典范。有人评论道："蔡先生学界泰斗，哲理名家，就职后励行改革，大加扩充，本其历年之蕴蓄，乐育国内之英才，使数年来无声无臭生机殆尽之北京大学校，挺然特出，裹然独立，延名师，严去取，整顿校规，袪其弊习。""学风丕振，声誉日隆。各省士子莫不闻风兴起，担簦负笈，相属于道，二十二行省，皆有来学者。"[②]

"大学者，研究高深学问者也。"[③]

"孑民以大学为囊括大典包括众家之学府，无论何种学派，苟其持之有顾，言之成理者，兼容并包，听其自由发展。"[④]

"近代思想自由之公例，既被公认，能完全实现之者，厥惟大学。大学教员所发表之思想，不但不受任何宗教或政党之拘束，亦不受任何著名学者之

---

[①] 蔡元培. 在清华学校高等科之演说词[A]//. 高平叔. 蔡元培教育论著选. 北京：人民教育出版社，1991：82.

[②] 公时：国立北京大学之成立及其内容[N]. 东方杂志，第16卷第2号.

[③] 蔡元培. 就任北京大学校长之演说[A]//. 高平叔，编. 蔡元培年谱长编（中）. 北京：人民教育出版社，1996：3.

[④] 蔡元培. 传略（上）[A]//. 蔡元培全集（第3卷）. 杭州：浙江教育出版社，1997：332.

牵制。苟其确有所见，而名之成理，则虽在一校中，两相反对之学说，不妨同时并行，而一任学生之比较而选择，此大学之所以为大也。"①

这些铿锵有力的宣言，为北大奠定兼容并蓄、学术独立、思想自由的精神与底蕴，成为民国时期大学所共同遵守的准则，更为后世高等教育的发展奠定基础。

蔡元培在担任北大校长期间，把一个官僚养成所改革成为名副其实的最高学府，把一个具有浓厚封建色彩的旧北大改革为具有现代意义的新北大。蔡元培通过相应的制度建设，建立以大学评议会、各科教授为核心的"教授治校"制度，开风气之先。一方面，它以民主的名义反对校长的独断专权；另一方面，以学术自主的名义对抗政治对教育的渗透与侵入，为学术界人士赢得相对独立的教育学术空间。他的治校理念、管理模式、育人方略等为时人和世人学习并继承发扬，"北大盛世"和"人才聚集"的昌盛局面奠定了北大成为世界一流大学的基础。由于他的卓越贡献，中国近代教育史开创了至今都令人感到振奋和自豪的辉煌成就。同时，加之其自身以"春风化雨"的魅力，为大学精神与理念的落实，提供相对坚实的基础。制度与理念相得益彰、丝丝入扣，奠定北大作为现代中国新思想、新文化重镇的地位。因此，我们可以说蔡元培是中国现代大学的接生者、推展者，他对中国大学教育的贡献是最特殊的，也是最恒久的。②

重庆《新华日报》发表过一篇题为《怀念蔡孑民先生》的社论，对他在北京大学的业绩，专门做了评述。社论指出："北大是中国革命运动史上、中国新文化运动史上，无法抹去的一个名词。然而，北大之使人怀念，是和蔡孑民先生的使人怀念分不开的。蔡先生的主办北大，其作风，其成就，确是叫人不容易忘怀的，确是对于中国的革命事业有很大的贡献的。他的所以使人敬仰不衰，同时也就是他的所以办学有成就，一由于他的民主作风，二由于他对青年的热诚爱护。他的民主作风，重要的在于他对各种学术，各种思想的兼收并蓄，也在于他确能使学有专长的学者，办事有创造性的干部，在他

---

① 蔡元培. 大学教育 [A]//. 蔡元培全集（第5卷）. 杭州：浙江教育出版社，1997：507-508.
② 金耀基. 蔡元培先生象征的学术世界 [A]//. 金耀基选集. 上海：上海教育出版社，2002：292.

的领导之下，发挥其才能，施展其抱负。他创造了各种会议制度，如校务会议，教授会议等等，凡事都让大家有机会尽量发表意见，提出办法。他对各院各系的负责人以及各教授，以学问及才干为主，不问其他；一经聘定，就信任他，把事情全都交给他，不去多加干涉。""蔡先生长北大时，对青年是充分表现了他'爱之能勿劳，忠焉能勿诲'的情怀。……被蔡先生这种民主作风和爱护青年的精神所笼罩着的北大，不仅成为中国新文化的发祥地，同时也成了中国革命优秀干部的培养所。这就是北大永远不能使人忘怀的原因。"①

中国高等教育的现代化不是一个大学的现代化，但是没有哪一所大学在中国高等教育现代化的历程中能与北京大学相媲美；中国高等教育现代化不是一个人推动的结果，但是没有哪个人在中国高等教育现代化历程中的地位能与蔡元培相提并论。而之所以有学者说，中国自有大学以来，最有资格的大学校长便是蔡元培，就是因为蔡元培在高等教育理论和教育实践中的突出贡献和丰硕成果，以及他为中国高等教育现代化指明了方向。

同时，我们应加以注意的是，蔡元培在其任内对整个中华民族的教育现代化发展、文化的改良乃至推动时代的进步所具有的重要作用。因此，蔡元培的校长角色不仅仅是这一"校长"职务所能简单承载的，更是一种"放大了"的校长。诚如杜威所言："拿世界各国的大学校长来比较，牛津、剑桥、巴黎、柏林、哈佛、哥伦比亚等等，这些校长中，在某些学科上，有卓越贡献的，不乏其人；但是，以一个校长身份，而能领导那所大学对一个民族、一个时代，起到转折作用的，除蔡元培而外，恐怕找不出第二个。"②

## 二、艰难突围：以胡适为例

胡适③在其一生中曾多次声称不谈政治，并发誓"二十年不谈政治，二十

---

① 怀念蔡孑民先生[N]. 新华日报，1943-03-05.
② 高平叔. 北京大学的蔡元培时代[J]. 北京大学学报（哲学版），1998(2)：54.
③ 胡适于1928年4月至1930年5月担任中国公学校长，1946年9月至1948年12月担任北京大学校长。

年不干政治"。然而，纵观其一生能够发现，胡适多次"食言"，"不得不"管起政治领域里的"闲事"。这种现象在其担任大学校长，应以学术为职志的环境下都能反映出来——他在担任大学校长之时还一直不忘政治情怀。胡适自始至终便认为，做一个知识人是他的追求，他更看重以一位学术研究者立足于世。不能否认，接管大学校长一职与他这种信念不无关系，只是，政治永远是他"不感兴趣的兴趣"。

### （一）知识人的向往

民国之后的知识分子萌发了向知识回归的自我意识，他们逐渐唤醒着新的角色认同意识，回归曾经为大一统政治所扼杀的学术自我的直觉功能。学术的地位俨然已上升，知识分子对学术有着更加深刻的理解与认同。胡适认为，在骨子里自己还是爱学术胜于爱政治，"只有夜深人静伏案治学之时，始感觉人生最愉快的境界"，"即使我勉强入政府，也不过添一个身在魏阙而心存江湖的废物，于政事无补，而于学问大有损失"[①]。按照弗洛伊德人格学的术语，这是胡适"本我"意识的体现，是胡适试图通过学术本身实现自我价值，成就知识分子建功立业之基点的体现。因此，胡适欣然接受大学校长一职，并表示："北大的职务是一种光荣，但也是很艰巨的工作。我愿意做一个教书匠，一个史学家，这一点就算是我这余年中的一些'野心'罢。"[②] 胡适对于重新找回知识人的生活有一种满足感与奢侈感。

胡适为实现高等教育现代化的改造理想，于1947年8月向蒋介石提出"十年高等教育发展计划"的构想，建议政府集中精力发展五到十所大学，使它们尽力发展，成为国家学术独立的根据地。其次，他还提出要改革教育制度，着重强调科学研究以大学为中心，大学也应该以从事高等研究为主要任务。胡适的高等教育管理实践为北京大学在旧中国的最后一段时期培养出大批人才。他一生怀抱着一种催生中国新高等教育的使命感，在那个风雨飘摇

---

[①] 胡适. 胡适致汪精卫函[A]//. 胡适来往书信选（中册）. 北京：中华书局，19080：208.

[②] 胡适. 在上海文教界欢迎会上的讲话[A]//. 胡适全集（第22卷）. 合肥：安徽教育出版社，2003：663.

的年代，挣扎着推进中国高等教育与世界先进国家高等教育的接轨。当历史的车轮走向21世纪，中国的高等教育步入一个长足的发展阶段，中国政府实施的"211""985"工程，与50多年前胡适的想法不谋而合，只是面对不同的时代背景，高校发展的层次与规模已不能同日而语。至于胡适强调的科学研究说，也早已成为高等教育领域的共识，只是在体制机制等方面有不同而已。

胡适在中国公学内部管理中实践了他一贯主张的无为而治。胡适上任后即着手在学校管理组织和规章制度方面进行革新，通过讨论制定了"学校章程起草委员会""教务会议组织大纲""校务会议组织大纲"等议案，为其在处理学校事务上的无为而治做好铺垫。胡适从传统的管理思想中汲取资源，容纳当代民主的管理思想，赋予新的现代管理元素。[①] 这种方式有效调动学校各部门的积极性和主动性，提高管理组织的民主参与水平。这种领导思想产生良好的管理绩效，且给予胡适充分的学术研究时间与精力。

胡适在中国公学调整院系，沟通文理学科的做法为培养知识渊博之人才打下基础。自1928年暑假起，胡适对中国公学各院系作了大幅度的裁并、调整。将文理学科合并为一个学院是胡适的一次大胆尝试。事实证明，这种效果非常好，不仅仅在经济上减轻大学压力，而且培养一批一流的科学家。胡适把中国公学"从破产中救了出来，使之有很大的发展"[②]，学校人数由原来的300多人增加到1300多人。

胡适在执掌两所大学时都采取广揽贤才、提倡学术自由的做法。在中国公学，胡适聘请一批高水平的教授，如高一涵、陆侃如、沈从文、罗隆基、徐志摩、潘光旦、梁实秋、叶公超等，阵容颇为整齐。胡适为这些教授提供宽松的学术氛围，迅速提高中国公学的学术水平和教学水平，对学者的学术研究和学子成材大有裨益。胡适在接到北大聘任后，在美国就开始筹划聘请张文裕、李四光、马仕骏、彭桓武、黄昆等著名学者来北大任教。并提出政府在北大集中第一流物理学家、聘请钱学森担任北大工学院院长一职等建议，

---

① 刘筱红，金珂. 追求卓越 坚守自由——北京大学校长胡适[M]. 济南：山东教育出版社，2012：159.

② 张意忠. 民国大学校长[M]. 北京：北京师范大学出版社，2012：187.

但因内战爆发而无从实现。

### (二)特殊的政治人

**1. 突围之艰难**

尽管胡适在西方经受新学的系统训练和全面洗礼,他信奉的整个价值观念都具有西方色彩,然而,他的心态结构仍旧保存有传统的深刻痕迹。综观他的行为方式、情感态度等分明使人感受到传统知识分子的典型特点。纵然胡适在理念上可以企及西方学者那种"为学问而学问"的精神境界,但是在心态层次上却深深镌刻着儒家实用理性的印痕。很难说胡适对自身介入政治、谈论政治抱有多大自信,毕竟在现代中国,他在任职校长期间仍不忘议政的行为可能不仅于国事无补,同时他的专业领域甚至会遭到政治权力的强暴。① 胡适能够感受到这种压抑与紧张。在他担任北大校长,深入高等教育现代化改革事业中,一头扎进自己专业之中,对国事表示沉默之后,又悔恨自己太自私,只顾及与自己性情相近的学术,而辜负了应负的社会责任②。这种心态虽然对胡适产生煎熬,但是稳稳占据他意识中心,他在观念层次上屡屡打翻的孔姓大神使他坚信,"多事总比少事好,有为总比无为好"。

因此,虽然他曾经打出"万国之上犹有人类在"的旗号,但那时的他远在大洋彼岸,一旦置身于动乱不堪的国内,他的超然与冷静不得不让位于忧国忧民的实事关怀。③ 结合中国的社会政治现状,使胡适觉得应该从根本做起才能解决主要问题。由此他将着眼点放在教育领域。在胡适眼中,一个国家是否有合格的大学,大学教育的成败利钝与这个国家的盛衰休戚相关,大学通过它对精神文明,物质文明设计、建造的独特功能担负着振兴国家义不容辞的巨大责任。④ 虽然胡适在回国后并没有立马担任大学校长,但是他将关

---

① 许纪霖. 中国自由主义的乌托邦——胡适与"好政府主义"讨论[J]. 近代史研究,1994(9):128.
② [美]肯尼斯·雷,约翰·布鲁尔. 被遗忘的大使:司徒雷登驻华报告:1946—1949[M]. 尤存,牛军,译. 南京:江苏人民出版社,1990:269.
③ 刘聪. 艰难的突围——论胡适的学术与政治生涯[J]. 中州学刊,2001(2):122.
④ 胡明. 胡适关于大学教育设计述略——从《非留学篇》到《争取学术独立的十年计划》[J]. 江淮论坛,1993(3):73.

怀行动立即投入到北大建设之中。在 1928 年 4 月 30 日至 1930 年 5 月 19 日接掌中国公学，以及 1946 年 9 月到 1948 年 12 月胡适执掌北大的几年中，他试图以"教育救国"的流行理念实现教育、学术的启蒙，而且通过大学教育告诉学生学好知识以拯救处于民族危亡之境的祖国之重要与急迫。应该说正是由于对现实积极、执着的"关怀"，使得胡适终于没能够做成纯粹的知识人，置身于动荡的环境之中，他始终无法默然处之。此外，在美国留学期间目睹美国知识分子如何关心国家的状况对胡适留下深刻的印象。换言之，胡适以为现代知识分子不应该将眼光、视角局限于专业范围内，应用独立身份面对社会、国家乃至对世界公共事业表示关心。杜威等知识分子关心政治的行为给胡适扮演政治人的举动提供了心理障碍的解决之径，并将胡适对于政治的兴趣上升为知识分子的社会责任心的体现，并一直延续到其担任大学校长一职之中。

其次，如果说"忧国忧时"使胡适成为政治人的感性因素，那么他所信奉的"实验主义"哲学，则理性地支配着他的行为方式。唐德刚曾经说："他们'实验主义者'是走一步，算一步，不谈什么'终极真理'的"。[①] 将真理理解为一种相对的价值是"实验主义者"的基本观点，他们认为真理要在一种具体的判断中才能看作是有意义的，并且还需要根据新的经验不断适时调整。带着"实验主义者"的帽子使胡适不可能走上纯粹知识人的道路。他在做学问时提倡的"大胆的假设，小心的求证"应用于现实生活中，便是密切结合实际，注重现实。他与马克思主义者之间的"问题"与"主义"之争，以及他所宣称的"学理是我们研究问题的一种工具"[②]，都能明确体现出胡适注重"实际问题"，排斥"抽象主义"。这是从理性上支配胡适走向关怀政治，裂变出政治人格的因子，成为特殊的政治人的原因。

再次，在当时中国政治乱象环生的环境之中，远离政治显然不可能。大学想要完全摆脱政府的干涉，更无可能。胡适担任中国公学校长是在 20 年代末期至 30 年代初期。一方面，此时南京国民政府刚建立不久，采取各种措施

---

① 葛懋春，李兴芝. 胡适哲学思想资料选（下）[C]. 上海：华东师范大学出版社，1981：122.

② 陈金淦. 胡适研究资料 [M]. 北京：北京十月文艺出版社，1989：273.

巩固政权。作为刚出任中国公学校长一职的胡适，面临着如何处理大学与当权者关系的难题。一向主张教育独立、学术自由的胡适此时遇到蒋介石"一党专政"的独裁政权。蒋介石提出"一个政党""一个主义"的口号，不仅把共产主义，而且把自由主义也摒除在他的政权之外。① 在这种政治高压下，胡适作为维护学术自由和教育独立的大学校长，不得不做出抗争。胡适认为，实现中国高等教育现代化，必须摆脱专制政治的枷锁。因此，胡适主张，防止教育成为党化教育和奴化教育的工具，教育必须独立。而政府对于教育只管分拨经费和任免行政人员，对于学校的内部事务、教育过程不应干涉。② 在中国公学，胡适对政治进行抗争的标志性事件就是抵制国民党在大学内举行的纪念周活动，尽可能阻止国民党对中国公学进行意识形态控制。虽然胡适此时是中国公学的校长，但是他把争取自由的理念带到校外，反对国民党当局对人权的任意践踏。以胡适为代表的自由主义者在《新月》等刊物上发表一系列文章，开始关注现实政治，反对国民党专制独裁。随后，胡适又接连发表《知难行亦不易》《我们什么时候才可以有宪法》《新文化运动与国民党》等文章，批驳国民党拒绝在国内实行民主政治。由于胡适所坚持的教育独立和民主的立场与当权派有很大冲突，最终不得已在中国公学以辞职而告终。另外，此时中国仍旧处于外患不断时期。基于胡适一贯的深刻反思民族落后性的意识，此时的胡适自然无法放弃尽一个良知的知识分子的本分与责任，正如他在1929年所说："因为我们骨头烧成灰毕竟都是中国人，在这个国家吃紧的关头，心里有点不忍，所以想尽一点力。"③

在胡适担任北京大学校长时，同样坚持学术独立于政治。例如，胡适掌校后仍旧重申"学校完全没有党派"，"政府国家有义务提供经费，但不应该干涉教育的具体进行"④，诚可谓"知其不可而为之"。胡适极力反对利用大学校

---

① 刘筱红，金珂. 追求卓越 坚守自由——校长胡适[M]. 济南：山东教育出版社，2012：145.

② 刘筱红，金珂. 追求卓越 坚守自由——北京大学校长胡适[M]. 济南：山东教育出版社，2012：146.

③ 胡适. 我们要我们的自由[A]//. 胡适文集（第11册）. 北京：北京大学出版社，1998：143.

④ 耿云志. 蔡元培与胡适[A]//. 耿云志文集. 上海：上海辞书出版社，2005：399.

长的地位去扩张一党或一派，因为这样必然导致学校的风纪扫地，也会使得政府的威信不再。同时，胡适认为教育应有独立自由的学术研究风气。这在他提出的《争取学术独立的十年计划》中有明确的表现，"现行的大学制度应该及早彻底修正，多多减除行政衙门的干涉，多多增加学术机关的自由与责任"①，增减之间不仅能看出胡适的用心良苦，还能看出胡作为知识人对于独立自由的始终如一的坚守。教育独立作为学术独立的基础所在，通过十年计划的实施，建立起"中国学术独立的基础"。"教育独立"的思想是 20 世纪上半叶中国坚持自由主义的大学校长始终不渝的奋斗目标。如前所述，蔡元培在 1922 年发表《教育独立议》，成为教育独立思潮的领袖。而胡适则是此思潮坚定的捍卫者，他的教育独立思想在其担任大学校长过程中始终在践行着，而且最终在 1946 年的《争取学术独立的十年计划》中将其上升为纲领性文件。正是由于蔡元培、胡适等大学校长对教育独立的坚持，才使旧中国的教育在国家风雨飘摇之中，尚能做出一点成绩，为新中国培养和储备了一点人才。②

另外，胡适基于对国内的政治现状的深刻认识，认为个人、社会都能为政治的发展出一分力量，对于个人来说要具备批评政治、讨论政治的精神，因为"个人不问政治，政治却时时要影响个人"；对于团体来说，也应该时常讨论、揭发，以及做大规模的调查、教育等工作，这"总会是政治日渐清明"，且能"积极促进政治"。③

最后，由于政治与国家、社会命运以及前途紧密相关，有着强烈责任感和使命感的大学校长，积极地表达对社会及政治做出判断时，无可避免地面临被整合的命运。作为一位社会公众人物，其举动不可能完全由自己决定，有时常常身不由己。胡适作为一个具有强烈道德感和使命感的批判者，加之其独具的魅力，当权者迫切想拉胡适入伙，为自己制造舆论收买民心，以壮大声势。1945 年抗战胜利后，国内政治局势发生巨大转变，当社会各派政治力量矛盾激化，出现壁垒分明的情况下，胡适作为北京大学校长所具有的高

---

① 胡适. 争取学术独立的十年计划 [A]//. 胡适文集（第 11 册）. 北京：北京大学出版社，1998：807.
② 耿云志. 胡适的资产阶级教育思想 [A]//. 胡适研究论稿. 北京：社会科学文献出版社，2007：140.
③ 胡适. 我们能做什么？ [A]//. 胡适全集（第 22 卷）. 合肥：安徽教育出版社，2003：703.

度思想性、号召性等,想要保持绝对中立,几乎不可能。胡适此时成为各派政治力量拉拢整合的焦点。他对现实政治所带有的倾向性批判或者支持,必然导致他被一方政治力量吸引,而被另一方政治力量排斥,从而坠入政治的漩涡中,身不由己。蒋介石试图用知识分子来装饰其政府门面,首选目标就是知识界的领袖人物胡适等人。最终,蒋介石以北大校长之位使胡适入彀。1946年,在蒋介石一再催促下,胡适参加出席"制宪国大",并被推举为主席团成员。1947年,蒋介石改组政府,想请胡适出任国民政府委员兼考试院院长,胡适均以"不入政府则更能为政府之助力"而辞谢,蒋介石多次努力劝说无效后作罢。胡适后来在给傅斯年的信中写道:"如果接受蒋先生的厚意……毁了我三十年养成的独立地位,而完全不能有所作为。结果是连我们说公平话的地位也取消了。"[①] 这是胡适对于自己行为的解释,也可以看出以胡适为代表的中国自由主义知识分子在扮演政治人角色时的清醒意识。1948年,蒋介石请胡适出面参加总统竞选,胡适一直推脱不就。事实上,胡适在20世纪40年代中期回国担任北大校长就是想做一个纯粹的"教书匠",重回教书兼议政的独立身份和思想自由的校园环境。此外,这段时期各种政治活动和应酬成为胡适无法摆脱的苦役。他担任北大校长期间还兼任中央研究院的评议员和中华教育基金会的董事等职务。据季羡林先生回忆,胡适任职校长期间,常常不在校内,他经常去南京开会。实际上,胡适这个"非常时期"的校长,其所承担的使命已不为文化教育所限了。[②]

**2. 政治人的疏离**

胡适曾言他对政治是一种"不感兴趣的兴趣",这种立场是基于西方自由主义知识分子对政治的基本态度,这意味着知识分子需要对现实政治保持一段有分寸的距离。然而,胡适的灵魂中始终存在两个自我,"本我"使得胡适向学术角色认同,而"超我"意识的存在却要求其向政治角色认同。就他的实际表现来说,胡适在大学校长任上时都不曾忘却其政治人角色,只是经过思

---

[①] 胡适. 胡适来往书信选(下册)[C]. 北京:中华书局,1980:173.

[②] 刘筱红,金珂. 追求卓越 坚守自由——北京大学校长胡适[M]. 济南:山东教育出版社,2012:263.

想文艺等方式的包装,获得"不感兴趣"的形式,保持一种疏离感。一方面为教育独立、学术自由等活动创造一种良好的环境,另一方面让自己在民国政治漩涡中不至于"进退失据",从而保持一种学术与政治之间的安全张力。考察胡适在两段大学校长任上的作为可以看出,"缺乏肩膀"的知识分子在政治混乱时期的人微言轻,以及他们在国家建设过程中的作用都相当尴尬。

胡适坚持做一个现代意义上的不附属于任何党派的政治评论员,他的精神完全脱离了儒家道德捍卫者,他心目中的政治目标并不是建立一种飘渺的宇宙道德秩序,而是倡导建立一种在实际上为被统治者提供幸福的现代社会。换句话说,胡适采取超然的、无党派性质的独立身份,试图用居临政治之上的方式来影响政治。所以,胡适终身保持政治体制之外的独立身份(除抗战时期的驻美大使),但又不忘情于政治。在他看来,一直关注公共事物的习惯本身就是重要的,因此,"议政"成为胡适作为政治人的主要方式。这是胡适身体力行,实践着他一生所坚持的一个重要理念:思想自由。作为人文主义知识分子,胡适的思想自由主要表现为相对于主流意识形态而独立发表自己的观点。与之相关联的让胡适思考的一个与大学教育有关的问题,则是大学教育的培养目标。大学不仅仅培养社会领袖、专家学者,更应该关注的目标是成为社会良心。换言之,追求科学真理、追求学术价值必不可少,但是也应该追求社会的正义。胡适一直怀有一个知识分子的人文情怀,在与主流意识形态相接触时,他以思想自由和舆论自由作为批判、否定和超越旧制度、旧体制的锐利武器,另一方面又以思想自由的价值理念以及由此而建立的新的价值世界为蓝图,给人们以理想、信念的支撑。他不仅要解释现行社会"是什么",而且也提供这个社会"应如何"的价值判断。[1] 胡适承认自己始终在注意政治,明确表示:"我对政治始终采取了我自己所说的不感兴趣的兴趣。我认为这种兴趣是一个知识分子对社会应有的责任。"[2] 胡适终其一生都在践行如此理念,并且积极倡导此理念在教育领域的贯彻。

---

[1] 刘筱红,金珂. 追求卓越 坚守自由——北京大学校长胡适[M]. 济南:山东教育出版社,2012:317.

[2] 胡适. 胡适口述自传[A]//欧阳哲生. 胡适文集(第1册). 北京:北京大学出版社,1998:210.

胡适一生辞官多次，从拒绝做国府委员、不当大使，不任行政院长，到拒绝做总统，胡适坚持与政治体制保持距离。一方面，作为自由主义者，他看重自己的自由，既不谄媚于当政者，也不受制于人，这是以道自重；另一方面，以"国人导师"自居的胡适，自身定位非常之高，对于当政者，道合之以师友为之，道不合之则批评弹劾，不会向统治者妥协，这是爱惜羽毛。所以综观胡适参与政治的方式，似乎是若即若离，通过舆论来实施监督并施加压力是胡适能做的最大限度了。换言之，胡适采取"讲学复议政"的方式对政治进行干预，利用报刊来谈政治，以社会良心和社会舆论代言人的身份批评时政。讲学是知识的传授，议政是表达人文关切，胡适议政并没有脱离他的学者身份，他将教育的独立要求与对意识形态的自由批评相互结合。胡适发文章、办报刊、做演讲，都同时将他的知识人的身份展现得淋漓尽致，既展现了大学校长的人文情怀与对教育价值的坚持，又通过自由、独立的方式与主流意识形态进行对话。

胡适与当权者的关系却是很暧昧的。胡适虽然以独立身份严厉批评当权者，但是由于深刻意识到自身无法真正影响政府，他抱有的基本态度便是维持现状，甚至对政治家抱有一些幻想，希望他们能有某种程度的良心自觉，希冀彼时社会能够提供的少得可怜的稳定能力为他的精神努力提供一些珍贵的时刻。同时，他一直对最小的变化抱有希望，而对当权者的任何一点进步，他都感到高兴。因此，胡适将自己禁锢在一个不大不小的牢笼中，他一方面力倡民主，而却反对用革命推翻专制的军阀政治或者国民党政府，对于他们的任何一点改良或变化都热烈欢迎；另一方面，胡适坚持独立身份，试图独立"议政"，极不愿意接受直接或间接与从政有关的位置，但是他却也担任过几项公职，例如直接参与过制宪国大会议、国民大会并作为代表等。虽然这种活动与职务是完全脱离政治与积极卷入政治之间的一种妥协，但毕竟这种活动与职务具有高度政治性功能。这种遭际是幸又是不幸，它牵涉自身价值的悖论过程，然而这一悖论过程却真实体现了 20 世纪初在传统与现代的碰撞中诞生的一代知识分子向自身角色的定位以及自身话语立场的突围的艰辛。

### 3. 政治寓于学术

胡适认为，一个知识分子在政治中的作用是提供判断。这样，胡适对政治的参与就止于行动之前。对胡适来说，政治手段——风格、尊严、精神的重要性远高于结局。这也就能够解释胡适始终徘徊于政治边缘不愿再多迈一步的原因。当然，本文对胡适的研究着重聚焦于其担任大学校长的时间范围之内，如若将时间段扩大，或许对胡适的研究就是另一番景象了。在胡适做了上述判断之后，他并未忽略一个基本问题：中国该往哪里去？怎么去？或许胡适的行为给了我们最明确的回答——依靠教育，实现政治上的民主共和乃至中国的现代化建设。

胡适在 1916 年 1 月 25 日写给许怡荪的信中，认为正确的道路是侧重教育，实现教育救国。众所周知，胡适回国不久，就"打定二十年不谈政治的决心"，取而代之的是"要在思想文艺上替中国政治建筑一个新的基础"。因此，他回国后就准备献身于教育事业，"以为百年树人之计"。他承认，在严重危机的时代，他的提议是缓慢笨拙的过程。但是，他认为在国家或世界事务中并无捷径可走。而这种缓慢笨拙的计划，将是唯一可行的解决。[①]"救国之道，端赖教育"，这即是胡适以"七年之病求三年之艾"[②] 的救国方针。胡适一直坚持其教育救国的主张，"我们的责任是在研究学术以贡献于国家社会""没有科学，打战、革命都是不行的"[③]。

学生运动风起云涌是民国政治的一大特色，也是推动历史进程的重要力量。胡适清楚学生运动自有它发起的深刻社会根源，学生干预政治是政治不上轨道、人们不满于现状的结果。然而另一方面，胡适深知，大学是为培养人才、传授知识而设立的，并不能成为政治训练场，而且在政治昏暗的年代，诉诸学生运动解决社会问题并不现实。胡适对于学生运动的解决之道是并不赞成学生完全脱离政治回到象牙塔，而是对学生运动采取温和、保护的态度，并试图将学生的政治参与引导到思想独立、自由，行为民主的轨道上去。当

---

① 胡适. 胡适文集 第 36 卷 [M]. 合肥：安徽教育出版社，2003：240.
② [美] 格里德. 胡适与中国的文艺复兴 [M]. 鲁奇，译. 南京：江苏人民出版社，1989：73.
③ 胡适. 学术救国 [A]//. 胡适全集. 合肥：安徽教育出版社，2003：142.

然他并不同意学生将以此为契机把政治作为"主业",而应将精力放在学术上。胡适将学生运动看作教育救国、学术救国的途径之一,注定步履维艰。但是,胡适对于学生运动的两种看似矛盾的心态,其实体现胡适处于两种角色之间的困惑,但更多的是对知识人的笃定。知识人通过思想革新、教育改观来改造中国的长远之策,终究无法解决政治社会的眼前之困,这其实成为胡适徘徊于两种角色之间的重要枢机。

胡适看到教育在西方社会文明进程中的巨大作用,认为通过教育培养具有现代意识的健全的个性和人格,反过来可以促进一种适宜的政治气氛的产生。因此,在胡适看来,良善的教育是实现民主政治的基础。在胡适留学期间,他在《政党概论》中说:"政党今日政局,为不可免之机关,惟不可无以防其弊。防弊之法无他,曰:惟增进投票人之道德知识而已。"① 胡适认为,在古典的中国就有"静的、和平的、东方式的民主",如倡导"民贵君轻"的孟子思想。而在现代中国,实现民主仍旧是乌托邦,由此通过专注于非政治方面的事物来实现政治上的崇高理念。他一方面进行民主实践,如他自中国公学掌校时在内部管理实践中践行他的"无为而治",这是他为民主辩护所提出来的"无为政治"在教育领域的转化与践行。另一方面,胡适大力提倡发展教育,如1946年12月,胡适同他人在"制宪国大"上联合提出《请政府主义教育问题》提案,其中明确指出:"教育是立国之本,亦为施行民主政治之基础。当今宪法正在制定之时,政府即将还政于民,尤赖教育之普遍推行。"② 胡适将教育提高到国家战略角度去认识,渗透着中国自由主义教育家浓厚的理想追求。然而直至胡适担任北大校长的最后时期,胡适的"民主"理想在残酷的事实面前一次次地碰壁。更多的青年学生开始怀疑他所吹捧的美国式"民主""自由"的可行性。带着这种遗憾,胡适离开北京大学,离开大陆。

从更加长远的角度分析,胡适将教育看作中国现代化进程的推动力之一。他说:"'现代化'也只是一个问题,这个问题的明白说法应该是这样的:'怎

---

① 曹伯言,季维龙. 胡适年谱 [M]. 合肥:安徽教育出版社,1898:58.
② 胡适等:请政府注意教育问题 [N]. 申报,1946-12-12.

样的解决中国的种种困难,使她在这个现代世界里可以立脚,可以安稳过日子?'"胡适认为当时面对的是一个"满身是病"的国家,要想使之立于现代世界之林,归根到底还是应该通过现代科学教育来进行一点一滴的改良,推动中国现代化的历史进程。他指出:"我们只有一条路,就是认清了我们的问题,集合全国的人才智力,充分采用世界的科学知识与方法,一步步的作自觉的改革,在那自觉的指导之下一点一滴的收不断的改革之全功。"① 显然,在今日看来,这些想法有些不切实际,但是不能否认,胡适对于教育功能的认识是非常深刻的。总之,胡适以知识人的角色来达到改造中国的长远政策,实现作为政治人的长远目的,但是却终究难以解决政治社会的眼前困境。

(三)边际人的苦恼

徘徊于学术与政治之间,同时参与知识人与政治人两大群体之中,行为或多或少被不同群体同化的胡适,从某种意义上讲,就是一个边际人。综观胡适的一生,无论他身在何处,总有一种无所适从的感觉。

胡适在担任大学校长之时还兼顾议政,虽说更多是基于外部的压力或者内心良心而为之,对于政治领域并不愿意深度接触,因而在议政之时,也不曾放弃过知识人的本色。当我们只聚焦在其大学校长任期内时,必须承认,胡适承担大学校长一职相对来说是成功的,但是他在这过程中却不得不干着所谓"从政"的事,充当特殊的政治人,有时并非心甘情愿。同时,他对知识人的向往与坚守却始终没有放弃,两种角色相互缠绕已深。多歧亡羊,曾自信能处理好两种角色关系的胡适,由于时间、精力等所限制,以及知识人和政治人两种角色之间不同的规则,使胡适陷入鱼与熊掌不可兼得的境地之中。担任大学校长,本可以实现他对知识人向往的无限追求之中,但却忍不住"说三道四";议政之时,又念念不忘其校长一职之本质。

---

① 胡适. 建国问题引论 [A]//. 胡适文集(第11册). 北京:北京大学出版社,1998:357.

有学者说，胡适在不同的场合，对不同的听众，说不同的话。胡适对于知识人角色的固守，一方面是要带领中国高等教育走向现代化道路，另一方面是要在象牙塔内找寻对精神的依托。而他的"不要儿子，儿子来了"的政治作为始终围绕在身边的"危机"，却总使得他处于实际政治活动的边缘。西方教育加大他与中国现实的距离；尽管他的思维方式带有强烈的中式色彩，但是他的大多数观念却成为西方式的。这样，胡适以外国的标准来观察中国政治，其结果可想而知。而胡适却始终抱有一种保守的政治风范和对现状维持的渴望，这在他支持南京国民政府时期便是明证。因此，这样便产生一种恶性循环：用西方眼观看中国，应该持怀疑甚至否定的态度；而为了保持其道德和政治的纯洁性，政治稳定却是先决条件。

胡适在"五四"前后以倡导文学革命，敢开风气之先而名声大振并以"超凡魅力"被世人敬仰，但是这种殊荣带给他的后续效应却是他并没有想到的。他本来只想做一个独立的知识人，单纯地研究学术，致力于高等教育现代化建设事业，但是最终却滑入政治的"歧途"。这里面有些许身不由己以及为名声所累的苦衷，但不管如何，胡适进退于知识人与政治人角色之间，又屡屡诟病于政治文化界等各界人士，真可谓是"是非成败转头空"，挥之不去的是一个自由主义知识分子无法坚守自己角色立场的悲剧感。[①]

有人用缺乏"岗位定力"来形容胡适，这种指责或许并没有错。但在那样的年代，又有多少知识分子能够逃脱类似的命运呢？又有多少知识分子没有产生过"两间余一卒，荷戟独彷徨"的困惑呢？在国破家亡的时代，能够接管高等教育并使之朝向现代化方向前进本身就是一件看似不可能完成的任务，而且即便已经执掌大学，具备知识分子良知的胡适怎能完全弃政治于不顾呢？这二者在胡适身上没有办法如蔡元培般很好地结合。但是，蔡元培又何尝不是在担任大学校长期间游走于政治与学术之间，产生种种迷茫呢？只不过蔡元培与胡适最大的区别便在于胡适更多地付出学术人格裂变的痛苦以及生前身后来自多方的是非功过的评判罢了。

---

① 刘聪. 艰难的突围——论胡适的学术与政治生涯[J]. 中州学刊，2001(3)：123.

### 三、政治人的眷恋：以罗家伦为例

罗家伦[①]作为民国时期著名大学校长，先后执掌国立清华大学、中央大学。他通过一系列大刀阔斧的改革，将两所高校带入现代化、独立化的道路上，真正体现一个知识人的理念；另一方面，罗家伦继承一贯的中国传统知识分子的内在精神理路，关心社会、国家，投身于现实关怀，作为社会中坚和精英，担负起救亡图存、改造社会的政治任务，体现一个良性政治人的内在理路。当这两种角色能够很好地融合之时，罗家伦的校长之职便呈现出一种高度的和谐统一；但是，毕竟罗家伦作为高度依附于国民党政权的校长，其政治人角色体现出一种顺从、传播"统治阶级意识"的倾向，并将其强行灌输于教育理念之中，忽视教育的意义与价值。

### （一）有态度的知识人

#### 1. 营造学术环境，坚守学术标准

大学校长何为？罗家伦认为，最大的日常工作就是为大学提供做学术的环境——"我们主持教育行政的人，乃是牺牲了自己做学问的机会，来为大学准备下一个环境做学问。这是大学校长的定义，这也是我们大学校长的悲哀"[②]。从这段话中，我们可以看出罗家伦致力于为大学创造一个学术研究的基本环境。而为了创造、维护这种环境，罗家伦着重强调以下关系：第一，教师与行政人员的关系。罗家伦将大学校长看作行政服务者，倡导为全校师生建立良好的学术环境。在办学原则上，他提出科学化与廉洁化，主张校务公开，落实全校会计制度。这样做的目的，就是将有限的财力、物力得以充分利用，求得学术发展。另外，罗家伦将教授地位提高到行政人员之上，不仅增加教授职位，而且提高教授待遇。第二，师资与设备的关系。罗家伦认

---

① 罗家伦于1928年8月至1930年5月担任清华大学校长，1932年8月至1941年8月担任中央大学校长。

② 罗家伦. 中央大学之回顾与前瞻 [A]//. 罗家伦先生文存（第6册）. 台北：国史馆、中国国民党中央委员会，1988：98.

为，大学校长的第一任务就是聘请优良教授。对于聘任，罗家伦有两点让人敬佩。其一，不把教授职位做人情。其二，大胆任用有前途的年轻人。而他的聘用标准都是严格按照学术的标准去执行。而人才的集中并不完全意味着学术研究的顺利展开，因为研究工作还需要精密的仪器和完善的设备相配合。罗家伦在清华大学、中央大学都扩充图书馆、实验室，购买各种仪器，为两所大学的学术研究提供最基本的保证。

虽然身为政府要员，但罗家伦仍旧坚守最基本的学术标准与教育理念，他认为，办教育应该遵循教育规律。"办教育说不是一纸命令就可通行，必须懂得教育的功用，明了教育的需要，知道教育的趋势，并能懂得学术的途径"。① 而罗家伦在致力于高等教育建设的过程中，始终严格执行着上述理念。

**2. 为国家民族树立一个学术独立的基础**

1929年，罗家伦为北大三十一周年纪念题词，"一个国立大学如有存在的理由，除非她能努力，尽以下两种责任：对人类知识总量有所贡献；能够适应民族的需要，求民族的生存。"② 面对救亡图存的现实境遇，罗家伦认为，一个民族在世界上争取独立、自由、平等，必须在文化、学术上先求独立、自由与平等。③ 罗家伦将清华大学的使命定位于谋中华民族在学术上的独立发展，以完成建设新中国的使命。罗家伦本着革命的精神，将清华定位"国立"，这是现代中国学术独立的重要标志。而他随后提出的"四化"方针，也主要围绕"学术化"展开，本质上即是学术独立。冯友兰先生曾说："清华大学的成长，是中国近代学术独立自主的发展过程的标志。"④ 罗家伦曾公开表示："我既然来担任清华大学的校长，我自当以充分的勇气和热忱，来把清华办好。我职权所在的地方，决不推诿。我们既然从事国民革命，就不应该有

---

① 罗家伦. 民族与教育 [A]//. 罗家伦先生文存（第6册）. 台北：国史馆、中国国民党中央委员会，1988：599.

② 罗家伦. 敬祝母校三十一周年纪念 [A]//. 罗家伦先生文存（第1册）. 台北：国史馆、中国国民党中央委员会，1976：485.

③ 罗家伦. 养成一种领导时代的健全人格 [A]//. 罗家伦先生文存（第5册）. 台北：国史馆、中国国民党中央委员会，1988：51.

④ 冯友兰. 三松堂自序 [A]//. 三松堂全集（第1卷）. 郑州：河南人民出版社，2001：279.

所顾忌。我们要共同努力，为国家民族，树立一个学术独立的基础，在这优美的'水木清华'环境里面，我们要造成一个新学风以建设新清华"。① 同样，罗家伦在中央大学倡导建立的"民族有机文化"，其核心就是学术思想独立，"国民革命运动是一个民族独立运动。民族独立，根本上还需要学术思想独立"②。他为中央大学创造一种新的精神，养成一种新的学风，使中央大学能够成为一个全国性的学术中心。而且，罗家伦作为一个办学经验丰富的大学校长，虽然与当权派有着千丝万缕的联系，但是，他努力倡导中央大学回到独立、自由的学术氛围中，反对外界对中大的过度干预。

大学的目的在于"为国家培养教育人才"。如何来实现国家民族的独立与振兴，是罗家伦一直思考的问题。培养青年作为大学的根本目标，是他一直致力于投入的教育实践。而青年需要具备以下素质：拥有现代科学的理念；拥有解决实际问题的能力；成为身心健全的"完人"。这些目标的实现，就需要落实到学术研究之中，因为"研究是大学的灵魂"，而"学术独立"是学术研究的基础。而这种教育理念最终的导向就在于民族主义的需求。为此，罗家伦反对那种空谈救国、而不植根于学术的大学观。同样，他批判那种"以为大学是一切至高至善的知识的总和，是天人相遇的场合"的大学理念，认为"近代式的大学，应当适应民族的需要……来求民族的生存"。③ 罗家伦将学术的独立、大学对知识的贡献以及国家建设结合在一起。可以看出，罗家伦所倡导的"学术独立"从根本上讲是从国家独立的角度来阐释大学的根本使命。

### （二）政治人渗入象牙塔

**1. 政治人意识的形成**

按照乔治·米德的理论，角色是在互动过程中形成的。笔者将此段形成历程聚焦于五四之后到他执掌清华之前，这段时间罗家伦在政治与学术之间

---

① 罗家伦. 学术独立与新清华 [A] //. 罗家伦先生文存（第5册）. 台北：国史馆、中国国民党中央委员会，1988：23-24.
② 罗家伦. 大学与中学的联系 [A] //. 文化教育与青年. 上海：商务印书馆，1946：142.
③ 罗家伦. 国立中央大学22级学生毕业纪念刊序言 [A] //. 罗家伦先生文存（第10册）. 台北：国史馆、中国国民党中央委员会，1989：215.

的徘徊以及对政治的倾向性对其之后的大学校长一职的任命及政治行为实践都有重要影响。自五四运动以来，罗家伦不断游荡于政治与学术之间，骨子里始终难以摆脱政治所带来的权力与荣耀的巨大吸引力，但又不敢忘情于学术。毕竟，前者所对他带来的冲击要远远大于后者。罗家伦最初与国民党发生政治联系肇始于他为躲避五四运动后的逮捕而逃往上海，与孙中山及国民党核心成员的纵论天下之谈。然而，当反思自身过度追逐于学生运动而荒废学业之时又发出"时局愈乱，愈要求学问"的主张，此时对政治具有厌倦之情。出国游学的罗家伦面对牵涉祖国的不公正的政治行径之时，即在经历华盛顿会议之后，他认定中国的出路在于国内政治革新。自己不得已放弃学业而投身政治，是为了对国家尽一份义务。虽然再度反思后，罗家伦又转而专心治学。然而当再一次面对国内五卅运动所带来的政治形势之困，他又投身于其中积极行动。由此可见，罗家伦一直在政治与学术之间进行徘徊。求学与为政两难之间的取舍，对于罗家伦来说并不是容易的事。虽然他曾经做出过为学的选择，但是无法完全忘情于政治的内心挣扎才是导致他最终选择的原因。回国后的罗家伦深刻认识到在兵荒马乱的年代，学术救国的主张看起来如此遥不可及，为自身生计着想必须寻找一个安全的庇护所。而与此同时，朋友圈的政治动向，对处于彷徨无所归的罗家伦的选择起了某种导向作用。加之中国政局形势的发展打乱了罗家伦做一纯粹学者的人生规划，在做事与为学之间，他放弃了归国时的为学理想，选择了一条做事之路，投身于风起云涌的政治洪流之中。

罗家伦之所以能掌清华与中央大学两所著名高校，与他跟国民党当局关系之密切不无影响。如冯友兰所说："罗家伦之所以得到清华校长的职位，完全是依靠政治上的势力。"[1] 若无政治背景撑腰，罗家伦身处政治角逐场中且面对"学潮涌动"的学府去践行其教育理念，着实举步维艰。[2] 由此可见，罗

---

[1] 张晓京. 近代中国的"歧路人"——对罗家伦生平与思想的再认识[J]. 湖南科技大学学报（社会科学版），2008(2): 158.

[2] 李欣然. 大学校长教育与政治的双重关情及其困境——以蔡元培为中心的考察[J]. 高等教育研究，2015(6): 94-95.

家伦主观上向国民党政府靠拢的"自觉"意识在很大程度上成就了其大学校长一职。1927年，罗家伦加入国民党，随后成为蒋介石麾下的一员"儒将"，大有借蒋之力来实现其政治与社会抱负的考虑。之后，政治形势危急下的蒋介石将中央党务学校交与罗家伦，让其代理校务会议主席，此举再度表明蒋对罗家伦的极度信任，而罗家伦也尽力维护之。另外，罗家伦在北伐时与日军交涉，其不辱使命、勇于赴义的胆识，颇得国民党上层的赏识。而这都为罗家伦被任命为国立清华大学校长增添了砝码。

对于罗家伦在掌校期间的各种政治行为及其对国民党政权的维护与认同，归根结底还与他内心深处儒家经世致用的文化心理有关。中西文化的双重熏陶使罗家伦在思想、文化等方面产生双重性的体悟，但是其根本还在于中国传统的认识与理解，即他的观念意识虽然是西方的，但是他的心态结构、行为模式却始终刻着东方的烙印。"罗志希先生是一个深受中国旧文化浸渍——甚至可讲被陈年的中国传统文明酿熟了——的典型人物。他不只旧的文学根底很好；并且在意识形态上、生活情趣上，没有脱传统文明的臼。我们常笑志希可能幼年时受到'状元宰相'思想的影响……彬彬有礼的罗志希先生，真可说是满带中国旧世家书卷气的大学士型人物。"① 因此，罗家伦身上还具有旧式知识分子的"学而优则仕"的影子。这就不难理解为何罗家伦在大学中仍旧具有强烈政治人意识了。

**2. 政治人的教育成就与困顿**

（1）政治寓于学术

在处理大学与国家的关系上，罗家伦一方面将大学的使命与民族需求相结合。罗家伦出任清华大学校长时，通过强调学术独立来谋取中华民族的独立，初步将大学使命与民族独立联系起来。罗家伦开始任中央大学校长一职时，正值日本发动"九一八"事变不久，国家面临严重的民族危机。罗家伦认为，"一个民族如果没有这种有机体的民族文化，决不能确立一个中心而凝结焉，所以我特别提出创立有机体的民族文化为本大学的使命……"② 所谓民族

---

① 柳长勋. 悼念罗家伦先生 [N]. 台北中央日报，1970-01-04.

② 罗家伦. 中央大学之使命 [N]. 国立中央大学日刊，第820号，1932-10-20.

有机文化，即强调众人对于实现中华民族复兴的共同意识和在这种意识下的相互协调能力。罗家伦将中央大学的使命融合进民族使命之中，承载对于民族文化的寄托，企图实现民族复兴的重任。"民族有机文化"体现出罗家伦的办学理想与文化情怀中的民族主义理念。在他看来，国立大学的办学理念应该与民族的生死存亡有着很大关系，"办理国立大学应与国防计划与民族生存发生密切之关系"①。在抗战时期，罗家伦提出的战时教育体系——新人生观、新民族观、新历史观都着重从民族的立场出发谈教育，将战时教育思想与中国抗战紧密结合。这是一个有责任担当的大学校长对于中国抗战的独特贡献。

另一方面，罗家伦将国家需求放在首位，并以此引导大学发展。他提出大学的知识生产与传播需要围绕政府的需求开展，国家目标是大学治理的风向标。"我认为我们以后所有的学科，都要切合国家的需要，以后各方面的行动，要与政府有最密切的联络。……我们必须寻求实际的应用，尤其是要切合国家的需要，在政府的指导赞助下求实际的应用，这就是我们今后的中心政策。"②围绕这一政策，罗家伦在中大院系调整时保留了化学工程科、成立水利工程系、添办医学院，培养航空工程人才，这些都是对于国家现实需求的直接回应。罗家伦将大学视为国家社会系统的一部分，认为大学应该在国家建设和政治发展中承担自身责任，这体现罗家伦对于大学应该承担社会责任的强烈期待。但是，罗家伦将国民党的原则作为基本的需求原则予以满足，"政治和经济两系的科学，和国家政治及人民生活的改造，关系极为重要，现在党治之下，应以中国国民党的原则为归宿，努力去做。"③罗家伦将大学建设、发展整合到民族复兴、国家建设之中，大学的历史使命与民族振兴及国家政权的现实需求是具有一致性的，在这种关联下，以建设"有机体的民族文化"为核心，将民族意志和国家需求拓展到大学建设的各个方面，使大学成为传播民族文化和灌输主流意识形态的重要媒介。

---

① 罗家伦. 罗校长日前到农学院视察[N]. 国立中央大学日刊，第982号，1933-05-16.
② 罗家伦. 太平洋大战与中国前途[A]//. 罗家伦先生文存（第5册）. 台北：国史馆、中国国民党中央委员会，1988：276-277.
③ 罗家伦. 改革清华之计划[A]//. 罗家伦先生文存（第5册）. 台北：国史馆、中国国民党中央委员会，1988：25-26.

罗家伦高举"教育救国"的梦想，通过教育实现民族国家的现代化。在他看来，中国现代化的过程也是民族独立的过程，作为文化与学术的重镇，大学在民族的振兴中起着重要的作用。① 因为学术思想独立是民族独立的根本与前提，作为学术独立承载者的大学就负有实现中国现代化的责任。罗家伦对建设现代化民族国家的热情和努力是其教育思想中的民族主义因素的呈现，是其教育理念与政治理想结合的有力体现。

(2) 政治强行灌输于学术

在思想理念方面，罗家伦对于大学校长在贯彻政府意志、维护政府利益、贯彻党国命令等方面有着高度"政治化"的认识。罗家伦为达成整顿清华之目的，将政治人的理念深深渗透其中。"离中央所在地愈远之大学愈应该注意，免成反动渊薮，即预选继任校长，亦必注意确系与当有历史而对中央忠实之人，万不可放松"②。而且，罗家伦将自身视为中大与国民党之间联系的纽带，一面传达中央的指令，一面维系中大教职员、学生对中央的向心力，并把"中大安定，师生对钧座信仰日增"作为办学成绩之一。③ 另外，罗家伦强调国民党应该加强对大学的组织控制。1931年，他鉴于"各国立大学中，党的势力在学生中，非常薄弱，"提议"中央党部应注重各国立大学党部"，并将大学党部改为特别党部，直接隶属中央。④ 罗家伦以自身行为践行上述理念，初掌清华时推行国民政府制定的带有极强政治目的的《国立清华大学条例》，并提出"四化"教育目标，其中的"纪律化"目标是要实行军事化，从根本而言就是推行国民党的"党化教育"。这一点在罗家伦给蒋介石的信中有明确的表述："家伦忝奉国民政府命令出掌国立清华大学，虽受命之前，无所闻之，既命之后，宁敢规避。幸党国培养人才之道不止一隅，大学党化，实为切要。"⑤ 虽然罗家伦的纪律化并非党化教育完全涵盖的了，但是它所赋予的

---

① 许小青. 诚朴雄伟 泱泱大风——中央大学校长罗家伦[M]. 济南：山东教育出版社，2012：163.
② 罗家伦. 上蒋主席书 拟具整顿清华大学办法三条[A] //. 罗家伦先生文存（第7册）. 台北：国史馆、中国国民党中央委员会，1988：112.
③ 罗家伦. 致蒋介石函[A] //. 罗家伦先生文存补编. 台北：近代中国出版社，1999：197.
④ 罗家伦. 整顿大学教育意见书[A] //. 罗家伦先生文存（第1册）. 台北：国史馆、中国国民党中央委员会，1976：491.
⑤ 罗家伦. 上蒋校长书[A] //. 罗家伦先生文存（第7册）. 台北：国史馆、中国国民党中央委员

形式和体现的内容都能看出罗家伦对于当权派的靠拢。

在教育使命方面，罗家伦的建设"有机体的民族文化"确实能够体现出一个知识人的理想与追求，但是毋宁说他更多代表政治人的立场在国难加重之时政治意识的高扬，希望把高等教育纳入"精神一贯，步骤整齐"的"共同意识"和"共同目标"当中。罗家伦发现以往大学的教育使命各不相谋，力量相互抵消反而一事无成，所以很看重共同意识的重要性，"今后我们要使中国成为有组织的国家，便要赶快创立起有组织的民族文化"[①]。这和国民党的文化教育政策具有高度一致性。这种做法无疑出于对民族现状的担忧与对民族未来的期许，但是这种导向对高等教育多元化发展的局面和独立思考探究真理的精神有所损害。这样，承载教育理念的"共同意识"就和当权派加强思想控制的"政治意识"相结合，结果便是以民族大义之名行思想控制之实。

在校内建设方面，为消除阻碍清华发展的制度性障碍，保证清华完全掌握经济发展之权，使清华在行政系统上归入国立大学发展轨道，以清华基金管理为中心的"改隶废董"运动进一步体现出罗家伦在政治上的圆滑与老练，并为了达到以上目的不惜动用上层的人际关系。罗家伦的初衷自然是为了清华大学长远发展，但是它所采取的有些过激乃至霸气的手段难免遭人非议。他利用强硬的政治手腕来解决教育问题，这是与教育界的普遍做法格格不入的。罗家伦在中央大学抗战西迁过程中，利用其在学校的权威，超越校内的民主制度进行"独裁式"指挥，加之他凭借国民党内的政治资源及与中枢的密切关系，的确产生不一样的搬迁效果。但是，他的独断专行难免落人口舌，成为他离开中大的原因之一。

在直接从政方面，罗家伦似乎完全不逊色于当时的政治家们。众所周知，罗家伦校长之位的获得并非完全出于他的学术水平，以及各校的拥戴，而是多基于上层的意愿与支持。可以说，他的校长之位走的是上层路线。而且，

---

会，1988：68.

① 罗家伦. 中央大学之使命[A]//. 文化教育与青年. 重庆：商务印书馆，1946：140-146.

罗家伦办学的成功离不开他在政治上的地位。自他加入国民党后，就成为最忠实的党员。担任校长期间，罗家伦先后在国民党内担任重要职务，如中央宣传委员会副主任委员、首都新生活运动促进会规约起草委员、国难会议筹备委员等，先后出席了国民党"三大""四大""五大""六大"，并在"五大""六大"上当选为候补中央执行委员、中央执行委员。[1] 另外，罗家伦对蒋介石怀知遇之恩，经常就时局、政治等向蒋介石建言献策，充当蒋的国策顾问。罗家伦深知上层政治的支持对他人生的成败具有莫大关系，所以他在掌校期间还盯着上层动态并加以附和。

(3) 政治与学术间的边缘化

作为"国民党坚定的同志"，"体制内的知识分子"，罗家伦在两次校长任上都自觉执行国民党的党化教育，充当国民党的眼线，甚至有时非常明显地在校园内为蒋介石的政治鼓吹。罗家伦始终坚持以"一个主义、一个领袖、一个党的思想办学"。这深刻说明他具有艳羡功名，渴望立功的情怀，而这体现他过分迷恋介入，这是由于他内心深处儒家意识作祟的结果。而他作为一个受过欧美教育洗礼的知识分子，始终坚持将自由主义理念贯穿于教育之中，具有对高等教育的改善、创造的欲望，这需要一种超越于世俗之上的姿态。这种学术与政治之间的频繁转换显然夹杂着诸多政治方面的因素，而且这两种理念与方式常会产生激烈的碰撞。每当他顶着校长之职却仍旧被卷入政海时，能够深刻感受到他对教育文化的深深眷恋之情；但一旦真的退居象牙塔，在民族危机的警报中，在权力与荣耀的光环下，他也难以达到心灵的超脱。这样，他的角色认同便陷入无尽的冲突之中。

尽管罗家伦是因蒋介石的看重而获得执掌大学的资格，在担任校长期间也受到蒋介石的信任，但是总的来说，由于罗家伦身在大学，并不会对国民党的重大政治决策有与闻和决策之权，他在这种关系之下只能是"局内的局外人"。他的这种角色，有点类似于布迪厄所说的"统治阶级中的被统治者"。而相对于深居象牙塔的知识分子而言，他如此频繁地出入于上层政治环境之中，

---

[1] 许小青. 诚朴雄伟 泱泱大风——中央大学校长罗家伦[M]. 济南: 山东教育出版社, 2012: 334.

因过度政治化而身在"局内",是典型的依附于统治阶级的政治人。这种尴尬局面不仅是因为罗家伦此时主要是以大学校长身份面对世人,他对实际的政治并不十分了解;而且因为近代中国的政治始终是与以武力为后盾的权势联系在一起,国民党的统治始终未脱专制、独裁的轨道,这与他心目中理想的西方民主政治相去甚远。① 这样,一方面面对现实的腐败,追求理想政治而不得;另一方面却试图将民主、自由、独立理念在大学践行。这样做便使他与一些政治权势者矛盾加深,遭到刁难;同时又被纯粹的知识人排挤,他的双重角色便产生强烈的矛盾、冲突。

（三）政治人眷恋之后果

长期以来,在中国大陆的学术界,罗家伦是一个被"标签化""符号化"的"负面"人物。虽然罗家伦对于中国高等教育做出过极大贡献,但凡学人们论及罗家伦,都喜欢将其归类于政治人来褒贬臧否。虽然某些学者基于他对高等教育的贡献将其视为知识人,他也一直苦心维系着近代知识分子的"清高",但罗家伦终其一生都没有摆脱和现实政治的关系。的确,罗家伦"义无反顾"地将自己的政治生命与国民党政权的政治命运"有机地"融合在一起;而他的教育生命也选择"死心塌地"地为统治阶级服务,而且还是那么"融洽""默契"。毕竟,罗家伦离开清华大学的原因之一是派系权力的纷争,罗家伦作为中央系统之人,在阎系与蒋系决裂之时,也是罗家伦不得不离开清华之时。冯友兰回忆道:"罗家伦之所以得到清华校长的职位,完全是依靠政治上的势力……冯、阎同南京决裂,凡是靠南京势力的人,本来都应该撤回南京,在北京是站不住的。况且像清华这样的学校,在教育界进而学术界有相当高的地位,在财政上又有充分的来源,阎锡山和他那一派的人,岂有不想抢去之理?"② 打着北伐余威进入清华大学的罗家伦,既没有蔡元培、胡适的教育影响力,又在上任之初迫切打出革命化的旗号,将"政治人"的理念不

---

① 冯夏根. 政治与文化的双重关怀及其困境:近代中国知识分子生存样态解读[J]. 华南师范大学学报(社会科学版),2007(3):97.

② 冯友兰. 三松堂自序[A]//. 三松堂全集(第1卷). 郑州:河南人民出版社,2001:68-69.

失时机地强行渗透进高等教育实践中。另外,在罗家伦担任校长期间一直充当蒋介石在北方的耳目角色,不断将观察到的政界信息秘密报告给南京。因此,罗家伦在清华自始至终就掺杂着政治杂念,其狼狈离开教育圣地——清华就不难理解了。同样,罗家伦离开中央大学的原因之一也是国民党内派系纷争。在抗战时期的重庆后方,国民党内部掌控教育的高层权力发生变动,陈立夫与朱家骅发生直接的权势之争。一向与朱家骅关系甚为密切的罗家伦受到以陈立夫为代表的CC系的排挤。正是在人事与权力的斗争下,罗家伦作为失败者,不得已离开中央大学。

主持清华大学,罗家伦的成绩与贡献令人瞩目;主持中央大学,是罗家伦在高等教育行政管理生涯中最花费心血的一段记忆。但是,随着中国一流高校开展"寻根热"再试图去解读罗家伦的高等教育贡献时,却令人惋惜地发现,虽然罗家伦的名字频频出现于两所高校的校史记录中,但是很大程度上却只将罗家伦作为大学发展史谱系中的一支,并不能反映出这两段历史在罗家伦的"教育生涯"中的特殊位置以及罗家伦本人对于中国高等教育建设史上的传承关系。的确,当高等教育领域被"意识形态"浸淫甚深,一个为现实政治服务的"党国教育"的代表人物能赢得后世多少赞誉自是不言而喻的。

作为民国时期知识分子群体之中的一员,希望中国走上独立而富强的现代化之路是罗家伦的政治"愿景",只是在实现这一"愿景"的过程中,罗家伦与其他知识分子做出不同的选择路径。从严格的学术研究意义上讲,在"亡国灭种"的生死威胁笼罩下,大学校长采取的各种救亡措施,不论是直接的"政治救亡",还是间接的"思想启蒙",不论是"学术救国""教育救国""科学救国"还是"民主救国""政治权威救国",甚或是"维持体制救国",还是"瓦解体制救国",任何一种模式,都不能成为后世对于这批大学校长进行评判的唯一道德标准与价值判断依据,更不能成为这批校长被人们诟病而完全否定过去的理由。在风雨飘摇的民国,大学校长即便想要"特立独行"在"体制外",即便是倾尽全力倡导纯粹的"学术救国""教育救国",也不可能真正超然于政治之外。蔡元培与胡适不就是很好的例证吗?

## 四、坚守象牙塔：以竺可桢为例

竺可桢①担任浙大校长13年，在极为艰苦的条件下，将地方性的浙江大学办成全国一流的综合性大学。面对政治的态度，竺可桢认为大学校长应躲避于政治的浑水之外，然而事实是，很难在心灵上保持对权力与政治的超然，在教育实践中摆脱政治的困扰，竺可桢所能做的只是尽量保持一种中庸立场。

### （一）知识人的坚守

**1. 从科学家到大学校长**

竺可桢在执掌浙大之前一直从事科学研究工作。作为一个学者，竺可桢坚持"科学工作者应抱坚定之立场，追求真理。不论在何种社会环境之下，一切以真理为依归，决不指鹿为马，抹杀真理"②。"一般人每逢到'是非'与'利害'相冲突的时候，就是'利害'之心胜于'是非'之心，不顾事实如何，这种习惯一日不改，中国的科学就一日无望。科学如此，政治亦然，若不以是非之心，而以好恶之心来治理国家，也不行的"③。由此可见，竺可桢在从事科学研究时所坚持的是求真知的求是精神。然而当我们将目光定位于竺可桢掌校的13年间，能够发现他把一个科学研究者的态度迁移到执掌大学校长的过程中，由此而对中国学术真理的探求、教育独立的坚守产生无法估量的意义。

当竺可桢还在气象研究所担任所长，听到"拟提出他为浙江大学校长"之时，竺可桢的第一反应便是拒绝，他"不愿放弃气象研究所事。……至于大学校长其职务之繁重十倍于研究所所长。"④担任大学校长并不是竺可桢最初的志向所在，投入科学事业是他内心最为坚定的志趣。此时，竺可桢拒绝的理由多为浙大前途计，认为自己若能对浙大有所补益，愿竭尽全力赴之；但是

---

① 竺可桢于1936年4月至1949年5月担任浙江大学校长。

② 竺可桢. 科学工作者应抱坚定之立场，追求真理[A]//. 竺可桢全集. 上海：上海科技教育出版社，2004：691.

③ 竺可桢. 利害与是非[A]//. 竺可桢全集. 上海：上海科技教育出版社，2004：239.

④ 竺可桢. 竺可桢日记[C]. 北京：人民出版社，1984：17.

他以为自己短时间内担任浙大校长，并不可能罗致良好教员并对浙大整体有所改良。然而，作为笃信学术自由的学者，当竺可桢意识到浙大之前多以党派控制，教育无法超然于政治之上，便起恻隐之心。"浙大自程天放长校后，党部中人即挤入浙校。程离浙时陈立夫拟提余井塘，但为学生所不愿，乃推郭任远。郭之失败乃党部之失败。故此时余若不为浙大谋明哲保身主义，则浙大又必陷于党部之手，而党之被人操纵已无疑义。"① 竺可桢还是决定将学校安定过去，防止再次陷入党部的厄运发生。另外，竺可桢在接受任命之前就已经考虑浙大的教授聘用、财务来源等紧迫而现实的问题。由此可见，竺可桢虽然之前并未担任过校长一职，但是他执掌浙大之前似乎就能感受到浙大发展的切身之痛，并且愿意以一己之力为浙大有所贡献。

**2. 以学术为根本使命**

建成世界一流大学，一直是中国高等教育的使命。竺可桢的高等教育理念借鉴西方教育之长，吸收中国传统文化之精义，具备开拓创新之品质，为中国高等教育现代化历程写下浓墨重彩的一笔，对建设世界一流大学仍旧具有重要的现实意义。美籍华人学者，浙大校友谢觉民先生曾言："民国以来，中国有两位杰出的教育家。一位是蔡元培先生……对中国教育有开山创基之功。另一位是竺可桢先生，高风亮节，廉洁自守，在对日抗战期间，主持浙江大学，颠沛流离，而仍弦歌不绝，以至人才辈出，功不可没。"②

求是思想是我国古代哲学思想的精华之一。在长期的学习和教育实践中，竺可桢吸收我国古代文化中书院教育的优秀传统，并融合以哈佛大学为代表的西方先进的教育经验，形成了一套相对成熟、完整的教育哲学思想体系，其核心就是"求是"。③ "求是"作为竺可桢高等教育理念的核心精神，将其整个教育实践活动一以贯之。所谓"求是"，就是事实就是，追求真理。而"求是"的路径，按照竺可桢的意思，取中庸之意，"博学之，审问之，慎思之，

---

① 竺可桢. 竺可桢日记 [C]. 北京：人民出版社，1984：16.

② 谢觉民. 纪念竺校长 [A] //. 浙江大学校友总会. 竺可桢诞辰百周年纪念文集. 杭州：浙江大学出版社，1990：37.

③ 张意忠. 民国大校长 [M]. 北京：北京师范大学出版社，2012：159.

明辨之，笃行之"①。求是精神的精义在于为追求真理不计个人利害得失的牺牲精神以及不盲从、勤思考、勇于开拓的创新精神。②竺可桢在校中以身作则，堪当表率，"求是"精神在浙大蔚然成风。

竺可桢十分重视大学的师资队伍建设，将教授看作大学的灵魂所在。在他看来，大学如果能云集以研究学术为志业、以教育后进为职责的优良教授，学校自然能产生良好的学风，在这样的学术氛围下，学校会造就很多博学多才之人。而且"有了博学的教授，不但是学校的佳誉，也是国家的光荣"③。因此，竺可桢竭尽全力为浙大罗致国内外优秀专家，并有自己独特的方法。第一，强调用人唯贤、兼容并蓄、不拘一格不徇私情的用人原则。第二，重视青年教师的培养。第三，着重强调教授治校，民主管理。在竺可桢看来，大学宜采取民主，"固甚彰明，惟民主有先后，当自教授始，如此可冀各安其位，爱校胜己，历10载、50载以至一生工作如斯；学生时间较短。顾宜采取教授治校"④。因此，竺可桢选派一批各方面均佳的教授担任重要岗位的管理者。无论是课题申报还是教授选聘的工作，都通过"教授会"予以通过实施，真正将学术权力交给教授，充分体现"学术本位"的价值取向。

在人才观上，竺可桢主张大学应当培养全面发展的人才。因此，他采取一系列改革措施。其一，强调德育、智育并重，率先实行导师制。竺可桢一贯重视教书育人工作，尤其反对重智育轻德育的错误倾向。在他的倡导下，浙大首倡教导合一的导师制，即由教师在学业与品德操行等方面对学生负责。教师和学生可以双向选择，而一位教授同时带几名学生。低年级侧重为人为学之道，高年级侧重专业指导。其二，注重通才教育，培养学生坚实宽厚的知识基础。兼收并蓄、海纳江河的广阔胸襟是竺可桢"求是"精神的精髓，通过广博的知识为之后全方面的学习打下坚实的基础是竺可桢一贯的要求。因此，竺可桢认为大学教育应该重视基础性知识，以多科性通才教育为

---

① 竺可桢. 竺可桢全集（第二卷）[C]. 上海：上海科技教育出版社，2004：461.
② 张美凤，蒋锋. 竺可桢教育思想的理论特色和实践经验[J]. 高等教育研究，2000(4)：95.
③ 樊洪业，段异兵. 竺可桢文录[C]. 杭州：浙江文艺出版社，1999：72.
④ 张意忠. 民国大校长[M]. 北京：北京师范大学出版社，2012：162.

主。"大学教育若侧重应用科学,而置纯科学、人文科学于不顾,这是谋食而不谋道的办法"[1]。因此,大学教育不能过早分科,防止学生的知识面狭窄。另外,竺可桢主张建立多学科、多学院的综合性大学。在其执掌期间,浙大从3个学院16个系发展成7个学院27个系。其三,强调智能培训,注重实践锻炼。竺可桢指出:"大学所施的教育,本来不是供给传授现成的知识,而重在开辟基本的途径,提供获得知识的方法,并且培养学生研究批判和反省的精神,以期学者有自动求知和不断研究的能力"[2]。因此,竺可桢注重通过实践训练来提高学生智力水平。他不仅重视教学与生产实践结合,要求教师提供严格的实践课程给予学生训练,而且鼓励学生主动参加各种社会实践活动。

### (二)象牙塔中的政治情怀

**1. 政治寓于学术**

竺可桢深受传统儒家文化影响,将《大学》中的"三纲领"(明明德、亲民、止于至善)和"八条目"(格物、致知、诚意、正心、修身、齐家、治国、平天下)融入大学之中,将"修齐治平"的理念与高等教育的现代化发展紧密结合。一方面,作为一名科学家,竺可桢重视大学在学术研究、科学发展中的重要使命。身处中华民族承受丧权辱国之痛的时代,他深感大学应该承担起科学救国、教育救国的责任。另一方面,竺可桢留学8年,深受西方文化的影响,美国大学服务于社会理念对其留下深刻印象。正是在这种多重的文化教育融合的背景下,加之社会现实的紧迫感与个人使命感的驱使,竺可桢将政治寓于学术,赋予大学崇高的历史使命。

受到西方科学精神熏陶的竺可桢,意识到科学在社会中的贡献,他认为,没有科学就无以立国。与此同时,国人对于科学的无知深深触痛竺可桢。因此,他积极推进将科学思想与大学理念相结合,在救亡图存的主旋律下,形成独特而丰富的科学救国思想。首先,创办科研机构,为科学研究鸣锣开道。

---

[1] 竺可桢编辑组. 竺可桢传 [C]. 北京:科学出版社,1990:89.
[2] 竺可桢. 我国大学教育之前途 [N]. 上海大公报,1945-09-23.

竺可桢将科学研究视为科学救国的前提，而科研机构的设立提供最基本的平台。浙大是当时最早设立科研机构的少数几所大学之一，其中文科研究所史地学部、史地教育研究室、理科研究所数学部、理科研究所生物学部等成为浙大乃至中国科学人才"栖息地"。其次，致力于科学人才的培养。在抗战危亡时刻，竺可桢毅然走出书斋承担各种教育科研机构的领导工作，在更加广阔的实践领域里培养优秀人才。最后，践行科学与人文并重的科学教育理念。竺可桢强调科学人才必须兼具专门知识与人文精神。他认为大学教育"若侧重应用的科学，而置纯粹科学、人文科学于不顾，这是谋食而不谋道的办法"①。竺可桢着重培养学生扎实的知识功底，将科学精神与人文精神齐头并进，相辅相成。

竺可桢将教育与拯救中华，转移国运这一神圣使命相结合，如其所说，希望浙大学生学习先哲"不忘致用，实行为国效劳的精神"，成为"公忠坚毅，能担当大任，主持风尚，转移国运的领导人才"。②面对救亡图存的压力，怀抱中国知识分子的爱国情怀，竺可桢自觉承担起"政治中介人"的角色。尽管他一直保持中立立场，但是却不自觉地将培养学生的爱国情怀与世界观作为教育的特权。竺可桢多次提及学生应该具备成为领袖的各种素质，在走向社会后能够成为激浊扬清的新兴社会力量和维护国家正义的栋梁。

竺可桢上述科学救国理念蕴含着大学的两大职能：人才培养与科学研究，而他对于大学服务社会的职能也颇为重视，"一个大学生最重要的使命就是在于能使每个毕业生孕育着一种潜力，可令其离开校门以后，在他的学问技能品行事业各方面发扬光大"③。竺可桢提出两种改良社会的途径：其一，让经过训练、拥有知识、掌握技能的学生走向社会，达到改良社会之目的；其二，利用师生掌握的科学技术、文化优势，直接造福于社会政治。④基于此种理念，竺可桢任校长后，抗战过程中浙大每到一处都尽量为当地建设做出贡献，

---

① 沈文雄. 看风云舒卷[M]. 天津：百花文艺出版社，1998：385.
② 戴锋. 竺可桢教育思想的特色探析[J]. 教育文化论坛，2010(6)：97.
③ 竺可桢. 大学生与抗战建国[N]. 国立浙江大学校刊，第100期，1941-10-24.
④ 张培富，夏文华. 竺可桢的科学文化实践轨迹与社会使命——以竺可桢担任的社会职务为线索[J]. 南开学报（哲学社会科学版），2013(2)：62.

给地方留下"永久不磨的影响",真正将理念付之于实践。

竺可桢认为,大学还应该承担转移社会风气的责任,为社会带来良好的道德风尚,并履行对社会的监督和批判的职能。"大学能彻底地培养理智,于道德必大有裨益。凡是有真知灼见的人,无论社会如何腐化,政治如何不良,他必独行其是。所以道学问,即是尊德行。"① 同时,混乱的社会现实迫切需要大学承担这一使命:面对专制统治日益加剧,大学应该继承民主精神,并且积极宣传民主与法制;面对政府的腐败堕落,大学应该培养公私分明之人,"我们就希望顶好人才、顶廉洁的知识阶级去做官,唯有这样,公家的事才能办好"② 面对国民素质的普遍低下,大学生应该成为国民素质的代表,大学生应将大学赋予的气质、品性散播于社会。

**2. 对于政治的"超然"与"介入"**

每一个知识分子个体,作为扮演社会角色,承担社会职责的个人,其行为取向通常取决于个人和社会两方面。就个人行为而言,纵观历史,民国时期的大学校长一般都具有学者身份。而他们所具有的学者姿态通常是"探究式"姿态与"关怀式"姿态的结合。不消说,大学校长在其最初的学术之路上一般具备"探究式"的学者姿态,在不关乎政治的前提下具备超然与冷静地探索生命意义与宇宙真谛的追求,并由此而思考学术的价值与意义。而"关怀式"学者姿态,即把个人的道德感与价值观放在社会的大背景下进行观照。这种姿态使得民国时期的大学校长继承一贯的中国传统知识分子的内在精神理路,关心社会、国家,投身于现实关怀。大学校长所具备的两种学者姿态,不仅仅表明其关心教育、学术之缘由,还说明大学校长之所以能够比一般人更有担当之原因在于其所具备的"家事、国事、天下事,事事关心"的现实关怀。

竺可桢是一位典型的同时具备"探究式"姿态与"关怀式"姿态的大学校长。纵观竺可桢一生,可以看出,他始终服务于科学事业。仅就竺可桢任校长13年间,他都没有放弃以自身的学术活动直接推进中国现代科学事业发展,以科学家独有的超然与冷静的姿态,站在全人类的立场上,追求科学纯

---

① 竺可桢. 我国大学教育之前途 [N]. 大公报, 1945-09-23.
② 竺可桢. 竺可桢日记(第2册)[C]. 北京:人民出版社, 1984:851.

粹的"意义"而非"意识"。带着这种科学探究的姿态，竺可桢往往比很多大学校长多了一份从容与淡定，他在政治中的中立立场也很大程度上源于他对科研终极意义的探寻。在当时的历史情境中，任何有良知的大学校长都不会放弃"关怀式"姿态，而竺可桢也不例外。他无数次地勉励学生"以使中华民族成为一个不能灭亡与不可灭亡之民族为职志"①，"民族自由重于个人自由……"②。但是竺可桢充满理想色彩的政治观及其个人意志与具体的政治现实往往产生摩擦甚至冲突。他虽然不同于胡适的"讲学复议政"和蔡元培的"书生论证"，区别于罗家伦的"直接参政"。但是，他也不是一个能把书斋坐穿的纯知识分子。竺可桢只是用自己独特的方式体现着"关怀式"学者对于忧国忧民的世事关怀。

另外，求是精神虽然首先是作为科学精神加以倡导的，但是竺可桢把它进一步深化、扩充之后使求是精神的内涵远远超过科学精神，成为竺可桢的人生哲学，成为其不断追寻以便确定或引导自己生活道路的现实指针。他之所以能在政治上坚守"中立"并且还能在政客中间周旋，实在因为他信守并笃行"只问是非，不计利害"的哲理，保持其本人在污浊的社会政治领域"出淤泥而不染，濯青涟而不妖"③，遂为主持正义者所敬，而使倒行逆施者难以加害。竺可桢常常以近代自然科学的先驱伽利略、布鲁诺、哥白尼等人同中世纪传统势力斗争的事迹来勉励学生。在竺可桢看来，要坚持求是精神，必须永久忠实于真理。竺可桢所谓的真理是和社会利益一致的，这意味着竺可桢勇于为了社会利益而放弃个人利益，因此他在大是大非面前带有一种高度的政治智慧。

竺可桢作为享誉世界的科学家以及"东方剑桥"的缔造者，自然被国民党视为文化教育界的楷模，并试图拉拢之。虽然在担任校长期间竺可桢被拉入参加国民党的某些政治活动，如"卢沟桥事变"爆发后，竺可桢受命参加庐山

---

① 竺可桢. 大学毕业生应有的认识与努力 [A] //. 竺可桢全集(第二卷). 上海：上海科技教育出版社，2004：148.

② 竺可桢. 大学教育之主要方针 [J]. 国立浙江大学校刊，1936(248).

③ 出自宋代周敦颐的《爱莲说》："予独爱莲之出淤泥而不染，濯清涟而不妖。"

谈话；抗战期间，竺可桢兼任资源委员会专门委员；1939年，竺可桢担任三青团监察会监查，之后参加高级党政训练班等。在这些活动中，竺可桢多以挂名出席，对于这些职位和会议始终有所排斥。虽然竺可桢积极参加国民党领导的各项社会建设，并配合国民党进行教育、科研形式的救国活动，但是这一系列工作并不能表明竺可桢已被当权者同化，甚至产生强烈的依附作用。它们是竺可桢建立在爱国主义诉求基础之上的急于改变中国落后面貌的行为体现。而且，就竺可桢执掌的浙大在战后遭遇"被抛弃"的冷遇来说，无不从侧面表明竺可桢对国民党的冷淡态度。因此，"政治场"的拉拢并没有在竺可桢身上完全体现，由此而拒绝了其在自由主义知识分子的精神之旅中滑向政治歧途。

因此，竺可桢在大学内怀抱以天下为己任的政治情怀，以一种独特的"介入"方式抒发着其作为传统知识分子的国家关怀；然而，这种独特的"介入"在竺可桢以至后人道德眼中，更多的是一种"超然"与"冷静"。

### （三）固守象牙塔中的自由与独立

#### 1."不自由"校长之困局与破局

20世纪30年代后期，国民党对教育的控制势力加强，曾经在中国发展迅速并且颇具影响力的自由主义思潮逐渐让位，"党国至上"的国家主义蔓延开来。竺可桢试图拯救浙大于党部之手，由此开始了其十三年的校长生涯。他通过陈布雷向蒋介石提出财政需不断接济，校长不受干涉等要求。据布雷云，大学中训育方面，党部不能不有人在内。[①] 由此国民党中央试图钳制浙大师生政治思想等各个方面。上任后，竺可桢对国民党严密控制师生思想的行为极为不满，"近来党中央处处效法德国纳粹，尤为余深恶痛极"[②]。竺可桢坚决抵制国民党的思想控制企图，取缔"党化教育"，聘用非国民党员费巩出任训导长。在竺可桢的世界里，对于西方的大学自治、学术自由与中国儒家仁义道德下的"忠诚"均极为信服，二者在竺可桢那里是融通而非颉颃的。竺可桢

---

① 竺可桢. 竺可桢日记[C]. 北京：人民出版社，1984：18.
② 竺可桢. 竺可桢日记（第2册）[C]. 北京：人民出版社，1984：768.

作为一个科学家与校长融合于一身的人，对现实社会中政党的种种控制行为尤其痛恨与不满。

1938年，国民党通过《改进党务并调整党政关系案》，将各级学校纳入国民党控制之下。自此开始，竺可桢被多次劝说加入国民党。由于竺可桢始终坚持自由主义立场，颇为反感国民党加强一党专制的方式。因此，竺可桢奉行其一贯的无党派的超然态度，对入党事宜有所排斥，表示不愿意加入国民党。正是由于国民党在校园内实施党化教育的无效和失序，导致原本就持中立立场的竺可桢对国民党政治认同危机加深，并非其缺乏传统知识分子对政治的关怀。事实上，作为学术界的良知代表和大学校长中不可多得的无党派人士，竺可桢对国民党在政治运行中的腐化行为以及政治现实的混乱现象多有建设性批评。在政治立场上，他坚持无党派的超然态度，试图保持中立，尽量以不偏不倚的态度，不欲与政治发生任何联系。他的这种做法和态度，在国共抗衡的年代，实属不易。

竺可桢的任期内政局动荡，学生运动频繁，接连爆发"倒孔运动""一二•一"惨案、"于子三运动"，政治势力大规模进入学校。以竺可桢为核心的学校领导层既需要应对学生风潮，还必须与校园内各派势力进行博弈，境地颇为艰难。但是，一个始终坚持民主立场、持中立态度的竺可桢虽然并不支持学生参与政治运动，但是对学生的爱国民主运动报以同情之心，其采取有限度的支持学生运动的态度，把学生运动保持在可控范围之内。然而，学运方面却对竺可桢不偏不倚的态度日加不满。而面对国民党方面，竺可桢在恪守政府法规律令的前提下，反对国民党的镇压迫害，积极营救、保护学生，采取巧妙的策略与国民党相周旋。因此，国民党对竺可桢的包容甚为不满，认为竺总是包庇学生，甚至怀疑竺与学生运动方面早已达成默契。夹在中间的竺可桢颇为尴尬，"知浙大校内壁报说我受英美教育之毒，做事不彻底，不能对恶势力争斗，只剩了些科学救国空谈；竺对于旧的固然厌恶，对于新的心存怀疑；但民主与反民主不容有中间路的，而竺某偏偏走了中间毁灭之路云云"。①

---

① 竺可桢. 竺可桢全集（第11卷）[C]. 上海：上海科技教育出版社，2004：455.

另外，竺可桢以学术自由为限度，对学校内政治派系纷争局面无法接受，同时他也未曾主动迎合某一派别，只是主张派系退出学校，"本人希望学生应埋头求学问，否则从军可也。在学校闹党派，则不特于抗战无益，学校亦不成其学校，故本人主张政党须一律退出学校。"①

在人际关系网络建构中，尽管竺可桢属于留学欧美群体，但是他同身处权力网络中心的"胡适派学人群"有一定的疏离感，对罗家伦式的"局内的局外人"嗤之以鼻，更无法如蔡元培般在学术与政治之间获得身份迅速之转换。作为国立大学校长的竺可桢，难以匹敌蔡元培国民党元老的地位，更无法达到其一呼百应的程度，亦无法像胡适一样以"我的朋友胡适之"被言说与谈及，更无法与"圈内人"罗家伦比肩。更近一步说，竺可桢实际上是一个不善交际的纯粹学人，他的人脉关系更多地依靠陈训慈和陈布雷。在国民党统治后期，社会利益异常尖锐，大学内部甚至社会上资源分配不以制度为依归，而以人际关系为准绳。竺可桢在政府内部人脉极其有限。浙大屡次因经费问题与教育部长相争执便可见一斑。因此，竺可桢常自言"夹带中无人也"并非谦辞，而是其发自内心的无奈之语。然而，竺可桢并没有因此而自降身份，一方面是源于他的纯粹学人之不干涉政治的立场，如他一直强调的"教育与政治总以为不应过于接近"；另一方面，就如他在日记中所记载一样，"余个人之困难在于不善侍候部长、委员长等，且亦不屑为之"②。

竺可桢的立场看上去有些"天真"，许多做法并不被某些个人乃至群体接受，毕竟风雨飘摇的旧中国，怎能容得下一个看似毫无立场的人？但是，他的行为反映了其对于摆脱政治干扰、独立进行教育实践的渴望。章太炎先生曾言，中国学术在野则盛，在朝则衰，"凡朝廷所阘置，足以干禄，学之则皮傅而止，不研精穷根本者，人之情也。"③的确，统治者对于教育、学术的干扰，不仅在于使大学校长要么明哲保身听命于统治阶级，更在于这种干涉将终结大学校长作为学者身份的学术生命，影响作为校长身份的政治生命。而

---

① 竺可桢. 竺可桢日记（第2册）[C]. 北京：人民出版社，1984：835.
② 竺可桢. 竺可桢日记 [C]. 北京：人民出版社，1984：17.
③ 章太炎. 与王鹤鸣书 [A] //. 许寿裳. 章太炎传. 天津：百花文艺出版社，2004：62.

竺可桢对这一切看得非常透彻,他还进一步提出大学应该继承明朝东林书院"讽议朝政、裁量人物的"民主精神,弘扬黄宗羲关于"公其非是于学校"的思想,履行批判、监督的功能,真正成为"社会灯塔"和"海上之光"。① 面对强权政治,他刚正不阿,铮铮傲骨,他的大无畏的牺牲精神引得黄秉维先生对竺可桢的高度评价:"'于人曰浩然,沛乎塞苍冥'这两句诗,以竺先生'傲雪凌霜'的气节,的确也可当之而无愧。"②

**2. 超越于政治的学术**

竺可桢身上明显镌刻着学者超然于外物的本色,具体表现为对官僚涉入教育的警惕以及对于学术超越世俗性的不懈追求。"大学因为能包涵万流,所以成其为大"。然而,当面对高等教育的独立性与自由性一再破坏之时,竺可桢所信奉的教育理念,践行的教育实践,无一不显示出其教育思想的前沿性和对中国教育现状的前瞻性:导师制、学生自治、教授治校等在竺可桢任上均有所创新、发展。科学家、教育家、学者等角色在他身上有着清晰体现。因此,对于学术自由的精神,始终作为他一生奋斗的信念。对于大学来说,学术自由尤为重要,这关涉大学的尊严。竺可桢强调,让学术按照自身的逻辑运行,让学术独立于政治,让学术超越于政治,而不是由政治来决定学术的命运。

当竺可桢多次面对"不自由"的困境之时,他需要巨大的魄力和坚守正义的立场,也正因如此,他身上散发出一种灼人的光芒:超越"政治第一"的主流思想而坚持自由、民主、独立的理念。③ 他秉承大学校长应该具有的是非感、正义感以及对独立、自由的强烈渴望,为浙大的发展无私奉献。

---

① 张彬. 论竺可桢的教育思想与"求是"精神[J]. 浙江大学学报(人文社会科学版),2005(6):186.
② 黄秉维. 我对竺先生的几点印象[A]//. 纪念科学家竺可桢论文编辑小组. 纪念科学家竺可桢论文集. 北京:科学普及出版社,1982:214.
③ 罗惜静. 政治与学术之间——浙江大学"学潮"中的竺可桢[D]. 浙江师范大学硕士学位论文,2012:57.

# 第三章　民国时期大学校长角色扮演之共性

尽管民国时期大学校长对学术与政治的追求存在个体差异，但是仍旧可以从上述四位大学校长的角色扮演中找出其存在之共性。本章从角色扮演之原因、角色扮演之方法以及角色扮演之结果几个方面分析作为立身之本的学术角色的卫护以及承载经世致用的政治角色的扮演，最后梳理民国大学校长学术与政治角色扮演之张力。

## 一、立身之本：学术角色的卫护

由于民国大学校长以独立的姿态立身于社会、政府之间，成为大学事理的体现者，因此成就了大学校长对学术角色的维护。而在这个过程中，他们始终坚守着大学真谛：教育独立、学术自由和教授治校。这是大学为之大的最基本的精神，也是民国大学校长切实将大学理念与实践为之结合而留给后世最为宝贵的遗产之一。因此，民国大学校长始终将学术作为志业，不仅通过重建"学术社会"来构建学术的庄严、推动学术事业的开展，而且通过强调学术强调"真""善""美"的意义，来寻求学术的至高价值。

### （一）角色卫护之因：大学事理的体现者

大学校长学术角色的扮演可以通过大学之理与大学之事两个维度展开，而大学校长作为承载大学之理的化身，通过各种实践行为将大学之理转化为大学之事，即理在事中；同时，大学之事充分彰显大学之理，大学之事在大学之理的光照之下，即事在理中。在理的层面，大学校长积极追寻大学存在之意义，以哲学的姿态来面对大学之形而上的世界；在事的层面，大学校长需要抓住大学发展的各项战略性事务，从容面对现实形态中的大学实践；与此同时，大学校长必须以独立的姿态立身于社会、政府之间，保持必要的独立人格。大学校长则成为理与事相互融合的载体。民国大学校长将自身浸润在大学之事与大学之理中，让自身成为承载大学事理的平台。

**1. 理念先行：大学校长作为大学之理的体现者**

大学之理对于大学之事具有优先性，指的是大学校长对大学之理的思考与追寻作为一种逻辑意义上的地位优先，使大学校长的管理事务中渗透着对大学之理的遵循。唯有大学校长将心灵的触角伸向大学形而上的世界，探索大学理念，触摸大学真义，才能为大学校长的教育实践提供内在的大学精神依据。大学之理作为一种逻辑起点，为即将展开的大学之事提供理论与现实的指导。

大学理念之于大学校长的重要意义，可以从不同的学科角度加以考察。其一，从哲学角度进行考察，大学理念的形成是哲学思维的成果，在一定意义上归属于哲学的范畴。而"哲学的任务在于它必须先于行动"①。大学校长需要面对、处理从师资配备到组织机构，从学术章程到学生管理都极其复杂的专业行为，如果他不具备哲学思辨的能力以及在此基础上形成的大学理念，那么他就很难对大学的发展进行长远的分析与规划，进行审时度势的考量，也不可能有大胆创新、改革的胆识。其二，从教育学的角度考察，大学校长在探寻大学理念的过程中，以"教育事实"为基础，积极探寻和解释高等教育的活动规律，为高等教育实践提供指导。然而，这种指导并不是单纯提供规律性知识，而是依据一定的价值观念制定出符合理性思维的大学规范体系。大学理念为大学提供一个什么是"好"的大学的概念框架，在大学校长的带领下向这个"好"大学的方向不断努力。

当我们思考一个大学校长的角色时，我们考虑更多的应该是"适当性"，这反而是一个更加模糊的概念。但是归根究底，问题在于：大学之理念何在？从大学的发展史来看，大学固然可以如古代的书院一样，是一个"道德的社区"，也可以如许多近代威权国家中的各级学校一样，是一个"政治的领

---

① [英]克·霍德金森. 为什么要对管理进行哲学探讨[J]. 国外社会科学，1986(3)：33.

域",大学沦为实践国家意志的工具;也可以如在资本主义社会中的许多学校一样,大学是一个经济领域中的重要部门,是资本主义社会中资产阶级后备部队的训练工厂。但是,从大学之所以为大学的本质而言,大学基本上是一个"知识的社群"。在大学知识社群里,大学校长是知识领袖,是大学的首席学术和管理领袖,是与做学问相关的,而学问是真实的;大学校长是大学精神资源的开发者与维护者,大学精神反映一个时代的文化;大学校长应该锐意改革,用自己的先进理念来推动改革。

蔡元培领导北大改革取得成功,颇为重视大学理念的引领,"从宏观上看,蔡元培的北大改革,主要针对大学教师的教育教学,学生的学习态度和学术作为。而事实上,其改革的影响不仅于此,其实质是在塑造一种大学精神,一种学术自由,一种思想独立,一种拥有社会担当的大学精神"[①]。因此,才有对大学是"研究高深学问机关"的继承,才有对包含民主、自由氛围的"囊括大典,网罗众家"之学府的推崇,也对大学以"养成硕学闳才,应国家需要为宗旨",培养"健全人格"的学生的大力发扬。正是在这种大学理念的引导之下,蔡元培将北大带入一个无法企及的发展高度。早在胡适留学美国之时,出于对当时国内盲目出国留学的现状和大学发展落后的状况,胡适便写下《非留学篇》,希望能够建立"与于世界有名大学之列"的大学,因此他的大学理念着重强调建设世界一流大学,以提高学术研究为着力点,采取兼容并包的理念,并形成"学术独立"思想,如此方能建设中国的新社会与新文明。作为为梅贻琦铺下康庄大道的罗家伦,一直以"建设柏林大学、巴黎大学等国立大学中的一流大学作为他大学建设的目标"[②],为"建设一完善学府,以培养建设人材之宗旨而长清华"[③],以学术发展推动民族振兴为己任,"不但对于中国学术有种贡献,而且可以学术影响社会和民族的将来"[④]。罗家伦用他的大师典范和大学理念让世人看到,即使在民族处于最绝望的时候,真正

---

① 王冬艳. 蔡元培高等教育改革成功经验之启迪 [J]. 黑龙江高教研究, 2010(12):68-69.
② 罗久芳. 罗家伦与张维桢——我的父亲母亲 [M]. 天津:百花文艺出版社, 2006:111.
③ 清华大学校史研究室. 清华大学校史资料选编(二) [G]. 北京:清华大学出版社, 1991:67.
④ 罗久芳. 罗家伦与张维桢——我的父亲母亲 [M]. 天津:百花文艺出版社, 2006:129.

的大学能够支撑起整个民族以及文化的无限希望。竺可桢视大学为养成公忠坚毅、转移风气、培养国运领袖人才之所，秉承"务实求真，存是去非"的理念，造就"东方剑桥"。

大学的理念或许很难有统一、明确的答案，它包含一股流动的精神，随着时间、地点的变化而产生变化；但是从根本上讲，它具有一以贯之的思想，它以学术研究为内核，以大学的独立为前提，以育人为根本理由。大学是一个"追求真理的场所"，大学需要通过学术研究为人类创造知识、传授知识，传承人类文明的精华，这也是民国大学校长上下求索的大学之道。同时，民国大学校长坚持大学独立的基本理念。在蔡元培、胡适、罗家伦、竺可桢等人看来，大学的"独立之精神"是大学之所以为大学的前提，它与"自由之思想"是相辅相成、缺一不可的。所以，这批大学校长经常用自己的实际行动左冲右突来捍卫大学的独立精神。而且，这批大学校长所固守的现代大学理念，点了中国传统文化的命门。由于中国传统文化极强的依附属性，唯政治马首是瞻。在几千年的历史长河中，中国传统文化缺乏"民主"和"科学"的影子，也找不出"独立"和"自由"的因子；它所更为缺乏的，还有高屋建瓴的哲学思辨，以及批判性思维的精神气质。正是对这种学术缺陷的反思与改正，在中国文化的土壤上，萌生出现代意义的大学。另外，大学存在的根本目标是育人，究竟应当培养怎样的人，成为民国大学校长颇为重视的大学理念之中心问题之一。而蔡元培、胡适、罗家伦、竺可桢都根据时代需要以及结合高等教育的基本使命，给出了清晰、明确的答复。例如，蔡元培认为教育应该培养完全之人格，并具体提出要培养"应国家需要"，"五育并举"的"硕学闳才"；而竺可桢认为大学要成为"养成一国领袖人才的地方"，培养能够挽救民族危亡、转变国家命运，以及创造中华民族物质文明和精神文明之人才。大学的中心在一定意义上说就是培养"人"的意义上的学生，这不仅要求围绕"人"的目的而培养的学生活在大学空间之中，而且要活在社会秩序之中。这样，大学能够呈现出一种典型的意义结构，而大学校长提出理念的意义就是让大学作为意义空间尽可能显现。事实上，从民国大学中走出来的众多对社会、国家有用的人才就是上述理念的具体体现。

**2. 瞄准大学战略性事务：大学校长作为大学之事的承载者**

大学校长怎样才能进入大学事务之中，同时又执着于对大学理念的追寻？大学校长对大学事务的管理显然不会事无巨细，毕竟大学校长需要对大学发展进行宏观把握，因此大学校长需要用战略性眼光和技巧对大学进行管理。这包含以下两个方面：其一，考虑大学发展的历史情况，立足大学发展的现状，扬长避短，争取实现大学累积性螺旋上升发展，而不是完全否定过去、颠覆式的平面发展；其二，展望大学发展的未来，综合把握大学发展的态势，制定出符合大学发展的短期与长期目标。所谓成功的大学校长，并不是只会提出理念的人，还应该具有善于将观念、理念转化为管理、执行的能力。尽管先进的大学理念犹如一盏明灯，能够在黑暗中点亮光明，但是这并不能够保证有效的前行。积极、有效的策略不仅是必须的，而且它作为先进理念的有机组成部分而存在。卓越的大学校长是不可能仅仅停留在提出大学理念的层面上的，他们通常会花费多年的时间将大学理念真正渗透进教育实践，将理念变为大学实际的生活。结合民国时期大学校长的教育实践可以发现，他们深深将大学理念植根其中，通过对大学事务进行整体把握，审时度势、谋划全局，恰当利用各种力量积极推进改革以及创新，使大学的建设与发展稳步前进。

民国大学校长意识到他们需要着重考虑以下几件事情：首先，近代中国充满了矛盾冲突，战争不断，政局混乱，在如此复杂的环境之下办学颇为艰难，因此应该为大学发展进行长远考虑。在借鉴吸收西方一流大学管理经验基础之上，创造性结合国内大学情况制定规章制度，形成学校内部立法、行政、监督分权，行政与学术分工、整体与部分结合的完善的制度保障体系。其次，中国传统学校管理专制性极强，即有少数人决定学校发展状况；同时，传统大学生自认为是天之骄子，具有极强的自负感。而在大学中提倡教授治校与学术自治制度，转变学校风气，发展民主作风，同时培养学生的积极性和主动性，能够开拓学校发展的新局面。再次，民国大学校长深知，没有高质量的学生，便不可能真正实现大学的使命，因此，人才的培养需要放在大学校长处理大学事务的突出位置。然后，大学之"大"，其中一个重要的原因就在于能够兼容并蓄，各种教授能够聚集于此，彼此在竞争中求进步；各种学科、专业能汇聚于此，使学生文理兼通。另外，在这个过程中，大学校长需要处理的不仅仅是如何吸引高层次人才的问题，还有如何根据自己的办学理念在平衡大学综合发展的基础之上办出大学特色。最后，全力积厚大学优秀的隐性文化，树立起学术至上，真理至上的旗帜，并以学术公正、学术自由确保学术的日益繁荣，[①] 同样是将大学理念真正渗入大学实践的不可回避的重要事务。

**3. 承担大学事理：大学校长作为独立的知识人**

民国大学校长能够完全投入进大学理念的实现和大学事务的管理之中，首先要求他们具有足够的独立性，既不随波逐流，更不同流合污，能够一边坚守自己的大学理想，同时又一边把握大学发展的核心事务。如果大学校长不具备独立的人格，仍旧依附于国家政治权力体系，那么教育活动中就没有独立、自由而言，他们只会作为"他者"的代言或者工具。此时，大学校长虽然以个体身份出来发言，但是话语中并不包含自己独立的意志。他们能够代言某一政党、派别，但是唯独不能代言真理，因为真理需要独立自由的精神加以检验和证明，然后通过理性的方式进行表达。大学校长作为大学知识人群体的代表，若不为真理，而看重其他，大学也就无所谓真正体现大学精神的大学之理与大学之事了。

审视民国时期大学校长所表现出来的独立性特征发现，传统知识分子在国家政治权力系统中实现自身价值的体系已然消失，教育权力场成为作为知识精英的大学校长们树立起新的成就自身价值的方式。同时，大学校长群体成为"非依附性的一个相对不具有阶级性的、没有被太牢固地安排在社会地位上的阶层"[②]，能够达到"独立于权力中心自主行动，在'民主'社会中起了专业性质的作用，促进了对迫切的社会问题进行开明的讨论"[③] 的结果。"学而

---

① 张楚廷. 张楚廷教育文集第四卷（校长叙论卷）[C]. 长沙：湖南教育出版社，2007：429.

② [德] 卡尔·曼海姆. 意识形态与乌托邦 [M]. 黎鸣，译. 北京：商务印书馆，2000：157-158.

③ [美] 杰弗里. G 戈德法布. "民主"社会中的知识分子 [M]. 杨信彰，周恒，译. 沈阳：辽宁教育出版社，2002：42-43.

优则仕"的传统在民国大学校长群体的身上已经失去其作用,教育权力场超越于国家政治权力场成为大学校长群体的主要栖身之地,大学校长群体对教育权力的追逐逐渐替代对国家政治权力的追逐。因此,大学校长群体不再通过依附于国家权力而获得生存保障,大学校长的独立性地位得以彰显,进而推动独立的教育与优秀的大学校长出现。

民国时期的大学理念尽管产生于混乱、无序之社会,但是从其意图推动大学改革、发展的路径来看,它与当时世界知名大学的发展理念在本质上是共通的。这种大学理念既是驱动中国教育现代化进程的一种流动的思想资源,同时又是中国教育现代化进程的一面镜子。产生于历史巨变之时,民国时期的大学理念成长于一种"非统一性的政治框架"之中,它摆脱王朝国家封建教条下的束缚感,故其反思的对象更多的是针对独立与自主的大学教育属性。因此,它蕴含着独立与自主的韵味,而且这种韵味不仅仅是"理念性""精神性"的,更重要的是它可以转化成为"实践的",或者说它本身就是为"实践的"而生的,而这就是以大学校长群体为首的,力图通过大学理念的力量改善和引领大学发展方向。因此,大学校长们要在既定的政治框架之下,通过理念本身的逻辑展现一种巨大的精神张力,突破烦琐的控制体系,通过艰难处理大学事务展现着大学独立的教育诉求。

### (二)角色卫护之法:维护大学的真谛

民国时期的大学校长经过吸收西方先进的大学思想,以及通过自身的不断摸索,已基本形成一种共识的大学真谛:教育独立、学术自由和教授治校。这是大学为之大的最基本的精神,也是民国大学校长切实将大学理念与实践为之结合而留给后世最为宝贵的遗产之一。

**1. 教育独立**

蔡元培对于教育独立的坚持由来已久,早在1911年,蔡元培发表《对于新教育之意见》一文,在阐述确立符合共和政体的新教育方针时就提出,将教育分为隶属于政治者和超然于政治者,而共和教育应该以"人类终极关怀"为追求,实现超然政治。1922年蔡元培在做了5年北京大学校长并到欧美考察各项教育措施之后,提出较为详细的《教育独立议》,自此民国教育界开始出现一股要求"教育独立"的思潮。对此,胡适不仅赞同这一意见,而且深受其影响,后来也持之甚笃。胡适自1937年7月参加庐山谈话之时,提出"教育应该独立"的意见,包括以下内容,其一,现任官吏不得做公私立大学校长、董事长;其二,政治势力(党的势力)不得侵入学校;其三,中央应禁止无知疆吏用他们的偏见干涉教育。[①]胡适的教育独立主张既是他担任中国公学校长的一番体会与总结,也为他执掌北京大学做了基础与铺垫。1946年10月,胡适以北大校长身份出席开学典礼之时,称自己是"无党无派的人",也"希望学校完全没有党派"。此时的高等教育界,政治色彩颇为浓厚,胡适校长虽知其不可为而为之,足以表明其教育独立梦想的执着。而罗家伦校长在客观上的确积极维护彼时政治体制,但是他并没有为了依附权力而完全放弃对教育现代化的执着追求。罗家伦在清华大学的功绩之一就是实现清华基金独立和"改隶废董",这样的成就是他用多次辞职争取得来,维护教育独立的使命感和责任感。由此,扫清清华大学发展道路上的障碍,为清华大学独立、自由发展奠定坚实基础。另外,竺可桢留学国外,深受教育自治和自由思想的熏陶,在其执掌浙大期间所表达的教育独立理念和具体的教育实践情况均体现他坚决捍卫教育主权,为浙大争取每一项权力的不懈努力。

  这批大学校长追求教育独立之梦的思想基础究竟是什么?崇尚思想自由和信仰自由是他们共同的思想根基。大学之内最珍贵的一点便是思想自由的氛围。"现代思想自由原则"可以说是作为内在基本价值的核心而贯穿于这批大学校长高等教育理念与实践的始终。如果不以成败论英雄,他们所倡导的"教育独立"主张值得后人重视。然而,他们所倡导的"教育独立"主张只不过是一厢情愿而已。教育属于国家内政,欲独立于政治不免天方夜谭。如此浅显的道理,这批大学校长怎么会不懂得?而他们所苦苦坚持的,是强调教育本身对于人类(或民族)所具有的特殊恒定功能,强调教育固有的运行规则应

---

[①] 中国社会科学院近代史研究所中华民国史研究室. 胡适的日记(下册)[C]. 北京:中华书局,1985:571.

充分被尊重，为此应建立一个保障系统，[①]使教育摆脱来自政治的种种牵绊，基于人类智能传承与发展、完善身心的高度，最终达到某种独立运行的状态。因此，这些大学校长们倡导的教育独立并非完全独立于社会，相反，他们不仅没有忽视教育与社会的关系，而且很清楚教育不能摆脱它的支持，只是反对将教育看作附庸性产物。

### 2. 学术自由

西方大学理念将学术自由视为大学中最为核心的部分，"大概没有任何打击比压制学术自由更直接指向高等教育的要害了。我们必须不惜一切代价防止这种威胁。学术自由是学术界的要塞，永远不能放弃"[②]。民国时期大学校长对学术自由论进行了继承与发扬。例如，蔡元培作为倡导并实行学术自由的第一位大学校长，他的"思想自由、兼容并包"的理念不仅仅成就当时的北京大学，而且深刻影响与其同时期的乃至之后的众多大学校长。1947年胡适在北大校友会纪念五四运动的联合会上表示，旧式北大转变成新式北大的一个前提条件便是蔡元培先生真正提倡的"学术自由"，这不仅是胡适对蔡元培北大改革的总结，也表明胡适对"学术自由"的推崇，更是他追求学术自由的自我写照。竺可桢作为浙江大学校长，是学术自由的坚定支持者与践行者。而作为拥有科学家身份的大学校长，更加懂得学术自由的重要性。因此，他在浙江大学内部一再强调教师有学术自由、学生有学习和信仰的自由。总之，学术自由的氛围在浙江大学内部颇为浓厚。

在高等教育实践过程中，主张学术自由，倡导兼容并包、网罗众家是这批大学校长的普遍共识。总体来讲，主要包括两个方面：其一，研究自由，这是学者教授区别于其他人之基础，也是大学生命力的关键所在。其二，教学自由，包括教的自由和学的自由。教育为立国之本，同时又能带动国家强盛和民族崛起，因而必须重视教育发展和学术研究，而如欲发展教育和学术

---

① 张晓唯. 蔡元培与胡适（1917—1937）——中国文化人与自由主义[M]. 北京：中国人民大学出版社，2003：159.

② [美]约翰·S. 布鲁贝克. 高等教育哲学[M]. 王承绪，译. 杭州：浙江教育出版社，1987：59-60.

就必须尊重其内在规律，就不能受到各种因素的干扰，保持学术的相对独立地位。正是对这种理念的坚持，才成就了多所具有世界一流水平的现代大学。

### 3. 教授治校

民国大学校长无不重视教授治校的作用，他们对教授治校理念的接受并付诸治校实践的最好体现，就是对教授的权力——学术权力的认可、尊重及自觉地建构和发挥其作用。[①] 蔡元培反对大学校长独断专行，主张民主治校，倡导分权模式。他曾向北大师生谈过他分权的构想："第一步组织评议会，给多数教授的代表，议决立法方面的事；恢复学长权限，给他们分任行政方面的事。但校长与学长，仍是少数。所以第二步组织各门教授会，由各教授与所公举的教授会主任，分任教务。将来更要组织行政会议，把教务以外的事物，均取合议制。"[②] 不难看出，蔡元培时期的北大，教授治校制度就已初步形成。不管在实际运行过程中，教授治校制度存在多少不完善之处，就大学内部体制而言，这种制度无疑是最有利于民主决策的制度。因此，我们便不难理解民国大学校长基本都将教授治校制度作为大学内部不可或缺的管理制度之一：罗家伦认为，"要大学好，必先要师资好"，他知道，要完成学术独立的使命，就需要提高教授地位，健全"教授治校的管理体制"，由此，他带领清华大学的"教授治校"制度深入发展并走向完善；竺可桢对教授治校给予极大的尊重和信赖，在他看来，"教授是大学的灵魂，一个大学学风的优劣，全视教授人选为转移"，他不仅提高教授的地位，而且增加教授对于学校的责任感，更为重要的是充分发挥教授才能，使教授真正做到"以研究学问为毕生事业，以作育后进为无上职责"[③]；而胡适是对蔡元培在北大贯彻"教授治校"理念时提出中肯建议的人物，自然在其担任大学校长期间将"教授治校"制度给予充分的肯定与支持。

民国倡导的"教授治校"制度，在蔡元培校长执掌下的北大开一代风气之

---

[①] 高天明. 名校长与近代中国大学精神[J]. 深圳大学学报（人文社会科学版）2003(6)：116.

[②] 蔡元培. 回任北京大学校长在全体学生欢迎会演说[A]//. 中国伦理学史. 长春：吉林出版集团股份有限公司，2017：223.

[③] 竺可桢日记（第一册）[C]. 北京：人民出版社，1984：334.

先，继而由梅贻琦、蒋梦麟、罗家伦、胡适、竺可桢等人在各自校长任期下加以发展、完善。不同大学内部"教授治校"的形式是不一样的，有的大学校长深受德国大学民主管理模式的影响，自然承袭德国大学模式；而有的大学校长则认为美国大学的"教授治校"模式更加适合中国，因此将其视为学习的标准。即使是仿效同一国家大学管理体制的学校，其侧重点也并不相同。由此看来，校长、教授可以根据学校具体情况自主探索适合学校发展的具体模式，充分发挥自主权。

"教授治校"的管理制度，既对大学学术自由给予一定程度的保障，又使得教授群体所拥有的学术权力得以很好发挥。在当时，教授会、评议会等制度为教授发挥民主决策提供制度上的保证，教授群体拥有充分的自主权，在教育方针、课程设置、师资聘任、财务预算等方面都具有决策权，将大学"内行"治理发挥得淋漓尽致。同时，民主、自由、独立的大学氛围造就出一批学术大师，培育出一代又一代在各行业拔尖的精英人才。

### （三）角色卫护之果：以学术为志业

**1. 学术社会的建构**

（1）重建知识的庄严

所谓"学术社会"是指在转型社会中建立起知识的庄严地位、价值和尊严，使学术构成社会的重心，并确立学术人员的位置。它立足于学术，但放眼于国家与社会。

建构学术社会，既可以缘于知识人自身对学术求真的乐趣，例如自古希腊以来西方教育发展过程中普遍建立的对理性的崇尚以及对智慧的热爱。另外，也可以出于社会发生变化的情况下，知识人将学术研究一方面视作抵抗社会压力，逃避现实政治的场所；另一方面知识人将学术研究视作提供安身立命、国家发展的根基，或者重建自身精英地位的工具。随着科举制度的废除，知识人逐渐意识到强烈的独立意识成为教育发展过程中必不可少的一环，而且面对在社会的巨大转型中政客对政治权势的玩弄、对教育的肆意干涉等使国家形势逐渐恶化的状况，强烈的教育独立或教育救国等意识油然而生。

因此，现实的巨大变化，加之知识人自身意识的觉醒，使得构建学术社会成为必然。

当知识人与政治之间的传统联系被切断，教育场域成为知识人的主要聚集区，大学以其独特地位吸引越来越多的知识人。现代大学已不同于传统教育场所的传道功能，而是作为传授知识，培养人才以及进行专门研究的场所，这是现代知识人对大学的非政治功能化意识的选择。而作为大学掌舵者的校长，便被推上了历史的舞台。

由于在中国传统社会中，学术通常扮演政治的"婢女"，纯学术的研究并没有"市场"。为了构建学术社会，大学校长认为改变知识生存的环境颇为重要，给学术研究一个独立、自由、纯粹的环境，以真正树立现代大学的基本理念。蔡元培在中国知识人群体的"池塘"中丢下一块石子，而产生了波纹涟漪，且越漾越远，越漾越大，因此，蔡元培入主北京大学被蒋梦麟比喻为"在静水中投下知识革命之石"[①]。在蔡元培就任北京大学的演讲中，他已经明确表示，大学是研究高深学问之所。他要求大学生应当抱定求学的宗旨，而不是为做官发财等目的。而且，蔡元培具有明确的大学管理原则——"囊括大典，网罗众家"，遵循"思想自由"的基本原则，在聘任教师时以学问而非学历或政治取向为标准，吸引大批学者云集，使北大很快成为学术重镇。

然而，仍旧需要认清，当时的很多学者对北京大学的学术成就仍旧有保留的看法，胡适认为当时的北京大学只是自得于"开风气之先"的虚名，在学术研究中的作用却深表忧虑，"我们北大这几年的成绩只当得这七个字：开风气有余，创造学术不足。这不能不归咎于学校的科目了。我们有了二十四个足年的存在，而至今还不曾脱离'稗贩'的阶级！自然科学方面姑且不论，甚至于社会科学方面也还在稗贩的时期。……学校的组织趋向于教授治校，是一进步。学校的组织与社会不能提高本校在学术上的贡献，是一大失败"[②]。胡适曾经在1920年北京大学开学典礼上表示，北京大学这些年挂着"新思潮的先驱""新文化中心"，但面对学术大破产的现象，面对自己在智识学问上

---

① 蒋梦麟. 西潮[M]. 台北：业强出版社，1991：120-121.
② 胡适. 回顾与反省[A]//. 胡适教育论著选. 北京：人民教育出版社，1994：173-174.

的贫乏，我们应该感到惭愧；北大同人更应该从浅薄的"传播"事业，回到一种"提高"的研究功夫。言下之意，北大应该致力于"提高"而非"普及"，因为北大的学术水准远没有资格谈"普及"。① 王世杰认为："用普通教育的眼观，去评量当时的北大，北大的成就，诚然不算特别优异。从思想的革命方面去评量北大，北大的成就，不是当时任何学校所能比拟，也不是中国历史上任何学府能比拟的。"② 由此可以看出，北大在思想革命方面的成就要远高于其学术水准，而这些知识人通过描述北大现实所表达出的情怀，莫不是期望北大在学术上能有进一步的提高？

蔡元培是第一个在中国现代大学中做出全新尝试的校长，很难说他一开始就能把握住大学教育扬帆之舵，毕竟全新的航行线路多少会使蔡元培"左冲右突"，历尽各种风浪的挑战。但是他努力在大学之中为知识人创造学术的氛围，明确将学与仕相分离，打造为学术而论的目的，不仅为大学之中的知识人寻求新的身份迈出关键一步，而且也树立了民国大学校长为构建学术社会的典型，为之后的大学校长重建知识的地位、尊严树立榜样。而30年之后执掌北大的另一位大学校长胡适，继承与发扬蔡元培的办学思想，认为学术研究应该摆在国家发展的重要战略地位。因此，胡适对于北大的改革，重点放在学术提高与创新方面，强调学术研究应该向高深专精方面去做。清华大学的校长梅贻琦留下的"所谓大学者，非谓有大楼之谓也，有大师之谓也"，同样意指清华的学术研究应该朝向高精尖方向发展。知识阶层对重建以学术为重心的社会具有普遍的自觉性。谢赞禹曾对留学海外的学子们言道："学成归国，无论居何种地位，总要以振兴教育为职志，而提倡诱掖之，并本其学，译成课本，以贡献于世，庶几我国教育前途，日行发达，而国事亦日就治理也。"③ 朱经农同样主张"应当集合全国的智慧，一方面与萎靡不振的旧习惯挑战，一方面替'万花齐放'的新气象立个稳固的基础"，"此后非提倡切实求

---

① 章清. 学术与社会——近代中国社会重心的转移与读书人新的角色[M]. 上海：上海人民出版社，2012：242.
② 王世杰. 追忆蔡元培[A]//. 陈平原，郑勇. 追忆蔡元培. 北京：中国广播电视出版社，1997：80.
③ 谢赞禹. 留美学生与中国教育之前途[N]. 留美学生季报，1916年第1号.

学，智识一项万难与各国平等"，而想要做到如此，"当先以一二教育机关为中心，然后逐渐推广，俾可布满全国"①。由此可见，当时向教育思想界的回归在学术领域基本取得一致。作为大学校长的那一批人将已经形成的共识给予了一定的助力，使得学术人员地位得以提高，对学术研究更加重视。当然，当知识人试图建立知识的庄严之时，他们关注的又绝不仅是教育与学术，而是着眼于更加广阔的民族危亡与国家发展的大问题。只不过他们更加强调的是"学高于政"或者"由学再及政"，这种情况与大学校长所试图借助的"由教育入手解决社会根本问题"不谋而合。

努力在学术方面有所成，是民国时期大学校长对学术的理想，更是对学子的期望。他们希望中国能够产生专心于学问之人，若干年后，成为社会的重心，不仅能够转移社会的风气，中国在知识上也能够与西方相抗衡。必须承认，真正能在学术方面有所成就的人毕竟是少数，虽然乍看是少数人的努力，收获却是令人啧啧称奇的。从知识转型来说，对于所生活世界的认知，今天的读书人都自然而然地接受着种种"科学"对于这个世界的描述，殊不知现时的习以为常，却是在种种裂变中发生的。②如刘小枫所言，20世纪初中国知识界决定性变化之一，是社会理念的合法性论证逐渐脱离传统的思想资源，采纳欧洲启蒙运动以来的现代型知识样式："科学的"社会理念取代了传统的社会理念之合法性；各种政治诉求，在社会学、人类学、政治学等新兴学科的论述中寻找到合法性知识论证资源。③这是一种历史性的巨变，也是令中国知识人不堪回首的巨变。现代型知识早已随着世界性的"中心——边缘"格局的变化，在中国社会的众多领域扮演救世主的角色，中国传统社会竭力固守的价值、信仰早就在历史的轰鸣声中渐渐消逝。

伴随着这样的破坏，知识也在悄然发生变化。在中国古代儒家思想传统之中，德性与智性相伴共生，但是德性的重要性要远远高于智性。晚清之后，

---

① 朱经农．致胡适·1920年2月11日[A]//．胡适来往书信选（上册）．北京：中华书局，1979：81．

② 章清．学术与社会——近代中国社会重心的转移与读书人新的角色[M]．上海：上海人民出版社，2012：245．

③ 刘小枫．中国无政府主义与现代乌托邦思维[J]．二十一世纪，1995(2)：43．

儒家思想中的德性与智性发生分离，知识脱离德性成为独立性的存在，而且呈现出压倒德性的趋势。如康有为认为：人类之生，其性善辨，其性善思，惟其智也禽兽颠颠冥愚，不辨不思。人之所以异以禽兽者在斯。① 在他看来，"智"而非"德"是人类与动物之间的根本差别。而在康有为的众多著作中，智已居于德之上。而且，康有为认为，人之性情，也唯有智而已，无智则无爱恶。智与爱恶为一体，存与内者为智，表现于外者为爱恶。② 梁启超对"智"同样发表自己的看法，他认为"智"是文明进化的根源：吾闻之《春秋》三世之义，据乱世以力胜，升平世智、力互相胜，太平世以智胜。……胜败之原，由力而趋于智。③

知识的地位逐渐上升，知识的内容也在变化。1905 年科举制度废除之后，以儒学为核心的传统的规范知识全面崩盘，参照西方所兴建的现代学校所传授的主要是以科学为基础的分学科的自然知识。④ 于是，分门别类的专业之学代替了有关宇宙、自然、社会以及价值伦理性知识的博雅之学，而这成为民国时期知识分子成长发展的知识背景。精英的标准相应发生改变，能力跃居于德性之上。胡适宣传易卜生主义的时候，曾借用易卜生的话说："你要想有益于社会，最好的法子莫如把你自己这块材料铸造成器。"⑤ 从"成德"到"成器"是一种巨大的转变。新一代知识分子们发现，在知识上的格物致知不仅是时代的需求，是成为"国家的中坚"的理由，更是自身价值实现的重要途径。

由此，学术重建的工作也在慢慢长出果实，这种果实，如钱穆所说："30 年代的中国学术界已酝酿出一种客观的标准。"⑥ 这是一种对中国学术界突破传统学术界限，建立现代学术机构与学科体系的标准。在这个过程中，蔡元

---

① 康有为. 教学通译·原教 [A] //. 中国现代学术经典·康有为卷. 石家庄：河北教育出版社，1996：32.

② 康有为. 爱恶篇 [A] //. 康有为政论集（上册）. 北京：中华书局，1981：11.

③ 梁启超. 变法通议 [A] //. 梁启超全集（第 1 卷）. 北京：北京出版社，1999：17.

④ 许纪霖. 启蒙如何起死回生 [M]. 北京：北京大学出版社，2011：61.

⑤ 胡适. 易卜生主义 [A] //. 胡适文集（第 2 册）. 北京：北京大学出版社，2013：486.

⑥ 余英时. 犹记风吹水上鳞 [A] //. 钱穆与中国文化. 上海：上海远东出版社，1994：15.

培、梅贻琦、蒋梦麟、任鸿隽、翁文灏、徐炳昶等人的努力不能忽视，然而，他们不仅仅是以大学校长的身份从事学术工作，也是以现代知识人新的角色与身份致力于在转型社会重建知识的庄严。

（2）推动学术事业的展开

重建知识的庄严，成为民国大学校长学术社会构建的第一步，也是转型社会中寻求新的身份认同的第一步。这一步骤旨在突破传统知识人"学而优则仕"的樊笼，同时也反映出民国大学校长对"士大夫"角色的轻视。但是，这种着眼于"破"的信条，并不能完全将大学校长的身份与角色得以呈现。① 要确立学术为志业的理念，还需要考虑如何进一步推动学术的发展。

美国社会学家莫顿在其著作《十七世纪英格兰的科学、技术与社会》中考察英格兰的学术团体的重要作用；而以色列的社会学家戴维在《科学家在社会中角色》中详细介绍17世纪以来欧美科学组织的成立、发展所带来的影响。由此可以看出，欧美国家早在几个世纪之前就已颇为重视学术研究的组织化和制度化，并由此带动学术研究的发展。而纵观中国古代学校，出于学术附属于政治等原因，并没有与欧美国家相类似作用的学术研究机构。蔡元培担任北大校长之后便将其担任教育总长之时提出的在大学中设立研究机构的理念付诸实施。1917年底，文、理、法三科研究所成立，成为中国现代研究所的最早雏形。到1918年初，各研究所共有研究员148人，另有通信研究员32人。② 从研究所的研究科目之广泛和指导教员数量之多，就可以看出当时研究所蓬勃向上的发展状态。但是，这些研究机构属于各系分设，交流不多，从总体来看成绩不显著。于是，1921年，蔡元培又决定改组研究院，但是由于经费和人力条件的限制，没能完成最初打算建设自然科学、社会科学、国学和外国文学四门研究所的初衷，只开办一个国学门，但这标志大学学术研究专门机构的正式建立。除了指导研究生从事研究工作以外，国学门还进行刊物出版工作，整理、摘采明清档案史料，举办月讲等活动，大大丰富研

---

① 章清. 学术与社会——近代中国社会重心的转移与读书人新的角色[M]. 上海：上海人民出版社，2012：247.

② 梁柱. 蔡元培与北京大学[M]. 北京：北京大学出版社，1996：59.

究范围，为相关研究人员提供研究平台，因此北大整体的研究氛围非常活跃。在此之后，其他大学也纷纷效仿，设立专门研究机构，罗家伦在清华大学提出在各系创设研究院的构想，"清华大学的宗旨既在谋中国学术的独立，研究院之应当设置，自不成问题。明年本科即有毕业生，为使他们继续作高深的研究计，宜积极筹备……竭力奖励教员学生研究的兴趣，提倡研究的风气，使清华大学真正的学术化。"[①]

国家采取相应措施支持大学建立研究机关，使学术事业在国家层面被积极推动开来。1929 年教育部公布《改进高等教育计划》，规定国立大学符合下述条件者，可以设立研究机关：(1) 每年经常费在 100 万元以上；(2) 有充实的图书、仪器、标本等设备；(3) 校内教授对某种学术有特殊贡献；(4) 校内学生程度业已提高。同年 8 月公布的《大学组织法》规定"大学得设研究院"。1934 年教育部颁布并经 1939 年修正颁布的《大学研究院暂行组织规程》，对研究院的具体组织作了如下规定：研究院的设立，旨在为大学本科毕业生研究高深学术及大学教员从事研究活动提供方便。……研究院分文、理、法、教育、农、工、商、医各研究所……具备三研究所以上者始得研究院。研究院招收的研究生，以国立、省立及立案的私立大学与独立学院毕业生公开考试及格者为限，并不限于本校毕业生。[②] 国家对研究所的设立作以政策性规定，为中国高深学术的研究与发展奠定了物质基础。据统计，截至 1935 年 6 月，全国各大学经教育部核准的研究所共有 15 所。而此时的浙江大学却因时任校长程天放的治校失败导致优秀师资流失、学生专业水平不高、学术成果落后。面对如此条件，1936 年竺可桢执掌浙大之后，通过各种治校实践，先后建立起文科研究所、理科研究所数学部、工科研究所化学工程部、农科研究所农业经济学部。1942 年，浙大成立研究院，竺可桢亲自担任浙江大学研究院院长。之后，在竺可桢的努力之下，浙大研究院规模不断扩大。实践证明，竺可桢创办浙江大学研究院是 20 世纪 40 年代浙江大学崛起并成为以"东方剑桥"闻名的著名高等学府的重要制度与组织支撑，更

---

① 孟丹青. 罗家伦的教育思想及实践[M]. 南昌：江西人民出版社，2012：110.
② 于述胜. 中国教育制度通史（第七卷）[G]. 济南：山东教育出版社，2004：194.

为新中国各项科学事业的发展进步凝聚、保存和培育了一支极其珍贵的知识力量。①

大学内部各种学术团体和研究机构的成立,打破从前沉闷和颓废的局面,使得大学内部形成一种"学术至上"的风气,形成一种为学术献身的精神,这种结果的优点自不言而喻。学术社会的建立更要求它所要达到的是一种崇尚知识,尊重知识人的社会环境,换言之,它力图通过培育"知识精英"在重建社会重心的过程中得到全社会的认可。利用报纸刊物,发表学术成果,或者开展学术演讲等都可以吸引新的知识人群体,发展一批后备力量。例如,蔡元培和北京其他国立高等学校校长,如医专的汤尔和、高师陈宝泉、农专吴家驹、工专洪镕等七人,联名发起学术讲演会,邀请各国立高等学校名流学者作各种专门学术讲演。②1918年2月,由蔡元培领衔发表的启事说:"……特仿外国平民大学之例,发起此会,请国立高等学校各教员以其专门研究之学术,分期演讲,冀以唤起国人研究学术之兴趣而力求进步。"③罗家伦执掌清华之时带领出版《国立清华大学校刊》,重组《清华学报》委员会,集结王文显、杨振声、陈达、翁文灏、金岳霖、熊庆来、吴之椿、高崇熙、叶企孙、冯友兰、陈寅恪、赵元任、刘崇乐等教授为委员,将优秀知识人集合于刊物,极大提高了刊物的学术研究质量,而且由于这些名声显赫的知识人群体存在,吸引了众多年轻学子的目光。梅贻琦曾经提到清华校刊几年来所取得的成就之时指出:"本校出版刊物,近几日趋学术化,所刊材料,泰半为实验或研究之结果,外国专门刊物,时有转载,或作提要、索引……此其对于我国在国际学术上之地位之提高,实至重且大也。"④清华大学已经不仅是国内的著名学府之一,而且还担负着推动国内学术事业发展,与国外学术界沟通之使命。清华大学出版刊物的增多和学术质量的提高以及被国内外学术界所认可,与

---

① 张淑锵,金灿灿.竺可桢与浙大研究院的创立[J].浙江大学学报(人文社会科学版),2011(4):195.

② 周天度.蔡元培传[M].北京:人民出版社,1997:114.

③ 学术演讲启示一[N].北京大学日刊,1918-02-20.

④ 梅贻琦.五年来清华发展之概况[A]//.清华大学校史研究室.清华大学史料选编(二).北京:清华大学出版社,1991:45.

罗家伦奠定的基础不无关系。①

蒋梦麟曾感叹其自身驾驶学问之舟于惊涛骇浪。的确,那个时期并不是等待收获的黄金时代。作为大学校长,更是遭逢一个混乱与恐惧的年代,他们不仅需要使大学设施于战乱中损失减少到最低,还要维持中国高等教育的弦歌不辍,度过一段又一段扰攘不安的岁月。胡适曾经说过这么一段话:政府希望学者们出来做建设的事业,这个担子我们不敢放弃,但同时我们对于政府也有三个要求:"第一,给我们钱;第二,给我们和平;第三,给我们一点点自由。"②竺可桢在同意执掌浙大之后提出的要求中就有如下两条:财政须源源接济;用人校长有全权,不受政党之干涉。蔡元培、罗家伦等校长对坚持大学的独立、自主也做过种种努力。这是知识人的苛求,然而,通过这些大学校长内心诠释的信念我们能够发现知识人构建的"独立之精神,自由之思想"的丰碑,以及在高尚的人格信念之下所迸发出的执着与勇气。这些是推动学术事业展开的基本精神与信念保证。

### 2. 学术背后的意义

学术的本质,首先是追求真理。对于深谙学术的知识人来说,学术领域的最高权威是对理性的承认,对真理的接近。亚里士多德有言:"吾爱吾师,吾更爱真理。"对于求真的热情,是中西知识人共同的追求。然而,对于中国知识人来说,对真理的渴望却具有更强烈的情怀,毕竟,中国社会自古就面对着政治对学术的严格控制,以及中国知识人强烈的精英意识。学术研究的过程,需要透过现象而深入内部去寻求本真。在这个过程中,它反对任何外在的干涉;学术研究的结果,是知识人自由思想的外在表达,且不论研究结果正确与否,如若知识人苟合时尚,放弃立场,那么他便失去了学术灵魂以及学术研究的真正价值。通过真实地构建世界以及还原自我,知识人自身才能达到一种高层次学术境界;同时,人类的实践获得一种正确的遵循,由此才会达成预期的结果,为生存提供条件。其次,学术也是人类智慧的体现,

---

① 孟丹青. 罗家伦的教育思想及实践 [M]. 南昌:江西人民出版社,2012:114.

② 胡适. 胡适日记 [A] //. 1928 年 5 月 19 日. 胡适全集(第 31 卷). 合肥:安徽教育出版社,2003:107.

这要求学术求善。换句话说,学术活动不仅仅包含认识世界的过程,还要有改造世界的过程;不仅应该辨析客观世界的真实面貌,还应该思考它与人类的相互关系。学术中的善是一种广义之善,它的最终研究目的指向人类理想。很显然,学术研究中的善高于现实世界中的善,超越于现实性、功利性,拒绝与现实中的利害关系联系在一起。从另一方面看,学术的真本身就包含学术的善。因为学术所揭示的真理,为实践活动提供现实性基础,对人类的生存于发展指明道路,由此,善就存在于其中。最后,学术也追求美。柏拉图认为,审美的最高境界是知识美本身,这种美作为一种永恒的存在,可以称为一种至美。一般意义上所理解的学术的美,更多表现在它的内容和形式的美。而常被人们忽视的是,学术的美的价值同样在于对人生美的直接引导。

学术对真善美的追求,统一于"人的发展"之中,而且能够转化为"人的成长"。学术的价值由学术的承载者——知识人来谱写,学术的真善美由知识人的真善美来表现。在民国时期面对内忧外患的背景,当时的大学在蔡元培、胡适、罗家伦、竺可桢等杰出校长的带领之下将目标铆定在学术方面,追求学术研究的根本意义,即对真善美的探寻,同时,更是通过学术意义来启迪人格,完善个人。广博的学问精神、良好的知识诉求敞开人发展的生命空间,充分陶冶理智,并在此基础之上获得心灵世界的充分扩展。大学如果丧失学术的基本功能,就会由于失去对真善美的无限探求而丧失对人的发展不断激励与引导的可能性,以学术促进人的完善的可能性也随之消失,而大学也不再"大"了。因此,学术的意义,显然是为了某个更加崇高的目的而存在,并因此而在人们心中唤起崇敬之情。这种更高的目的包含对求真、求善、求美的追求,以及对个人完整性的无限渴望。

**3. 通过知识获得"资本"**

首先,民国时期大学校长在各自专业领域具有较高的造诣,而这成为他们最终获得大学校长一职的最重要因素之一。如前所述,多数大学校长拥有硕士以上学位,并且,他们获得的最高学位所属院校的学术水平在全世界均处于领先地位,例如竺可桢获得哈佛大学博士学位,胡适获得哥伦比亚大学博士学位,蒋梦麟获得哥伦比亚大学博士学位,王世杰获得巴黎大学博士学位，王兴拱获得伦敦大学硕士学位等。而且，绝大多数人的学科背景极为丰富，不仅局限于单科的发展，而且对各门科学均有所涉猎，如蔡元培具有教育学、心理学、哲学背景，蒋梦麟具有哲学、教育学背景，王兴拱具有化学、哲学背景，何炳松具有历史学、政治学背景，王世杰具有政治经济学、法学背景等。丰富的教育经历使得这批人的思路极为开阔。我们无法完全推断出民国大学校长获得任命完全是出于他们较高的学术水平和先进的教育理念，但是这是必不可少的参考因素之一。因为大学校长作为管理者必须有知识，而且应该比管理对象具有更加广博的知识。知识作为人类认识的经验总结以及改造主客观世界的精神积累，是管理者获得力量的重要源泉。另外，高深知识的训练与获得能使他们更加深刻理解大学的精神，理解学术的价值，认清中国大学与西方大学的差距，从而带领中国大学朝向世界一流大学迈进。

根据民国相关政策，"凡直辖学校校长非专门以上学校毕业不得充任，但有荐任官以上资格，曾任教育职务满三年者亦得充之"[1]。由此可以看出，出任大学校长的人选应该在专门以上学堂学习并毕业的经历，这就从政策方面为大学校长的学术水平做了硬性规定。换句话说，只有具有高层次学术经历才有成为大学校长的可能性。还有一个不能忽视的重要现实是，赋予学术以如此高的地位，恰恰是现代大学知识人与古代学官相比，更加乐意以学术为志业的重要因素。毕竟，它不仅能够给予知识人以充分的独立地位，摆脱成为政治的附庸，而且还能真正促进中国学术地位的提高。

其次，获得大学校长一职之后，这些人还需要通过知识提供一种"立身之本"。众所周知，民国大学内部人才辈出，这不仅仅指校内众多高层次的教授人群，也包括民国大学所培养的众多优秀学子。大学校长不仅仅需要依靠管理才能、组织才能获得教授群体、学生群体的认可，还需要以知识水平获得大学知识人群体的接受，并成为其确立在大学内部地位和身份的重要因素。正是因为这些大学校长在知识生产与创新、学术研究等方面取得卓越成就，所以在他们周围能够聚集一群崇尚学术、追求真理的知识人，并获得这群知

---

[1] 教育部总务厅文书科.教育法规汇编[G].教育部发售前学部印存图书处，1919：379.

识人的信服。民国时期的多所大学在很短的时间内就能跻身世界一流，正是因为有著名的学者大师办学，准确地讲是由于一群热爱教育、学问渊博并且善于管理的大师级人物办学。这里蕴含有这样一个逻辑，第一流的学者为校长方能吸纳第一流的学者为师，有第一流的学者为师，方能吸引一流的学生来学，才能培养出一流的人才，做出一流的学问。① 民国社会显然已经摆脱传统社会中由官品高低决定知识人身份和地位的情况，知识专业化发展所带来的"学术权威"管理体制已经在大学内部成为一种趋势。而且，自蔡元培开始在大学内部实行的一系列具有民主性质的管理模式，无不重视学术研究中真正具有成就者。大学毕竟是一个"尚贤"的地方，谁有知识，谁就在某一范围内有发言权，就会受到很大的尊重。"大学校长，必须对于一种科学，有深切之研究，必能得同僚之信仰。"② 所以，大学校长一方面作为校内各种事物的统一管理者，如果不能"以知识服人"，那么便不能更有说服力地做到"总辖大学全部事物"。另一方面，大学校长经常是各种民主管理组织的最高领导人，如蔡元培执掌北大时设置的评议会，议长就由校长担任，在这种情况下大学校长更加应该以专业知识能力成为表率。

再次，知识可以转化为大学校长的人力资本而存在。校长的人力资本是作为其管理大学所拥有的各种知识、能力、经验等的总和。大学校长所具有的知识水平以及其他方面的业务能力在很大程度上决定其今后的发展潜力和发展方向。综观民国时期著名大学校长，如蔡元培、胡适等人，他们充分将自身拥有的知识加以转化，以显著提高他们处理各种状况的能力。

然后，知识可以转化成为大学校长参与各种政治组织、社会团体的敲门砖。大学校长作为大学灵魂，在大学内部具有很高的号召力。另外，深处特殊时代，民国大学校长与大学之外的统治者、各种政治团体、社会团体的关系同样较为亲密。毕竟，这些大学校长身上所具备的超凡魅力，是象牙塔之外的人士很难拥有的，而且这恰恰是吸引簇拥在大学校长周围的政治界、军界等优秀人士所在。衬托起这种超凡魅力的，显然包括各种客观因素和大学

---

① 程斯辉. 中国近代大学校长研究[D]. 华中师范大学博士学位论文，2007：275.

② 程其保. 论大学校长[N]. 时代公论第七号.

校长自身的主观因素,但是通过知识烘托起来的气质、思维水平等是作为基础而存在的。

最后,知识还是一种经济资本。与传统社会中知识作为政治资本不同,民国之后知识作为经济资本的价值日益凸显。大学之所以成为知识人的聚集地,有部分原因便是民国大学在制度上被改造成为知识与经济的交易场所。而竺可桢、胡适等人在很大程度上依靠其学术文化水平获得校长之位,又因坐拥校长之位而显著提高其经济地位。1917年蔡元培出任北大校长之时,月薪就已经达到600银圆。我们可以作一个比较,当时毛泽东任北大图书馆助理,月薪8圆,也够养活自己了。当然,在北洋政府时期,由于政局混乱,当局拖欠教育经费情况比较严重。而到南京国民政府掌权后,军费减少而教育经费增加,中国大学逐渐走入黄金时期。大学校长的薪金在20世纪30年代基本都能够达到600余圆。1932年,中山大学校长许崇清的账面月薪为1875圆,居全国大学之首。根据资料显示,1934年中央大学校长罗家伦月薪675圆;清华大学校长梅贻琦600圆;北京大学校长蒋梦麟600圆;北平大学校长徐诵明600圆;中山大学校长邹鲁650圆;武汉大学校长王兴拱600圆;浙江大学校长郭任远600圆。这些大学校长们在当时也算是高收入群体了。

## 二、经世致用:政治角色的扮演

无论是依附于权力还是相对游离于权力之外的独立,大学校长对政治多少都会有介入。这既由于中国传统知识分子的历史特性,还由于新时代同样赋予大学校长以政治使命感。历史的继承性加之现实的感召使这些大学校长意图在体制之内做一个有力的批评者,利用不同的路径来为中国的现代化之路做出贡献。然而最终,这种"政治人"角色随着传统政治文化的根本性崩溃,其边缘化无可避免。

### (一)角色扮演之溯:道统与政统纠葛下的传统知识分子

中国传统知识分子(士大夫)的政治人情怀,与其独特的文化情怀密切相关。中国自古以来颇为重视崇古与权威主义。追溯至中国古代时期，彼时的人们认为远古的三皇五帝时期称得上是人类最为美好的时期。这个时期的政治思想、文化信仰等成为后人推崇、学习的治国原则。尽管古代圣人早已离我们远去，但是他们的治国之道却能够流传下来。传统知识分子在这个过程中充当着"代圣人立言"的立法者身份，将知识进行传递。当然，这种"代圣人立言"的立法者身份，追根溯源是来自于"代天立言"的立法者身份。由于西周以后知识权威体系的破坏，政治文化建立新的支撑点，以及政治伦理化和教育政治化的"政教一体"制度的产生等各种原因的交错、融合，传统知识分子立法者角色逐渐让位。如果说立法者是处于社会权力的中心地位，那么对自汉代以后的传统知识分子来讲，其社会角色的扮演并非直接参与政治决策，而是充当统治阶级与民众之间的沟通桥梁而表现出阐释者的角色。在这个过程中，"道统"与"政统"始终在萌芽、发展、变化。

在中国传统社会，"道统"与"政统"的关系如何？从二者的差异性来看，"道统"与"政统"具有内外之别，士大夫秉承文化秩序的权威，就是所谓"道统"。而所谓"政统"，是身为天子的皇帝，代表天命统治天下，其只拥有政治秩序的权威，却不具备文化秩序的权威。[1] 因此带有一定程度的相反性。"道统"强调以"内圣"为核心，而"政统"则以"外王"为本质。"道统"重视修身正心，维持个人良好的精神修养，"政统"则执着于维护政治秩序。"道统"带有"内向超越"之色彩，而"政统"走的是"外在规范"之途。然而，从另一个角度来看，二者之间的差异能够形成一种内外互补的关系。毕竟，中国传统文化始终对由"内圣"而"外王"的路径颇为关注。因此，"道统"由此成为"政统"的内在根源与终极归宿，而"政统"则是"道统"的外在实现与秩序规范。[2] 然而，这种联系更多的是一种理想状态，在现实状况中究竟能有多少实现的可能性是值得怀疑的。

---

[1] 许纪霖. 启蒙如何起死回生——现代中国知识分子的思想困境[M]. 北京：北京大学出版社，2011：36.

[2] 刘悦笛. 政统""道统"与"学统"——中国社会转型中"士人"向"知识分子"的身份转变[J]. 中国政法大学学报，2008(4)：63.

这种现实与理想的差距，使得中国传统知识分子在"志于道"的同时处于两难的境地之中。中国传统社会中的政治具有统合功能，政治一体化发展的现实将"道统"置于隶属于"政统"之下。自汉武帝"罢黜百家，表彰六经"诏令颁布，儒家学说成为政治领域的话语霸权，中国历代封建统治者将儒学作为治国安邦的指导性理论。尽管儒家学说被"定于一尊"，"道统"表面上被置于独尊地位，但是和先秦时代相比较，"道统"在汉朝的地位已经远不足以和"政统"相颉颃。班固《典引》云："天乃归功元首，将授汉刘，俾其承三季之荒末。……故先命玄圣，使缀学立制。宏亮洪业，表相祖宗。……虽皋、夔、衡、旦，密勿之辅，比兹一矣。"(《文选》卷四十八) 由此来看，孔子的地位已然降为汉臣而非帝师，这与先秦儒者云"夫子贤于尧、舜"(《孟子·公孙丑》)或"孔子当圣王""为天子"(《墨子·公孟》篇)，相去真不可以道里计了。①清朝的雍正皇帝曾云："使孔、孟当日得位其道，惟自尽其臣子之常经，岂有韦布儒生要自做皇帝之理？"(《大义觉迷录》卷二)。由此可见，"政统"给予"道统"的地位便是从根本上服务于乃至隶属于"政统"之下。

而且，统治阶级意识到，为了让一种政治观念成为全社会认可的意识形态，通过激励机制诱使人们接受远远胜于依靠权力机构强力推行。因此，以学习儒家经典为唯一内容的太学开设，中国大学的雏形由此展开。这不仅仅为统治阶级提供掌握政治话语权的后备官僚力量，并且为传统知识分子指明一条进入仕途的通达之路。而且，被中国封建社会传统知识分子奉若神灵的儒家经典，并非只是政治制度的简单记载，更多的是对儒家政治理念和信念的传承。这种特性决定真正的教育家对儒家经典的诵读、讲授等过程并不仅仅集中于文字本身的诠释，他们更加看重文字背后所承担的意义与价值——政治理念、政治价值和道德观念的阐释与颂扬，而其中具有突出意义的政治理想便是道统与政统的统一。然而，现实中，道统与政统并不总是有如此的"默契"，实现统一，反而常常产生背离的状态，迫使人们做出选择。恰是由于统治阶级采取的强权控制和利禄诱惑，传统知识分子渐渐失去立法者的独

---

① 余英时. 士与中国文化[M]. 上海：上海人民出版社，2003：99.

特角色，而且由于缺乏独立的人格与思想，其阐释者的角色也被涂上更多的依附性色彩，在这个过程中表现出政治话语权的失落。与此同时，我们必须意识到，儒家学者对经典的学习和研究投入巨大热情，与其说是为了求得纯粹知识的目的，获得真、善、美的价值，不如说是为了争夺政治思想中的话语霸权和扮演合法性阐释者的目的，因为这种现实性的目的必然会带来诸如经济、政治上的种种利益。

中国传统知识分子不似西方依靠宗教来安顿生命，也没有对道德加以限制的教条规约，更没有能够对政治实体进行制约、抗衡的教会组织。传统知识分子重在秉持"道"的广大和谐，"内向超越"之色彩决定了中国自古以来的知识人维护着最为保守的文化"突破"，将"道"与现实世界保持在不即不离的微妙平衡之间，这与西方将世界区分为"世间"和"超世间"完全不同。"道统"的缺陷因此是较为明显的，它彻底依赖于内在的精神修养而抛弃外在规约，那么其不可避免的软弱性由此而产生。尤其是当面临混乱、腐败、冷酷的政治现实之际，以"治气养身"以得"道"的确显得有些力不从心。从这个意义上讲，"道统"从属于"政统"，在学理上也有其可以探究的根源。

然而，另一方面，传统知识分子并不会完全放弃他们原有的权利，而试图再次争取政治上独立的阐释者角色，获得政治话语权。在理论上，知识分子与君主之间依靠"道"建立共同的基础，而实际上，中国的"道"自始至终是悬在空中的，以道自任的知识分子需要依靠个人的人格尊严才能抗礼王侯。"道统"与"政统"显然是处于相涉却又相分的系统之中。尽管历代各朝君主都会尽量争取有声望的知识界领袖，不断提高自身的政治号召力，依靠"道统"对"政统"的支持。然而这种含有强烈的政治目的的"依靠"，使得知识分子不得不时时刻刻身处紧张之中而承受巨大压力。自"哲学的突破"以来，知识分子即产生一种身份的自觉，于出处辞受之际十分注意。①

然而，任何"士人"论政与行政都要本乎所尊之"道"，他们关注的是儒家的政治理想是否能得以实现，在其心里无疑是认定"道"始终是高于"政"

---

① 余英时. 士与中国文化[M]. 上海：上海人民出版社，2003：92.

的,"政"的现实操作是遵循着"道"的理想规约的。① 对儒家经典信仰至深的学者为了维护道统的尊严,防止政治边缘化的产生,通常引据经典批评时政,乃至以性命相抗争——以卫道。他们常常以"代圣人立言"的旗号,利用儒家传统遗留下的理念"道统"对抗君主的"政统"。中国传统知识分子从一开始就将自身置于安排人间秩序的文化传统之中,自始至终管的就是恺撒的事;后世所发展的所谓"以天下为己任""天下兴亡,匹夫有责""先天下之忧而忧,后天下之乐而乐"等观念都是从这里滥觞出来的。但是,由于"道"缺乏具体的形式,知识分子只有通过个人的修身养性、自尊自爱才能彰显他们所代表的"道"。此外便无可保证。"故天地间惟理与势最尊,虽然,理又尊之尊也。庙堂之上言理,则天子不得以势相夺。即夺焉,而理则常伸于天下万世。故势者,帝王之权也;理者,圣人之权也。帝王无圣人之理则其权有时而屈。然则理也者,又势之所恃以为存亡者也。以莫大之权,无僭窃之禁,此儒者之所不辞,而敢于任斯道之南面也。"(《呻吟语》卷一之四)。为了保持"理"的尊严,保证"道"的坚贞,知识分子所坚守的"理"又如何不被"势"所夺?更何能使"理"而常伸于天下万世?这是中国传统的知识分子保证"道"的庄严与纯一的过程中的唯一出路。

居庙堂之高的的大儒不论是出于卫道的公心,还是出于为己的私心,他们大多将儒学先辈们的思想、理念得以继承,用超世间的精神来过问世间的事。换句话讲,就是试图用"道"来"改变世界"。清朝初年顾炎武曾说:君子之为学,以明道也,以救世也(《亭林文集》卷四《与人书》)。李颙"答顾宁人先生"也说:如明道定心以为体,经世载物以为用,则体为真体,用为实用(二曲集·卷十六《书牍上》)。"救世""经世"都是改变世界的事,这一精神始终贯穿在中国知识人的传统之中。② 所谓"救世"与"经世",余英时认为,有正反两种方式。正面是方式是"出仕",前提是以"道"是否实现为依据。陶渊明、范仲淹、王安石等人虽走向"出仕"之途,但仍将"道"作为至高无上

---

① 刘悦笛. 政统""道统"与"学统"——中国社会转型中"士人"向"知识分子"的身份转变[J]. 中国政法大学学报,2008(4):63.

② 余英时. 现代危机与思想人物[M]. 北京:生活·读书·新知 三联书店,2005:15.

的信念，保持知识人的立场。尽管在实践中有诸多困难，不少一心坚守"道"的传统知识分子面临着被贬黜，乃至罢黜的困境，但是他们仍旧坚信用"道"来改变世界。而至于改变世界的反面方式，就是对"无道"的社会加以批评，依靠"道"来判断社会的曲直。传统知识分子所具有的"社会批判功能"由此展开。从春秋战国时期的"处士横议"到"五四运动"时期的政治批判自由，知识分子带有强烈的社会批判的思想倾向以及实践行为，确是不可否认的历史事实。中国知识人的批判传统还有另外的特色，便是经过制度化外衣的包裹而成为政治秩序的一部分。中国传统政治制度中的"稷下先生""御史""谏官"，都是制度化的批判者。作为中国历史上典型的政治批判者，韩愈紧守"明道救世"的原则，理直气壮地批评朝政，却换来"一封朝奏九重天，夕贬潮州路八千"的人生境遇。范仲淹因三次谏议而遭到贬黜，这种因帝王惩罚反赢得世人尊重的例子不可计数。范仲淹在《灵乌赋》中有云："宁鸣而死，不默而生。"可见传统的中国知识人认为诤谏是他的"天职"，现代的中国知识人更从这两句话中得到了争取言论自由的启示。①

### (二)角色扮演之因：新时代被赋予的政治使命感

民国大学校长作为由传统知识分子向现代知识分子转型过程中的先锋，作为由庙堂走向自身的典型代表，或多或少都继承了"明道救世"的抱负。只是，他们身处大学校长一职，较政治权力中心有很大的距离。不能否认，他们的政治人角色情怀的产生有关上述历史的继承性，除此之外还有其他什么因素呢？这是对处于特殊的社会转型期，以蔡元培、胡适、罗家伦、竺可桢为代表的民国大学校长所具有的政治型人格进行进一步思考的重点。

首先，这批大学校长的政治人角色的扮演来自一种文化传统，即传统社会中"士"的终极追求的现代体现。虽然民国时期大学校长在政治面前表现出或热烈，或冷漠，或抑制等情绪，而这些只不过是政治角色扮演的不同形

---

① 胡颂平. 胡适之先生年谱长编初稿[M]. 台北：台北联经出版事业公司，1984：2437-2441.

式而已。中国知识分子自产生之日起具有"官员"的身份,其工作性质具有强烈的政治性,他们所主动掌握甚或被动灌输的知识,都是为现实政治服务的。从这个意义上讲,中国文化自始至终就具有政治属性。"士"的传统虽然在现代结构中消失,"士"的幽灵却以或浅或深的方式镌刻在近代中国知识人心中,继承古代士大夫救世济民的公共情怀,无法摆脱"士以天下为己任"的流风余韵和忧患意识。因此,在民国时期,面对着时急时缓的民族危机,亡国灭种、列强瓜分的威胁始终犹如一柄达摩克里斯之剑悬挂在上空,而中华大地还经历着政治腐朽、民不聊生的局面,这激起现代知识分子"先天下之忧而忧,后天下之乐而乐"的救世情怀。以蔡元培、胡适等人为代表的现代知识分子继承儒学之本质——为现实政治服务的理念,以及"经世致用"的治学精神,将"修身、齐家、治国、平天下"的人生发展路径在处于社会转型期的时代内同样发挥得淋漓尽致。以中国高等教育现代化为使命的大学校长们,虽然远离权力中心,但是政治人的角色传统自他们"开蒙"之时便被教化、陶冶,自然终其一生也无法摆脱这种代代延续的传统。

其次,扮演政治人角色,是中国传统知识分子自任"先赋性"的政治优越感的表现。具有远大政治抱负的知识分子不仅将走入仕途看作个人命运转折的途径,从更高层面讲,将它看作个体道德的最高升华以及为民请命的最好机会。"道",在中国传统知识分子的眼中,一方面具有普适性特征,不管是在朝为官还是在家为民,都需要遵循"道"的规范,谨守"道"的价值理念;另一方面,具有永恒性特征,大道自古有之且将世代存续,传统"士"的责任即是传道与行道。面对现代与传统之间"道"的差异,民国大学校长的"道"更多体现在人格特质以及精神气质方面,即挽救民族危亡、改变落后现状以及建立现代化的民主国家的强烈愿望和执着追求,这个信念并不仅仅存在于他们任职校长期间,而是基本贯穿人生始终。然而,现实政治并不如他们预想的那般顺利,北洋政府换帅频繁,权力斗争不断,而南京国民政府建立全国政权后顿失革命性,政治体制更趋于专制僵化。由此,这批大学校长所坚持的政治理想不断受挫。当现实政治与其理想发生冲突之时,陷入从"道"或者从"势"的内心矛盾冲突之中便成为一种实然存在。在现代社会结构中,蔡元培、胡适等大学校长仍旧没能摆脱承担起道的守护者的职责,将"弘道"作为义不容辞的职责,将自己的本职工作嵌入攀登道德制高点与实现民主意识的过程之中,以真正弘扬"大道"。不管是对政治人角色的深深眷恋,还是以书生之论批评时政,甚或其他方式积极或消极参与政治,都是这批现代知识分子在竭力寻求那种本不易实现的"道",并能够保持"道"与"势"之间的微妙平衡,即使处于权势之中,也同样要求"势"能符合其坚守的道德标准。

再次,如前所述,强烈的政治参与意识是传统知识分子的共同特性之一,是他们争取政治话语权和生存合法性的途径。民国时期以蔡元培等人为代表的现代知识分子较先辈们相比,同样具有对自身话语权与合法性的强烈认同感。其一,因科举制的废除,传统秩序崩盘,新的秩序还未建立,现代知识分子的晋升空间发生巨大变化。现代知识分子依靠自己思想和实践瓦解旧的秩序,但同时又被旧秩序抛离到社会。由此,现代知识分子在现代化进程中不可避免地发生身份认同危机,产生精神上的紧张、焦虑状态。其二,伴随社会分工的专业化发展,现代知识分子被重新定位为专业知识人,失去承担公共知识分子职责的可能性。其三,传统中国社会的实际权力是建立在血缘基础之上的先赋性权力与地缘基础上的国家权力垂直系统一端的后致性权力的结合。当传统血缘与地缘垄断关系被打破,现代知识分子从家族走出面对一个转型期的现代社会,茫然而无所归依。蔡元培、胡适等人由于自身的优越性,加之社会给予的良好契机,虽然从一开始就摆脱成为"社会流民""政治流民"和"文化流民",但是现代知识分子最根本的精神状态笼罩在他们周围。于是,为了避免在政治场域中成为"失语者",蔡元培等人在现代社会转型中通过新的职业生涯来重新进行社会角色的定位,通过扮演知识精英和政治精英的角色,以重新确立其话语权的优越感。

最后,现代知识分子建立起属于自己的社会空间和社会符号,为政治人角色的扮演提供了可能性。众所周知,现代社会是以知识为中心的社会,知识取代宗教和道德成为社会正当性的来源,也同时成为政治、文化和社会权力的渊源。而知识的再生产,就是权力的再生产,知识分子在生产知识的同时，也不断强化着他们的文化权力。① 大学作为知识生产和流通的核心环节之一，成为现代知识分子得以施展社会影响的重要渠道。从功能的意义上说，大学既是现代中国的公共网络，也是中国特殊的公共领域，它与民族国家的建构、社会变革等政治主题联系紧密。而大学校长作为大学的灵魂，能够超越一般知识分子在文化和舆论中占有更大的影响力，有责任为公共舆论和公共良知提供理性的政治判断能力。

### （三）角色扮演之法：成为体制内的批评者

#### 1. 体制内：不同类型的大学校长

民国国立大校长是完全的体制内之人，私立大学校长也接受政治权力的不断同化，在一定意义上说，也是生存于中国政治系统体制之内的。这决定了他们不可能以权力反叛者的形式出现。因为一旦他们对现政权的合法性提出质疑，并根据自己信奉的政治目标对现存政权进行彻底的批判时，那么这样的大学校长很难继续再担任此职务。毕竟，大学校长所拥有的社会地位、文化资本，从本质上讲与权力有密切的关系，校长角色的获得更多是出于当权派的任命。即使是由于自身较高的学术水平赢得社会的普遍支持，也需要经过当权派的认证。因此，生存于体制内的大学校长，并没有彻底颠覆现存政权的反叛因子，反而表现出一种拥护政权的态度。例如，国民党虽然在浙大内部推行党化制度，导致无党派意识的竺可桢对国民党的认同危机加深，但是竺可桢在国民党统治的各个重要拐点处都表现出拥护态度。竺可桢充满理想色彩的政治观以及个人意志，虽然通过尖锐批评、牢骚满腹进行表达，但更多的是通过体谅、痛心的微妙心理与国民党保持一致性，并带有强烈的"恨铁不成钢"的心理。在竺可桢的日记中诸如"其批评国民党虽多挑拨之词，但有若干点亦可为国民党之药石"②，"国民党应以积极精神做事，防民之口甚于防川云"③。同样，胡适乐观地相信太平盛世总会到来的方法，通过一种无

---

① 许纪霖. 大时代中的知识人 [M]. 北京：中华书局，2012：60.
② 竺可桢. 竺可桢全集（第9卷）[C]. 上海：上海科技教育出版社，2004：405.
③ 竺可桢. 竺可桢全集（第8卷）[C]. 上海：上海科技教育出版社，2004：166.

行动和现状维持，无条件地拒绝反政府的行动是其文化与精神变革的心理基础。虽然胡适对当权派经常进行"和风细雨"式的批评，但是他骨子里却透着敬畏现存秩序的情感，否则也不会在国民党政权倒塌前夕还表示"支持他，替他说公平话，给他做足面子"①。因此，不论这些大学校长对于政治现状如何不满，其心理认同加之身份地位决定他们不可能有推翻政权的实践行动。

但是，民国大学校长作为现代知识分子的典型代表，已不同于传统知识分子，其自主意识不断觉醒，并对自己的政治理念深信不疑。而且，政治去魅导致当权派的政治行动与现代知识分子所持有的政治理想可能产生某些背离，社会精英意识强烈的民国大学校长，自然会对当权者发表批评意见。只不过，他们更多地在维护现有政权的基础之上，担当"诤友"的角色，通过议政的方式，表达一个政治人的现实情怀。蔡元培等大学校长远离权力中心，以体制内的局外人身份，批评时政，针砭流俗的言说一方面提高自身的政治阐释者的合法性地位；另一方面，这不仅不意味着知识分子价值的失落，反而使他们有了更大的自由度，避免自己的声音受各种利益的诱惑而被同化。相对于社会体制的中心，民国时期大学校长的角色只是试图以教育、学术、文化、道德等来影响社会，并未介入权力中心。在抵抗强权、维护民族意志的社会境遇中扮演了话语英雄乃至实践先锋的角色。这一角色的确立完全割裂传统知识分子由士而仕的行为路径，给这些受控于体制意志下得以生存的大学刻上鲜明的民间烙印，保证大学内部知识分子远离庙堂，走向自身并保持政治独立性有了可能。总之，远离庙堂使他们获得一个更为自由与广阔的生存领域，这种立足于民间立场的言说给予蔡元培等人争取政治话语权和生存合法性的独特路径，并培养他们质疑、叛逆的性格，更给予民国时期的高等学府独立、自由的氛围。

然而，以罗家伦为代表的部分大学校长在思想上仍旧摆脱不了儒家经典的樊篱，"读书做官"的传统价值仍旧在一部分知识分子的脑海中被奉为圭臬，试图在当权派那里寻求一丝权力与荣耀的自我满足。他们虽然担当大学

---

① 胡适．1947年2月8日致傅斯年函[A]//．胡适来往书信选（下册）．北京：中华书局，1979：173．

校长一职，但却同样以掌权者的顾问角色存在，既能保持知识分子的某些特性，又能通过与当权派和谐相处，将自己的政治理想慢慢实现。然而，具有强烈的依附人格是这些大学校长的典型特征。他们最初具有政治改良、革新的良好意愿，在"自觉"融入现行的权力场域之后，发现若想在复杂的权力斗争中获得胜利，不得不按既定的规则行事。这种情况一方面将原本胸怀大略的校长们被政治同化，对于高等教育现代化建设的勃勃的雄心或多或少被磨损，对政治现状的批评早已荡然无存；另一方面，他们不得已走入尴尬境地，曾经坚守的对知识、学术的信仰与政治权力之间无法达成平衡。而且，不难发现，在民国时期，如此类型的大学校长多以失败而告终。

**2．两种思维路径**

民国大学校长作为一种"放大了的校长"，利用他们自身的思想优势、地位优势，为中国现代化之路做出了贡献。只是，他们利用不同的路径来实现最终的目标。

（1）"将来式"的设想

辛亥革命之后，高等学校成为知识分子的主要集聚地，知识分子中的大学校长利用其独特的地位优势，成为新政治思想的主要推动者。他们在思想上不断摆脱传统政治、文化的控制，更多地运用西方的思想、理念来批判现实政治，并借此充当新政治的启蒙者。从新文化运动开始，各种国外的政治思潮，如自由主义、国家主义、无政府主义、社会主义等涌入中国。走欧美各国的道路，建立民主政体是蔡元培、胡适等人认为的必经之路。例如，蔡元培的政治思想，既有民主主义的，又有空想社会主义的。对于民主主义的思想，他尤其受到法国大革命的影响。他指出，法国依靠特权等级把持政治，以"朕即国家"为标志的专制暴政下激发出来的极大的"反动力"，导致第三等级携手抗击特权等级的统治。卢梭、伏尔泰、孟德斯鸠等人的学说对蔡元培的思想影响很大，而这些启蒙思想家的学说基本都主张自由、平等、博爱，法国大革命所倡导的各种精神成为创建民主政体的有力武器。蔡元培明确表示对法国大革命尊崇自由、争取自由的行为极为崇拜，并称赞自由、平等、博爱等口号符合"道德要旨"。此外，源于美国的以实用主义为基础的社会改良主义和自由主义思想的综合，构成了胡适最基本的改造中国的政治思想。美国的民主社会制度，对胡适的影响至深，他一直将推进中国的点滴改良作为最终实现宪政的步骤。竺可桢作为现代欧美派自由主义知识分子阵营中的一员，出于对中国政治现状的理性观察，认识到民主政治在中国不可能一朝一夕达成，因此他同样支持渐进改良的方式实现自由民主的政治模式。

而蔡元培、胡适等人发起的"好人政府"就是将民主政治融入中国实践的例证之一。"好人政治"作为中国政治改革的最低限度要求，其所提出的基本要求是美国宪政制度的中国版本，充分体现资产阶级民主精神。但是，在中国，国会只会作为军阀政客手中的玩物，通过立法改良社会纯属幻想。一旦抽去西方的特殊前提，放置于迥然不同的中国背景下，以失败而告终便是必然。而且，20世纪初期的欧美各国不断发生的经济危机以及世界大战，一次次向中国现代知识分子表明欧美式的民主之路并非救国良方。但是，他们既不想放弃西方民主政治的老路，又试图避免各种缺陷。在这种情况下，蔡元培又以浓厚的兴趣关注社会主义思潮，另辟蹊径达成通向理想中的民主政治，填补欧美式民主主义的缺陷。

虽然这批大学校长的政治观点有些许差异，但是大都通过援引国外政治理论、政治现实为为中国政治做注脚，以反对国内混乱的政局和专制。蔡元培、胡适、罗家伦、竺可桢等人为走出传统政治思维之囿，作为追求民主自由的现代知识分子典型代表，为构建理想的民主国家，为实现中国的政治现代化，进行多次不屈不挠的斗争，并且利用他们的校长身份，将他们所领导的大学造就成一个个具有民主氛围的现代高等教育机构，将政治理念寓于学术之中。虽然这种外来的思想观念比传统的理论更有说服力，但是当西方文化理论被"普遍真理化"之后，加之中国社会的现状之复杂，其能否在一定程度上解决中国实际政治问题，似乎是不言而喻的。但是，我们不能否定这种批判性路径是对于当时现实政治的深刻反思，也是对中国政治的某种期许。

(2)"过去式"的利用与批驳

民国时期大学校长的政治变革倾向大多以西方社会为依据，但这并不意味着这种变革全然没有内在依据。相反,人们对以儒家文化为核心的政治体制的抨击,除了使用西方政治体制作比较之外,往往还从传统内部去寻找变革的基础。传统是一个丰富多彩、取之不尽的源泉,不难从中发现一些变革的依据。正如列宁所讲,任何民族的文化都可以分成两种,即统治阶级的文化和被统治阶级的文化,可以归结为两种对立统一的文化。因为很明显,在中国传统政治体制下,既有占主导地位的儒学文化传统,又有居于次要地位的非儒家文化传统。即使将儒家文化作为整体研究对象,也会发现同样存在正统与非正统之差别。因此,正是因为在传统中存在反传统的因素,成为来自传统中的人们从传统向现代的转型中反戈一击的武器和对接西方政治文化的内在接引物。

蔡元培对于中国古代的民本思想,进行民主主义的阐释,作为他大力倡导民主主义理念的有力基础:"国者,公司也,民者,出资本之股主也,天子者,总办也。诸侯者,官也,皆总办所自辟之分办也。"人民出资本作为"公司办事之费",而"总办之支应,分办之薪水,皆于是取给焉"。他强调主权在民,反对"股主"成为"总办之奴隶"[1]。另外,蔡元培常常把西方的社会主义学说,比附于孔孟的大同理想社会,由此证明社会主义在中国古已有之。在《社会主义史序》中,他表示:"我们中国本有一种社会主义的学说,如《论语》记'有国有家者,不患寡而患不均,不患贫而患不安。盖均无贫,和无寡,安无倾。远人不服,则修文德以来之,既来之,则安之。'就是对内主均贫富,对外不取黩武主义与殖民政策。《礼运》记孔子说'人不独亲其亲,不独子其子。使老有所终,壮有所用,幼有所长,矜寡孤独废疾者皆有所养。男有分,女有归。货恶其弃于地也,不必藏于己;力恶其不出于身也,不必为己。'就是'各尽所能,各取所需'的意义,且含有男女平等主义。孟子许记行说'贤者与民并耕而食,饔飧而治'就是'泛劳动'主义'"[2];而中国也存在社会主义的政策,在《周礼》《汉书·食货记》中所呈现的农业政策"遂人辨其野之土,上地、中地、下地,以颁田里",与当时的社会主义政策具有相似之处。蔡元

---

[1] 高平叔. 蔡元培全集(第一卷)[C]. 北京:中华书局,1984:97.
[2] 蔡元培. 社会主义史序[N]. 新青年,第8卷第1号,1920年9月1日.

培一方面想说明社会主义理念符合先贤思想,与古训有相同之处;另一方面,他将儒家学说与社会主义相接引,成为他反对阶级斗争,主张社会改良的有力武器。

罗家伦一贯不遗余力地呼吁爱国、救国,他的民族意识建立在他对中国传统文化的独到体认基础之上。在《中国民族精神的特质》一文中,他将中国文化的民族精神总结为尚人伦、去玄学、集大成、与自然融合、主容忍、爱大同,其中每一条思想特质都传承于古代文化体系。在此文的最后,罗家伦写道:"中国的思想趋向中和,崇尚仁义礼智,在一个和谐的人伦关系上,建立大同的人类社会。这一种思想,既不鼓吹仇恨斗争,也非厌世离世,在当前世界上,实在是一条思想的出路。"[1] 由此来看,罗家伦强烈的民族救亡思想,追根溯源来自古代的文化传统。这种在传统文化精髓基础之上形成的民族精神的结晶,被罗家伦视为民族团结图存的基础。

同样,竺可桢从历史中看到中华民族的希望,他的《王阳明先生与大学生的典范》一文,利用王阳明来教育浙大学生在困难中要自强不息,"阳明先生才高学博,无论在学问、道德、事业,与其负责报国的精神,都有崇高的造就,在此国家蒙难学府播迁之中,他那一段艰苦卓绝穷而益奋的精神,更是我们最好的典范。"[2] 他要求大学生要"不以艰难而自懈,且更奋发于自淑淑人之道,协助地方,改良社会,开创风气。"[3] 1940 年,战争远未结束,竺可桢为鼓励浙大学子,再次著文《浙大的使命》写道:"昔王阳明先生至龙场一年,其影响所及,风化文物,莫不因而改善进步。阳明先生之门弟子,率能笃践师说,影响亦宏。浙大来此,尚有多年之追留,吾人自当法步先贤,于所在之地种种设施,革革兴兴,尽心竭力以赴。时迹非常,吾人之责任尤重。"[4]

---

[1] 陈来. 罗家伦先生的民族精神与民族文化观[A]//. 冯沪祥. 罗家伦论人生. 北京:北京大学出版社,2010:13.

[2] 竺可桢. 王阳明先生与大学生的典范[A]//. 竺可桢全集 第二卷. 上海:上海科技教育出版社,2004:452.

[3] 竺可桢. 王阳明先生与大学生的典范[A]//. 竺可桢全集 第二卷. 上海:上海科技教育出版社,2004:455.

[4] 竺可桢. 浙大的使命[A]//. 竺可桢全集 第二卷. 上海:上海科技教育出版社,2004:512.

显然,这种接引传统思想、文化而形成的理念难免让人引起附会流弊之说。但是,这种做法却又是必然的,甚至能够看作达成蔡元培、罗家伦、竺可桢等人政治理念的必要阶梯。正是因为在传统中找到接引物,彼时被宣扬的理念才更容易被大众理解、接纳。就如同新文化运动中提到的"德先生"(民主)、"赛先生"(科学)来说,西方的思想转换成中国传统的语言形式。这种新的概念形式既包含传统的意念,又赋予新的超越性内涵。必须明确,即使现代知识分子重新利用传统政治文化理念,其本质仍旧是为宣扬一种新的、积极向上的现代政治思想,而不是给予传统文化以死灰复燃之势。

传统文化既有精华,又有糟粕。而先进的知识人既能利用之,也能批驳之。胡适是以对传统思想的批评中阐释其自由主义思想。他在评价道家思想时表示,道家人生观名义上看重自由,实则在追求自由时却又不争不辩。因此,道家更倾向于寻求所谓的消极的自由、内心的自由,而无法达成政治的、实际的自由。由此可以看出,胡适追求的自由很大程度上是政治的自由,而与道家形而上学式的自由完全不同。胡适是在批驳古代传统的基础上更清晰地阐释其自由主义的理念,与蔡元培有所不同。但二人所要达成的最终目标却都是一致的,即实现政治上的民主、自由。

罗家伦在探索教育思想中的民族主义理念过程中,对民族理论的探索具有深刻性和独特性,其中在分析国人社会心理及价值观念上的种种弊端时,他认为中国传统的人生态度和伦理道德应该负主要责任,"传统的人生态度,如老子的无动为大,庄子的虚无思想,同现在的动的社会,有为的社会是不合的……更如儒家乐天知命、随遇而安的态度,佛家涅槃消极、否定现世的态度,在中国人中都很流行。更如独善主义在中国,尤其通行无阻。"[①] 对于国人民族国家观念的淡薄,罗家伦注意从中国传统文化方面找原因。他认为,从春秋战国以来,中国就形成了从文化上区分华夏和夷狄的族类意识。由于古代中国四周国家的武力文化都不如我们,"于是大一统的局面,养成了自大的心理,以中国为天下,致民族的国家这个观念,反而没有发达出来。所以

---

① 冯夏根. 文化关怀与民族复兴——罗家伦的思想人生[M]. 北京:人民出版社,2009:246.

一遇外患，不免大吃其亏。"① 由此来看，罗家伦抓住造成中国国民性落后的最基本的封建文化以及伦理道德的因素，对落后的国民性不遗余力地批判，其目的是为了弘扬新的国民精神，塑造新的国民品格，从而养成新的现代化的国民。

**3. 权势网络的建构**

蔡元培、胡适等人的议政活动，体现了民国大学校长独自介入政治的普遍性，这种政治介入同样以群体方式呈现，群体的思维能力与号召力能获得更多人的认同与支持。更加深入地讲，在安身立命的学术之外，民国大学校长经由"权势网络"而确立其社会地位，能够达成一定的政治目的。

所谓"权势网络"，是试图从读书人的种种关系网络，发掘其中所具有的权势意味。② 这样一种权势网络，与民国大学校长的活动线索、场景不无关系。从单线来讲：教育背景—执掌学校—学术机构—创办刊物—实际政治。在这个点、线、面形成的立体交流空间中，民国大学校长之间及大学校长与各种人物之间在各个环节相互交汇，于是不断放大的权势网络逐渐形成。

从教育背景来说，民国大学校长大多有留学经历，在留学期间，通过各种学术活动建立起密切交往的第一层通道。1909 年清政府在北京设立游美学务处，招考的第一批游美学生中就包括梅贻琦、王世杰等，第二批留美学生中，有竺可桢、胡适、张彭春等。而在留学期间，他们也通过学术与政治的交流建立更加紧密的联系。如胡适、任鸿隽等人在留美期间因文学因缘以及筹划建立"科学社"事务而加深彼此的认识与了解；胡适与宋子文由于同任《留美学生季刊》编辑，为双方在之后学术与政治上的交流奠定基础。

执掌大学之后的众多校长，他们为开拓中国新的学术疆域，造就中国教育的现代化之路"同声相应"。譬如，蔡元培上任北大校长之初，就请来陈独秀、胡适、钱玄同、刘半农、王兴拱、李四光、朱家骅、任鸿隽、马寅初、

---

① 罗家伦. 民族的国家 [A] //. 罗家伦先生文存（第 2 册）. 台北：国史馆、中国国民党中央委员会，1976：77.

② 章清. 学术与社会——近代中国社会重心的转移与读书人新的角色 [M]. 上海：上海人民出版社，2012：265.

周鲠生、陈启修等知名学者。这些学者的学术造诣自不必多说，他们在卸任北大教授职务后，有的担任其他民国知名大学校长，有的直接从政成为政府官员。而北京大学成为这些人交汇的场所，提供基本的交往平台和沟通渠道。同样，梅贻琦执掌的清华园成为国内著名学者的荟萃之地，招揽王国维、陈寅恪、梁启超、赵元任、李济、金岳霖、熊庆来、钱端升、吴宓、陈达等人。以上知名学者的罗列，不仅仅表明彼时的北大、清华教师队伍名师云集、睿才荟萃，更为重要的是这些在民国时期颇有身份、地位，乃至掌握整个中华民国命运的人在大学这个聚集地形成了至关重要的关系网络。这些人中的任何一个独立个体都具有庞大的关系网络，只是在大学内部所呈现于师生学子的是一种相对单纯的学术个体与群体存在。毕竟，彼时这些人的存在背景与存在价值是依托学术机构——大学。

在推动学术发展过程中形成的官方与民间的各种学术组织、学术机构，成为民国大学校长又一交汇的场所。民国很多大学校长在执掌大学之际会在各种学术组织与学术机构中担任职务。大学校长由于在各自学科方面的突出成就，赢得声望硕隆的学术身份，成为各学科的学术带头人。无论是具有官方性质的中央研究院，还是聚集民间知识分子群体的"中国科学社"等学术组织，大学校长在其中充任重要职务，例如，我们可以看到蔡元培、任鸿隽、竺可桢、胡先骕等校长的身影。同时，也能够发现丁文江、杨杏佛、赵元任、胡明复等政学界颇为重要之人士的身影。

创办刊物是知识分子介入政治的重要方式，例如蔡元培曾希望在吴佩孚的统治之下，在中央出现"好人政府"，实现南北统一。胡适由为宣传这一主张，遂创办《努力周报》。之后，胡适、蔡元培、王宠惠、梁漱溟、汤尔和、丁文江等人在《努力周报》上共同酝酿他们的政治主张。1928年，胡适担任中国公学校长，同年，《新月》创刊，徐志摩、罗隆基、梁实秋、潘光旦等人是这个杂志的重要成员。该刊成为胡适等人发表意见的基地。而最终，一场以《新月》为中心的人权运动旋风，以胡适辞去中国公学校长，北走而告沉寂。但是在此过程中，胡适一方面在担任校长期间坚持教育独立、反对党化教育，一方面在《新月》中对国民党政府大胆、尖锐、有时甚至是深刻的揭露和抨击，不仅与其执校行为一以贯之，而且其警醒民众的积极作用显而易见。另外，此时还出现《独立评论》《独立时论》《自由中国》等杂志。借此，我们能够看出知识分子合作创办刊物并非一时之举，并且蔡元培、胡适等大学校长作为刊物重要成员之一与刊物其他成员建立紧密的政治合作关系。而且，这种通过公共舆论影响社会和政治的方式，不是具体的政治参与，而是类似于胡适所说的"不感兴趣的兴趣"的政治态度的积极呈现。

### （四）角色扮演之果：政治角色的边缘化

传统的政治文化造就传统知识分子以"道"自任的政治人格。在政教一体化的社会中，传统知识分子常常被视作政治化的承担者而居于重要地位。然而，一种角色在经过自我认同之时，需要得到社会的认同。然而社会认同并不来自先赋，在一定程度上，需要依靠社会结构的特征以及国家对知识分子政治人角色的赋予。[①] 因而，面对民国时期特殊的社会状况，尤其是传统政治文化发生根本性崩溃的条件下，知识分子在政治社会中的地位发生变化，其被边缘化无可避免。

所谓边缘化，是一种比较抽象的说法，它是相对于主流、中心来讲的。大学校长的政治边缘化首先起自国家政治体制的变化。从帝国专制到共和政体是时代的进步，然而此时的共和政体是有限的多元政治，而非责任政治；政治体系中有一套精密的意识形态作为指导，封闭的心理结构起着支配作用。反映到作为知识分子的大学校长是否被政治边缘化的评判，则由大学校长的教育工作与政治国家的实际联系、大学校长对于政治权力机构的影响来决定。具体来讲，民国大学校长作为现代知识分子，已经脱离传统知识分子与君主的共生的文化环境。知识分子早已在时代的感召与自身意识觉醒下脱离与政治权力统治者的"一荣俱荣、一损俱损"的生存状态。另外，一部中华民国史，基本上就是混战中的军阀的合成史，民国军阀是影响20世纪上半叶中国政治格局的重要力量。武夫当权的时代领导者是否还能做到知人善任，似乎

---

① 胡金平. 学术与政治之间——大学教师社会角色的历史分析 [D]. 南京师范大学博士学位论文，2005：56.

是一个值得怀疑的话题。中国长期处于分裂割据和混战的时代，军事冲突引发的战争直接导致社会的剧烈动荡，全国的教育事业处于缓慢发展乃至停滞的状态，在教育被视为可有可无的形势下，大学校长地位远远不足以与一介武夫相抗衡，其政治上的边缘化也是可以理解的。

自汉代以来，以儒家政治文化为核心的政治体系，不仅将政治话语解释权"赋予"儒士，而且形成以儒士为中心的社会结构，构成对整个社会人心的统摄。然而，进入风云际会的20世纪初，近代中国进入几千年未有之变局，对于知识分子来说，他们的命运似乎在瞬间被改变，科举制度的废除，使"知识分子"（士阶层）同官僚阶级的固定关系（依附、升迁之途）断裂[①]。这种变化莫过于四民之首位置的丧失，政治日益边缘化以及由此而产生的生存危机。而作为知识分子的主要聚集地——大学，其主要功能不再被定义为政治功能，更多看重文化功能。同样，作为执掌大学的校长，他们的政治人角色早已不可同日而语。

随着道统的瓦解，学统与政统的分离，以及西学进入并强势影响传统学术，产生向以科学为中心的现代学术的转型以及现代知识分子的职业专业化、分工细致化的推进的转变。1912年《大学令》颁布，明确规定大学分成文、理、法、商、医、农、工等七科，标志中国现代学术发展知识体系和知识建制的初步确立。在学术转型过程中，学术对象由主观转为客观，研究方向由诵读经典、注疏经典向理论分析、实验论证转变，学术性质由主"德"变为主"知"，学术的品格走向"学—政""知—用""理—器""学—术"的二途分疏，学术活动发展成为独立的社会职业。[②] 与此同时，学术的职业化要求大学内部人员要有明确的专业分工，大学校长也不例外，这种角色成为现代社会中一种独立的职业。它不断强调大学校长自身的职业素养，要求获得更加专业的知识和管理技能，完善教育理念、管理理念、专业思想的发展过程。根据北洋政府教育部1912年10月颁布的《大学令》中的规定："大学设校长一人，总辖大学全部事物。"同时《大学令》中还规定："大学设评议会，以各科学长

---

[①] 沈卫威. 自由守望——胡适派文人引论[M]. 上海：上海文艺出版社，1997：5.

[②] 陈亚玲. 民国时期学术职业化与大学教师资格的检定[J]. 高教探索，2010(6)：89.

及各科教授互选若干人员为会员；大学校长可随时齐集评议会，自为议长。"①这是民国时期最早的有关大学校长的较为权威的法令、法规之一，从中可以看出民国实行的是校长负责制，校长统一领导、管理大学内部事务，大学校长角色的职业化由此展开。由此看出，大学校长的政治角色边缘化成为必然。

同时，朝着职业化与专业化发展的大学校长也会带来一种趋势：相对游离于社会。而且，不断争取独立、自由的地位，使得民国大学校长也失去与地方社会和国家政治那种更加贴合的内在的制度性联系。他们的文化权力变得很虚拟，因此对政治权力的影响是以一种话语的方式而存在。从这个意义上说，大学校长政治角色出现边缘化。

国家和社会结构的变化是导致大学校长政治角色边缘化的另一个重要的原因。中国传统的"四民社会"的解体和现代"市民社会"的兴起，导致传统社会重心失去，而新社会的重心却仍处于模糊之中。简单地说，"市民社会"是一个国家或政治共同体内的一种介于"国家"和"个人"之间的广阔领域。它由相对独立而存在的各种组织和团体构成，它是国家权力体制外自发形成的一种自治社会，是衡量一个社会组织化、制度化的基本标志，具有独立性制度性的特点。②在民国初期，近代资本主义工商业的逐渐发展带动市民社会的萌芽。作为一种新的社会组织形式，市民社会大体可以归结为以下几个特点，其一，拥有很大程度的独立自主性，不受国家的直接控制；其二，改变中国传统依靠血缘、地缘等关系维持的局面，其内部运作主要依靠契约；其三，将民主管理制度落入实处，如民主选举、民主议事等程序的落实；其四，带有很强的专业性。例如，体现中国近代市民社会萌芽标志的教育会、商会等组织的涌现，其数量与规模在一定程度上表明近代市民社会的初步形成，显示了社会力量的重新分化，社会关系的重新整合，在这个过程中需要重新思考国家和社会之间的关系。虽然市民社会中的各种行业自治组织并不

---

① 潘懋元，刘海峰. 中国近代教育史资料汇编. 高等教育[G]. 上海：上海教育出版社，1993：368.
② 市民社会[EB/OL]. 百度百科 http://baike.baidu.com/link?url=1EPS18PcVQ9CAnZT7qt9FPgwMKUmS5BObj32XLAh3kLHjC-rrWG3M3dFg39nG1BVYVxEPFKRsGj-q2eyjLp-Aq.

将自己放置于与政治国家的对立地位,但是他们已经完全脱离传统社会中将学术完全视作政治一部分的看法,而是以独立的眼光将国家归入"民族—国家"的范围之下。例如,很多处于教育会中的教育者不再将自己定位于依附于政府,纯粹为政府培养人才的政治工具,而带有一种社会责任感从事教育活动。① 从这个意义上讲,市民社会的发展对大学中知识人的思想、观念产生影响,大学的性质随之发生变化,大学校长从政治场域退出,自觉接受政治边缘化。

最后,近代国家观念和民权思想在法律和政治层面否定传统社会的不平等性,传统知识分子丧失了社会的特权。以"力本"为中心的机械主义的"群"的世界将各个国家、国家之下的人民时刻置于一种充满竞争的环境之下。在这个充满紧张冲突的"力"的世界中,能力的竞争显得颇为重要。获得一种适合竞争的生存能力已经成为时代发展的必然趋势。而作为民国时期的大学校长,获得教育与学术方面的杰出成就显然成为他们立足于高等教育领域的不二法门。另外,民国时期大学校长对政治的理解,早已经超越平民政治或投票政治的阶段,而上升为一种专门的事业。这种专门的事业需要专门致力于其中之人。暂且不论民国大学校长在智识、学识、德性等方面的地位,仅就其作为维系中国文化之不堕、学术之不衰乃至进步而言,民国大学校长怎会有如此多时间与精力,积极、高效地游走于不同领域之间? 毕竟,大学校长的本职工作不在于政治,时代的发展更多地给予大学校长追赶先进教育的动力而不是从事政治的努力。

## 三、学术与政治角色间的张力

民国大学校长将学术作为立身之本,同时对政治有着或多或少的介入,始终是处于学术与政治之间的。他们完全脱离政治而成为知识人是难以实现的;同时又不可能不问学术而完全涉入政治。在中国社会之中,两种角色的

---

① 胡金平. 学术与政治之间:大学教师社会角色的历史分析 [D]. 南京师范大学博士学位论文, 2005:87.

自由扮演是困难的,但是二者呈现一定的张力。

(一)政治对学术的制约

前文从个人、学校、社会三个层面论述民国时期大学校长学术与政治角色之意蕴。本部分沿着同样的思路进行展开,阐述民国时期大学校长政治角色对学术角色的制约。

首先,大学校长的身份是体制内的。中国的政治形势在不断地发生着激烈或者是微妙的变化,但是无论是强政府弱社会抑或是强社会弱政府,大学校长不得不与官僚政府打交道,学者的尊严、名士的派头固然重要,但是,要想把教育办好,要想赢得学校发展良好政治环境,大学校长就不得不与政府之间做适当的妥协和协调。而且,更为重要的是,民国大学校长是国家行政序列的一部分。就算有着相当大自主权的私立大学校长来讲,他们的实际选聘,需要在教育主管部门备案,要得到教育主管部门的认可,否则教育主管部门将有可能为私立大学选任校长。民国大学在发展的过程中,政府的介入与控制是不断加强的,政治统治者加强控制而产生的状况便是政治不可避免奔向学术的潮流。大学校长一味回避政治,做纯粹学术人,必然会被政府用他人取代;而如若只做政府代言人,用政治人的身份治理大学,也是大学学术的傲然骨气所不能容的。①

仅就大学校长被聘任与否的角度来讲,大学校长如果得罪政府,便会面临不得不辞职的后果,北大校长何燏时因反对将北大并入北洋大学,与广大师生一同抵抗此政令而得罪当权者,最终被迫辞去校长一职。当然,统治阶级为加强对大学各方面控制,会安插其"信得过"的人担任大学校长。北京政府于1924年颁布《国立大学条例》,明确表明大学校长"由教育总长聘任",学校董事"由教育总长就部员中指派"。北京政府的意图很确,就是要牢牢控制大学,确保大学按照政府的要求开展各项活动。条例颁布后,国立大学各校师生表示反对。其中北大教授指出条例未经教育界公开讨论,乃是"蔑视

---

① 卫文娟. 学术与政治:国立中央大学"中央化"进程中校长角色分析(1927—1937)[D]. 浙江师范大学硕士学位论文,2015:21.

学校及教员之人格，殊为可愤"①。北大评论会同样激烈反对军阀政府利用董事会干涉学校内部事务的行径，认为教授治校才是符合国际潮流，符合中国实际需要的模式。北大学生坚决反对该条例，表示"誓不承认"。国民党政府为了把各级各类学校置于直接控制之下，运用了行政高压手段"公私学校中，校长非国民党党员皆罢去"，还在各学校设立秘密的特务组织，或安插特务分子，进行恐怖统治，把教育机关变成黑暗的地狱，有的甚至采用武装镇压。②这种强行任命下的大学校长，更多地充当政府亲信与眼线的角色，实质上就是依附于统治者的政治人，其学术人的角色更多地被淡化乃至抛弃。

其次，民国各种政治力量试图对大学进行控制与干预无法避免。在民国社会剧烈动荡、军阀横行的"非理性"环境中，各种政治势力与政客们对教育并无施积极推动之力，反而把教育视作争夺的"囊中之物"以及防范的重要对象，尤以大学为甚。尽管民国时期大学校长笃志于学术，不仅带动了民国大学的发展，而且为后世留下重要的学术理念与学术实践成果。然而，表面上看民国时期的大学发展光鲜亮丽，但实际上这并不能代表民国学术发展状况的全貌。各种史实足以说明，民国时期并不是知识人进行学术研究的"天堂"，更无法为民国大学校长提供充分发挥学术影响力的舞台。

最后，不可否认，政治情怀对大学校长以一个知识人的身份对知识的探求产生干扰影响，毕竟大学校长推崇的学术发展需要自由、独立的环境，但在满目疮痍的近代中国很难具备适合教育、学术发展的条件。民国大学校长所拥有的政治信念，所倾向致力于的政治实践，并不总是按照他们最初的设想发展，甚至在某些情况下会向相反的方向演进。例如，蔡元培在试图引领教育发展与改变政治现状之时意图通过文化发挥作用。在他看来，文化是社会变革的精神基础，它具有政治革命无法取代的作用，是推动社会进步的根本力量。而文化的发展趋向当在教育，教育可以被视为解决中国一切问题的根本出路。因此，在面对社会救亡之时，蔡元培尊重文化发展的内在规律，试图通过教育实践中各种新文化形态的发展，以实现根本的社会改良。但是，

---

① 萧超然. 北京大学校史（1898—1949）[M]. 上海：上海教育出版社，1981：167.
② 孙培青. 中国教育史[M]. 上海：华东师范大学出版社，1992：703.

中国传统文化的巨大惰性和社会普遍的蒙昧愚钝所带来的困扰远远大于蔡元培等人的预期。其一，中国传统文化悠久古老，加之长期建立在自给自足的小农经济基础之上，产生同政治、经济相互契合的稳定结构，自身发展异常稳定。由此导致民国时期转型质变时的文化惰性之强大，因而徒增深受文化惰性影响下的人们的蒙昧愚钝。蔡元培执掌时的北大，新思想、新文化汇聚校内，社会关怀精神、批判精神盛行一时，试图把一个民族从蒙昧愚钝中唤醒，使北大永远打上勇于承担历史使命，勇于挽救民族狂澜的烙印，并时刻提醒、激励人们向往和追求真正的民主理想。然而，表面上，古老的文化价值观念随封建帝制的推翻发生蜕变，但是人们往往由于现实的需要暂时放弃古老的文化观念，心灵深处仍旧残存旧观念之遗毒。而且，北大由京师大学堂转变后仍存在残风易俗。其二，在当时，未完全从封建时代转变而来的学子们接受的科学、民主等观念根基较浅，时常导致模糊与动摇状态的发生。最终，某些属于思想文化范畴的领域逐渐被政治革命绑架，蔡元培努力遵循并贯彻的文化发展内在规律的科学精神逐渐淹没在救亡的历史洪流中。

### （二）学术对政治的消解

针对上一部分从三个层面阐述的政治对学术的制约，本部分也从三个层面展开回应，实现学术角色对政治角色的消解。

首先，尽管民国大学校长是体制之内的职务，但是，追求至善的良好愿望，不仅促进知识的自由发展，更能消解对政治权力的不当诉求。大学校长扮演政治角色的过程是参与利益博弈的过程，"人是天生的政治动物"。统治阶级利用掌握的权力能够影响知识的选择，能够增强对社会的控制，而大学校长在参与政治过程中始终坚持教育的基本价值与理念，追求一种教育至善的良好倾向，这必然与统治阶级达成的小集团利益有所冲突，由此而产生围绕学术权力与政治权力的利益博弈过程。实现知识自由，离不开与权力的博弈。统治阶级为实现自身利益，不会主动实现道德自觉，更有可能会作出危及学术价值的政治权力行为。民国大学校长作为大学的掌舵者，只有通过沟通、协商以及建立完善的制度等民主方式，以维护大学精神与理念为鹄的，在利益博弈过程中实现利益均衡和价值共识，只有这样才能有效保证学术话语权与政治权力之间的协调，消解学术与政治之间的两难选择，[①] 保证政治权力在大学内部有效发挥作用的过程中更好地体现以大学校长为代表的学术人员的共同意志。

其次，抵制各派政治势力对大学校长的拉拢。基于建立在非政治原则之上的学术观念，大学是国家的最高学府而非培养以从事现实政治之官僚的机关，是培养人才的场所而非官僚养成所。国立中正大学校长胡先骕曾言："大学校长的地位极其崇高，政府当局和整个社会应该把他们尊为宾师，决不可以视同一般之高级政府官吏，拘之以功令，困之以事物，使贤者裹足，不肖者滥竽，则庶己收领袖群英宏奖学术之效焉。"[②] 也就是说，校长要防止官吏身份的约束与束缚，否则，他需要在更高的权力面前低头，而在大学内又以长官面目待人处事，这种做法违背大学的基本精神。

虽然很多大学校长由于其自身的学术、教育地位面临被政治整合的命运，各种政治派别甚至当权者都把他们看作重要政治力量，通过各种途径加以整合，但是他们大多是将自身放置于知识人的学术情怀与人文关怀之下，从学术角度为政治出谋划策，并不能等同于官吏。而且大学校长所具有的独立性地位也使他们区别于官吏。在这方面最典型的事件莫过于20世纪40年代蒋介石试图拉拢胡适进入政府，胡适明确表示出他的态度：以大学领袖的无党无私之身，能够有效执行对政党的监督作用；在政府之外还可以保有自由说话的能力，然而进入政府便是另一番景象，连说的话都没有监督制约之效。但是，大学校长所要追求的独立、自由的身份并不表明他们意图使大学与外界建立绝对的对立关系。恰恰相反，他们在献身于学术、教育过程中所坚持与体现的独立、自由的独特逻辑的目标是为了实现改造社会、拯救国家的目的，纯粹的为学术而学术的思想在民国大学当中是没有市场的。

民国大学校长需要追求一种超越于现实的独立人格，而他们向世人展示的就是以一种超然的姿态冲破和摆脱权势羁绊，崇尚并保持一种"无所依赖与

---

[①] 赵保全，罗承选. 论大学权力的知识特质和伦理意蕴[J]. 理论导刊，2012(9): 53.

[②] 张大为，胡德熙，胡德焜. 胡先骕文存（上卷）[M]. 南昌：江西高校出版社，1995: 423.

依附"的精神追求，①他们固守学术的基本价值，真正展现出脊梁挺拔的大学校长的角色。对于独立意识和独立人格的强调，使大学校长摆脱了各种政治派别拉拢之后试图同化的意图，这种力量之源就在于他们对"大学之道"的执着信仰。

再次，大学校长对政府干涉以及政党操纵的情况予以抵制。由于受西方大学教育理念的影响颇深，西方大学在有形与无形中带给彼时大学校长的教育意识不断深化。自蔡元培为代表的大学校长从西方留学归国，他们影响当时的教育风气的改良，甚至教育政策的制定。其中，保持大学与政府之间在某种程度上自觉的权力边界，防止政府、政党为自身谋利益而干涉大学内部事务成为以蔡元培等为代表的大学校长以学术消解政治的重要内容之一。揆诸史实，在军阀混战、社会腐败、民族危机不断加深的"非理性"的环境中，政府以及各派政治势力们并不积极兴办教育，反而把教育视作能够谋取私利的重要对象，大学以其重要性更加受到政客们的觊觎。因此，高等教育界里经常可以听到大学校长为反抗政府干涉或政党操纵而进行的各种保卫学术价值的声音——例如蔡元培以"不合作主义"所进行的多次维护"教育独立"的抗争；胡适将对"教育独立"的坚持上升为各种政策性文件；罗家伦尽管与国民政府有着千丝万缕的联系，但是他同样反对外界对中大的过度干预，并厉行"去教育行政化"；竺可桢在"求是"学风的引导下对一切党派的介入、渗透都加以反抗。因此，自主捍卫真理的大学校长在政治权力与学术权力之间，始终保持一种合理距离的限定，即学术的归学术，政治的归政治，拒绝用政治权力的逻辑支配学术世界。

然而，更进一步地说，正因为民国时期作为知识精英的大学校长的学术权力与国家政治权力之间存在共存共融的空间，才使大学校长的上述行为成为可能。换句话说，大学校长与当权者之间针对有关大学发展的问题能够达成某种共识。这主要取决于民国社会的特殊背景：正处于从王朝国家向民族国家的转型过程中所形成的"政治失序"之中。另外，也由于这个时期以大学

---

① 王运来，王飞. 自在·自为·自由——论中国近代大学校长的主体性[J]. 江苏高教，2015(3)：12.

校长为代表的知识精英群体以科举制的废除为契机，彻底改变传统王朝中学术权力与政治权力完全合二为一的机制，在失序的政治权力场域中成功建立一套相对独立的学术权力体系。

另外，需要意识到的一点是，大学对各种政治势力保持独立、自由不仅对大学自身有利，其实更加有利于大学对实际的政治发生影响。"欲使教育界的势力，成为一种政治势力，必须使教育界的势力，成为一种独立的势力。"[①] 按照国立武汉大学校长王世杰的理解，大学只要能与政治势力保持一定距离，并且避免成为军阀附庸，那么便可以恢复社会上历来对大学的同情心与信仰心，由此，大学对于政治上的恶势力，便可成为一种强有力的制裁势力。

最后，凭借学术信仰精神使大学在政治失序的社会中获得存在价值。民国大学校长普遍存在两种学术信仰，一种是习俗的学术信仰，另一种是理论的学术信仰，而后一种学术信仰所占有的比重相对较大。因为这批大学校长凭借理性启蒙、知识教化等功能，发展一种追求真理的精神，使大学试图依据知识、理性、契约、法律等因素寻求一种实然性的存在状态，而这种学术信仰所包含的是造福社会、化育他人、超越政治的信仰。"教育是我们在政治上求得安全的唯一保证。除了这艘救命船以外，到处是一片泛滥的洪水"。"设立学校是人们在历史上最大的发现。别的社会组织只有医治和补救的性质，而学校却带有预防性，是一贴消毒剂"[②]。从这个意义上加以理解，民国大学校长所倡导的学术之上的理念与实践具有超越于政治的永恒价值，他们在这个过程中创建起来的现代大学能够更加卓有成效地影响政治的发展、社会的变革，从而能够成就自己的"卓越"。

### （三）学术与政治的平衡

民国时期，大凡在中国高等教育领域卓有建树且深具影响之人，多少都会在学术和政治两个层面同时运作：不仅在学术上出类拔萃，而且在社会政治方面有自己的主张、见解。不如此，或囿于象牙塔，埋头书海，精研学术

---

[①] 王运来，王飞. 自在·自为·自由——论中国近代大学校长的主体性 [J]. 江苏高教，2015(3)：12.

[②] [美] 杜威. 民主主义与教育 [M]. 王承绪，译. 北京：人民出版社，1990：2.

而卓然成家，亦不过纯然一学者而已，社会之广泛影响难以形成；或一力沉浮于政坛，追求政治理想，在政治系统巨大齿轮的带动下活动，毁誉不计，终将自身推向政治活动家的角色而已，文化教育上的推动作用微乎其微。只有兼顾学术与政治，使二者保持平衡，方能左右逢源，在一个比较完整的意义上成就事业。此一现象，并非民国时期独有，但是却在这一时期表现得最为突出与典型。之所以如此，与民国时期的思想文化和社会政治的关系变得更加紧密不无关系。思想、文化、教育领域的任何问题几乎都能与社会问题、政治问题的因素存乎期间，欲拒不能。因此，端坐于象牙塔的大学校长不得不常常光顾"十字街头"，发熔"学"与"政"于一炉的想法。这样一来，民国时期的大学校长便无可争议地具有双重社会角色认同，而且能够做到很好地平衡。

如若说这几位大学校长与政治有无限关涉，似乎没有不妥，这些校长，在对学术做出超然的贡献之余，身为文化思想前锋，同时还是政治上的领导人物。然而，尽管如此，为了大学自治、学术自由、教授治校等高等教育精神内核的继承与发扬，以及中国高等教育的现代化发展，他们更不遗余力，无所保留。只是学术与政治两种角色通常被看作是两个相互对立部分，从其各自本质属性上看是言之成理、持之有据的，但若结合中国传统文化的内在理路以及民国时期特殊的社会现实，便可发现其有失偏颇。一般理解的学术与政治角色之间那种非此即彼，排他性关系，似乎更倾向于"理念型"，只有上升到抽象的理论思维中这种排他性关系才会以纯粹的形式存在，然而在现实呈现的是一种相互交织的关系——"你中有我，我中有你"，由此才能更多地展现一种平衡。

从两种角色的关系来看，它们的性质的确有别，各自有自己的行为方式和侧重方向。政治角色有它的运作规则，例如它强调等级、服从；而学术角色同样有自己的内在逻辑，它注重独立、自由。从目的看，放置在彼时社会条件之下，它们的本质有相同之处，那就是挽救民族危亡，促进社会发展，改善生存条件。换句话说，二者都将焦点放在"为了人"上，"人是目的，而不是手段"，人本身是连接二者的关键因素，即通过扮演政治角色是为了将社会引向更加有序、健康的方向，而扮演学术角色则是为了人类更有知识、智慧。从行为方式看，"政治主行，学术主知"，学术是理论探究，是追求真理，而且它能服务于政治，引导政治的变革，而政治的有效达成又需要学术理论的指导。由此来看，两种角色相辅相成，不可或缺。

置身于社会转型期的民国大学校长确系有角色的困惑。如同周作人在《十字街头的塔》一文中说："别人离了象牙的塔走往十字街头，我却在十字街头造起塔来住。"[①] 他把象牙塔比作从事与纯粹学术相关的事情，而十字街头比喻成社会、政治。不能否认，由于身份、角色之间的张力，民国时期的大学校长内心充满紧张、压抑，在象牙塔与十字街头之间徘徊着，不忍放弃任何一方。实际上，这塔与街并非完全不相干，不问世事缩在塔里本身也无法成就民国大学校长，而走出塔中去关注街头生活的校长也仍旧有他的塔，因为他们自有作为精英者独特的思想与主张。

其一，对于民国大学校长扮演的两种角色来说，学术是不回避政治的，也不应该回避政治。只要学术是贯穿于现实生活之中，它就无法回避政治生活。生活于世的每一个人都不能回避政治生活，因为政治就如同经济、文化、科学等范畴一样，是现实生活的重要组成部分之一。由于大学校长经常处理的学术工作，是从生活中总结、升华出更加适应现实生活，甚至引领现实生活的具体内容，朝向现代化的方向发展，所以它不能避免与政治或者政治性的生活打交道。中国社会结构素有将政治置于文化的核心地位，即便处在社会转型期的民国，大学校长同样面对的是政治、经济、文化一体化的现实状况，所以，此刻，大学校长的学术角色不可能不与政治生活打交道，也不可避免地带上政治的色彩。必须明确，政治生活与政治权力并不能等同之，但是学术不回避政治，在这里既包括政治生活，也包括政治权力。不回避政治权力是指，一方面，学术权力有时是在与政治权力的冲突之中体现的，也就是说学术权力有时是在与政治权力的摩擦之中彰显价值的，就如同蔡元培、胡适等人为追求大学自治、学术自由、教授治校等而显现的独立性。另一方

---

① 周作人. 关于命运——周作人散文[M]. 广州：花城出版社，2013：128.

面，学术权力未必不能利用政治权力来做有关学术性的工作。如同罗家伦主动向国民政府靠拢，利用他与统治者的关系而促成清华教育基金独立、中央大学顺利迁校等事件中既存在政治意义，也同样具有学术价值。当然，这需要大学校长把握一种"度"，即政治权力首先以尊重学术权力为前提。

其二，众所周知，大学校长的学术目的并不完全在于政治，但是他们的学术理念与行为在很大程度上服务于政治理想，大之确立自己对中国政治的发展前途，小之确立自己对政治的看法与见解。换句话说，他们认为学术具有超越于其自身的目的。当大学校长的学术角色渗透进独特的思想并付诸实践之时，可以称得上是一种好的学术角色，尤其是，当学术的取向与政治的取向刚好一致的时候。民国大校长深刻意识到，着眼于民国时期特殊的现状，大学应该从孤芳自赏、深不可测的象牙塔中走出来并融入社会的现实之中，以避免大学与社会完全脱节造成的紧张关系。随着大学成为现代社会的轴心机构并卷入复杂的社会事务之中，其政治化过程不可避免，而政治权力也成为学术系统权力的重要组成部分，而作为掌舵者的大学校长自身的政治性便无可厚非。

例如，众所周知，蔡元培丰富的教育思想对中国教育的现代化具有促进作用，它所包含的深邃的教育哲学思想深刻影响中国教育走向。同时，蔡元培的教育理念穿越了时代的政治生活，他看到将"教育救国"作为一种改良的思潮是符合社会长远发展客观规律的命题。他所致力于通过建立与民主共和政治相适应的高等教育体系，从而为革新政治培养人才，挽救时弊的做法的确对当时的政治生活产生重要影响。蔡元培出长北大，高扬学术至上的旗帜，而其底蕴未尝不是收改进社会的长远之效。表面上看去，这位大学校长目光高远，颇为超然，可是急急聘任陈独秀来北大掌管文科，便明显表现出其现实关怀之所在。[①] 另外，蔡元培入主北大之初，是希望这所高校发挥学术的基本价值，可是数年之后，北大具有了双重意义：一个是表面意义，如其名称所揭示的，是一所"学校"，是一个传授知识、研究学问、培养人才的最高

---

① 张晓唯. 蔡元培与胡适（1918—1937）[M]. 北京：中国人民大学出版社，2003：198.

学府；但是，同样不能忽视的，它还具有另外一层不外显的潜在意义，就是一个酝酿舆论，领导思想的政治中心。北大的这一面虽然潜而不露，但却是北大当时立存于世的一个非常重要的"存在意义"，甚至从某种意义上说，北大业已成为一股政治势力。一位美国学者就此论及："新文化运动领导人努力寻求能使他们的运动获得超越龌龊庸俗政治的最合法的地位，但对于他们如何看待自己作为教育者的角色，人们却并不清楚。从最开始，他们所相信的应该尽量避免与外界的联系以专心搞研究并自我发展的信仰与他们同样强烈地走出校门、领导公众的责任感就互相矛盾。……虽然他们很小心地把他们的活动解释为教育，并避免与某个政党联系起来，从根本上来讲他们还是关心政治的。……他们逐渐得出一个结论：文化和政治属于同一领域，在该领域中权力有各种各样的组织和表达方式。"① 这是一个无法回避的事实，也是一种无从逃避的责任。同样，胡适认为教育与政治并不相悖，二者的联系，并不等于教育的堕落。因此，他在执掌大学期间将学术与政治角色相结和来配合其现代自由主义的政治理想。胡适所具有的理念、情怀使他的爱国情怀完全不同于媚俗的、盲目的爱，而是通过完善高尚的教育理念、树立理想的教育目标、培植深厚的人文土壤、营造良好的学术氛围、健全民主的学术体系来发展教育实践。这些大学校长将自己对于政治的普遍关怀、对国家的满腔热爱之情埋嵌在学术思想与教育实践之中，通过学术的力量使国家政治人才建设、环境、制度等各方面朝向良好的方向发展。这意味着民国大学校长在带领中国高等教育现代化发展的过程中自我意识的觉醒和精神力量的升华，也显示出民国大学校长在特殊的历史条件下能够理性地将自身的学术与政治角色有机统一。

其三，从大学校长所扮演的学术角色来看，他们需要从事基本的学术研究事业。结合民国时期的社会现状，当时社会需要的最大的、最根本的学术乃是文化，而且以蔡元培为首的大学校长在试图引领教育之时更意图通过文化发挥作用。深入研究发现，一方面，不能将文化简单归为单纯的学术范畴，

---

① ［美］魏定熙. 北京大学与中国政治文化［M］. 金安平，张毅，译. 北京：北京大学出版社，1998：249.

它还是一个复杂的、深刻的意识形态范畴。讨论文化就必然意味着要讨论中学西学、传统现代以及由此拓展出来的民主、自由、宪政、人权、法治等体制之内的核心问题,就不可避免地要讨论政治、介入政治。[①] 另一方面,文化是政治变革的精神基础,并且如蔡元培所说,文化的发展趋向当在教育,把教育实践中的各种新文化发扬,使它具有政治革命无法取代的作用,是推动社会进步的根本力量,对中国政治的变革是功不可没。因此,大学校长的职责早就与政治捆绑而无法分割。

在中国传统文化与现代西方思想的双重影响之下,民国时期的大学校长在学术与政治两种角色之间的游走、徘徊乃至困惑具有普遍性的特征,别具一格。它打破学术是政治附庸的思想桎梏,更与传统知识分子在政治上失意才沉寂于学术领域的无奈选择不同。虽然解决政治问题的根本途径是政治原则,但是政治问题的解决也同样需要其他方面的相互配合,[②] 而在民国的特殊环境之下,学术似乎是最优选择之一。因此,在学术与政治两种角色之间,政治各方面的进步需要学术进行引导,同时,学术与政治在一定程度上的共融,有利于开拓学术的发展空间,增强学术的社会影响力。当然,必须明确的是,由于教育独立性的倡导与坚守,政治对学术的影响只能限定在一定范围内,政治并不能取代学术。

---

① 卢秉利. 学术与政治:从胡适看现代中国知识分子的二难选择 [J]. 求索, 1999(4): 113.
② 王泽庆. 论胡适的学术与政治关系 [J]. 青海社会科学, 2011(2): 200.

# 第四章 民国时期大学校长角色徘徊之缘由

如前所述,民国时期大学校长始终徘徊于作为立身之本的学术角色以及承载经世致用的政治角色之间。接下来需要思考究竟是什么原因导致民国时期大学校长徘徊于两种角色之间。本章从大学校长自身因素、大学与政府之间关系、大学校长与大学外部之间的关系、大学自身内外部关系等几个维度展开分析,由此而形成下文即将叙述的四个主要原因。当然,这几个原因有着交叉与重叠,毕竟,大学校长处于大学之中,大学是社会的一部分……因此,很难将这种包容下的关系完全区分开来。

## 一、理想与现实的两重天

民国大学校长始终在理想的彼岸与现实的此岸之间游走,尽管如此,文化人格对"道"的固守与超越使他们在艰难曲折的道路上坚守学术,勿忘政治,真正成就自我,完善社会。

### (一)理念中的价值重建

近代以降,中国经历"价值重建"的过程。海通以还,中国传统价值体系受到"西学"的步步紧逼。最先做出反应的"师夷长技以制夷"并未意识到价值危机的存在。而其之后的"中学为体,西学为用"对已经意识到的价值危机做出一种保守型的反应。①再之后一种全新的价值体系输入中国,取代了以儒学为中心的传统的价值体系,新文化运动在先进知识分子的推动之下走

---

① 雷颐. "出山要比在山清"——漫话丁文江[J]. 读书,1991(5):14.

上历史的舞台，中国价值系统的重铸由此展开。而中国知识人在重建中国价值体系的上下求索过程中，作为安身立命根本的道德实践逐渐让位，传统的宇宙论受到根本动摇。而知识人具有的对人类命运的关切和使命感仍未消逝，伴随着对"安身立命的根本何在"，"我们从何而来"，"到哪里去"等类似问题的思索与探寻，中国近代知识分子从"中体西用"直到"民主、科学"的强烈主张与实践，都是对这些问题进行着逐渐深入、切合实际的回答，更是一种处于内忧外患状态下的被迫回答，因而带有较为明显的救亡图存的功利性质。所以，我们不必怀疑近代知识人参与社会的热情，只是应当提防韦伯所宣称的缺乏客观责任意识的"徒具知识关怀的浪漫主义"。[①] 毕竟，对某种类型的知识人来讲，未曾涉足政治实践的现实性会导致这部分人产生一种空谈观念、理论，类似于社会学家席美尔所说的"无生育能力的亢奋"的现象。

近代中国经历一个价值观的解构与重构的过程，这个过程伴随着近代知识人与政治发生种种联系。五四运动之后，知识人已经逐渐放弃从最初面对有关政治、社会等重大问题之时，抱有只有一个答案的价值预设，追求某种不容置喙的充满权威性的"天机"，转而追求承认生活由于其复杂性、不完美性的现实存在，因此并没有完美而统一的价值观念。自由与平等，效率与公正等社会中出现各种理想化的价值本身是处于难以协调的抵触状态下。然而，知识人在政治角色的扮演中通常以"理念人"的身份彰显其对社会政治发展的价值。所谓"理念人"，是那些"为理念而生，而不靠理念吃饭"的知识分子，他们从不满足于事物的现状，从不满足于求诸陈规陋习。[②] "理念"往往由于缺乏权威性的检验工具，而会导致自言自语、自说自话的种种"非公共说理"行为，这主要是从事非自然科学的知识人所遇到的"职业代价"之一。他们以更高层次的普遍真理，对当前的真理提出质问，针对注重实际的要求，他们

---

[①] 张伟. 知识人与权力的关系探微——"海德格尔公案"的思考[J]. 清华大学教育研究，2013 (6)：68.

[②] 胡金平. 学术与政治之间：大学教师社会角色的历史分析[D]. 南京师范大学博士学位论文，2005：89.

以'不实际的应然'相抗衡。他们自命为理性、正义和真理这些抽象观念的专门卫士，是往往不被生意场和权力庙堂放在眼里的道德标准的忠实捍卫者。"① 他们惯于将人为倡导的带有西方理念的解决方法带到中国，但是，这种充满西式情怀与乌托邦信念的思维模式往往与现实存在落差。毕竟，只有在彼岸世界存活的理念，只是个体苦心孤诣结成的精神之花而已。

科举制度的废除，知识人与权力中心的联系发生断裂。相对独立的大学环境，相对自由的学术氛围，价值旧秩序的解体，新秩序尚未完全建立，为现代知识分子的发展提供广阔的空间。虽然道统与学统已经在现代大学中分离，新知识人不再依附传统权威获得合法性地位，但是追求终极价值、人文关怀仍旧是知识分子的使命。蔡元培、胡适等人利用高等教育场所和知识资源上的优势，将人们对于未来世界的美好期许通过运用理论、概念工具等上升到一个更加普遍性的层次，自由、平等、民主等理念时常被嵌入教育理念乃至实践中。同时，他们深信自身提供的政治理念是解决混乱的社会现实的"良方"，并以校长一职的独特地位、力量不断践行、推动，意图最终实现。为此，他们以一种应然的价值标准去衡量现实的政治环境，二者之间的落差便始终存在，由此而产生对现实政治的不满意状态。

### （二）现实中的变奏曲

由此看来，民国大学校长对于高等教育的发展，对于政治的改良，对于社会的进步，都怀有一种美好的憧憬。然而，在实际运行过程中，理想不能影响现实，理论不能指导实践，知识不能转换为行动的现象时常发生。当然，这种现象并非是民国的特例。在人类生活中此类事情不胜枚举，可以算得上是通例。事实上，"书面上的法律与被人实行的法律、统治者的原则与他们原由被统治者的精神所加以改变的行动方式、由制定体制的人所颁布的体制与被实现了的体制、书本上的宗教与人民中间的宗教、一种偏见表面上的普遍

---

① [美]刘易斯·科塞. 理念人：一项社会学的考察[M]. 郭方，译. 北京：中央编译出版社，2001：2-3.

性和它所获得的实践拥护,都可能是如此之不同,以至于其效果绝对不会再符合于那些公开被承认的原因。"① 虽然理性赋予人类以理想,但是现实仍旧不堪。从理论上说,这牵涉精神世界与物质世界的区隔。因为民国时期有关教育、政治、社会等方面的各种理想、理论与相关知识基本都属于人类的精神世界,相应地,民国时期有关教育、政治、社会等各方面的现实、实践与行动则都归属于物质世界。这两种世界之间虽然有关联,但二者之所以能够被完全区别开来,就说明彼此之间具有本质的不同。从现实来讲,民国大学校长根本无法获取一个实现理想的纯然自由的"舞台",中国根本没有提供他们以实现理想的机会。因此,时代给予他们构建理想的机会,却无法提供相应的历史条件。

另外,人们普遍注意到,民国大学校长作为知识人的典型代表,具有知识分子的个性:带有理想主义者的精神特征,既热情投入时代生活的潮流,又努力想守住学术与思想的"本业",既将西方民主政治理念移植进中国,又不会完全放弃文化、政治传统。然而,就实际而言,这种带有理想与现实交融而形成的思想行为路径,会使他们一直处于煎熬之中,其抱负,大到济世明道,小到个人的教育、学术志趣,挫折远多于成功。他们或许能够在人格上保持独立,却因现实状况的种种限制而徒增苦恼。我们时常可见民国大学校长以辞职相抗争,以复职为妥协,这是一种进退无奈、身不由己,不得不顺应一种矛盾的双重命运,也恰恰说明他们与现实之间的痛苦的关系。的确,后人时常会赋予蔡元培、胡适、梅贻琦等校长以超越型"观念人物"的标签,而逐渐沉静后发现,他们同时倾向于参与型的"行动人物"。他们一方面承载着思想和知识的固有理路,另一方不得不面对现实社会的紧迫要求。这种难以摆脱的命运,是民国大学校长对理想的重构,也夹杂着对现实的抗争与妥协,实属题中应有之义。

蔡元培、梅贻琦、蒋梦麟、胡适等大学校长,在他们执掌大学的时刻起,其独特的大学校长形象便树立起来,崇敬他们的人会时常谈论起他们的丰功

---

① [法]孔多塞. 人类精神进步史表纲要[M]. 何兆武, 何冰, 译. 北京: 生活·读书·新知三联书店, 1998: 174.

伟绩。可是，深入研究会发现，某些民国大学校长在学术与政治中的热情并不是呈逐年递增趋势，相反，具有削弱之态势。例如，执掌北大之时，蔡元培不止一次以"不合作主义"相抗争，尽管这可作为蔡元培坚持己见的有力证据，但一次次地辞职、复职会留给蔡元培多少积极、乐观的心态自不必说，蔡元培发出"我倦矣！'杀君马者道旁儿'，'民亦劳止，汔可小休'，我欲小休矣"的感慨便是例证，其中透露出他理想破灭之后多么深重的失望和疲惫情绪不言而喻；同样，强权政治下"巴黎和会"的失败与腐败政治下"好人政治"的失败等例证，使蔡元培一次次认清政治的现实，引起他的强烈不满。"仅九一八事变后，曾奔走调停宁粤之争，及应付学生请愿抗日，与陈铭枢同被殴伤，于世局似甚灰心"①。胡适也处于相同的境遇之中。仅就教育独立来讲，是胡适在崇尚思想自由和信仰自由之基础之上持之甚笃的教育思想。然而，他所苦苦坚持的，最终仍旧被执政者玩之于股掌之中，教育随之左右摇摆，无有宁日。他所发出的"宁鸣而死，不默而生"作为"不自由，毋宁死"的传统依据便可以理解了；同时，在政治方面，胡适在"九一八"后即基本放弃了再造文明的努力，到抗战结束后又基本放弃了好政府的目标，最后只能试图保存一些"自己"了。② 现实的悲剧究竟给他们多大的创伤才终至他们热情消减，我们无从考据，的确，以蔡元培、胡适为代表的民国大学校长留给自己的玫瑰色的梦只会徒增悲伤罢了。

（三）文化人格的固守和超越

然而，尽管现实对理想采取种种制约条件，民国大学校长始终坚守内心信念，其文化人格对"道"的固守与超越使他们在艰难曲折的道路上真正成就自我，完善社会。

"道"不只是易学之道，不只是老庄之道，也不只是孔孟之道，而是天地人间、人事自然，③ "宇宙万事万物必变、突变、适变、不变之大法则"，"乃

---

① 沈云龙. 民国史事与人物[M]. 北京：中国大百科全书出版社，2013：156.
② 罗志田. 再造文明之梦——胡适传[M]. 成都：四川人民出版社，1995：375.
③ 储朝晖. 中国大学精神的历史与省思[M]. 太原：山西教育出版社，2006：348.

为变易之理，不易之理，简易之法"①。"道"具有最大限度的多义性、包容性，并能够随着时空变化赋予新的内涵。然而，"道"又具有稳定性，"道"便是与各种美好精神相贯通的反复变化中的不变。"中国古代的'超越的突破'，事实上决定了此下两千多年的思想传统，也决定了中国知识人的基本性格。孔子所说的'士志于道'，不但适用于先秦时代的儒家知识人，而且也同样适用于后世各派的知识人。"②

民国大学校长以学术为立身之本，致力于承担建设现代大学的使命与责任；同时，作为中国现代知识分子，他们始终具有难以割舍的政治情怀。无论他们面对何种遭遇，始终竭力为新社会作筹划。综观众多民国大学校长治校生涯，其教育实践跟随时代潮流发生变化，而政治态度也并非一成不变。然而，他们的内心深处是有其不变之"道"的。而这个"道"一方面涵盖"教育之道"，即教育中蕴含着道，使得教育理应依道、循道而存在与发展，教育中的一切相关因素都在道的统摄下各司其职、各尽其责，扮演自身本有的角色③；另一方面这个"道"又显然与现实政治紧密联系，并致力于规范引导现实政治。传统的道统观念已然崩溃，民国大学校长对"道"更多赋予现代意义，并通过他们的人格特质和精神气质加以体现，即改变落后的高等教育现状，建立现代化的高等教育制度体系以及建立民主自由政治的强烈愿望与执着追求。民国大学校长多是学者、教育家、社会活动家，并非是政治家，我们无法期望他们对自己的政治理想做出具有高度严谨性的表达，但是在民族危机深重和国内局势混乱的背景下，他们始终在用微弱的力量、朴实的语言呼唤现代社会的确立。

通过对民国大学校长的分析，我们能够基本了解他们处在学与政、道与势之间的紧张心灵。他们在历史中自觉地承担起学术与政治的双重角色，以学术为志业却又关心政治，积极寻求救国救民的方式和途径。然而当现实状况与其理想发生冲突之时，他们力求保持人格独立，便将自身置于从"道"甚

---

① 董广杰. 龙的传人与龙的精神[M]. 北京：中国纺织出版社，2001：49.
② 余英时. 中国知识人之史的考察[A]//. 士与中国文化[C]. 上海：上海人民出版社，2003：607.
③ 王康宁. 不言之教——老子对教育的结构及其启示[D]. 山东师范大学硕士学位论文，2013：33.

或从"势"的矛盾之中。然而，就历史、社会、现实以及人格等多重因素加以考虑，民国大学校长固守内心之"道"是必然的，而且在理论上也具有其实现的可能性。

首先，民国大学校长作为精神价值和社会道德良心的标识，担负着启蒙思想、维护道德的责任以及有着对国家和社会负责的情怀，他们在社会危难之时表现出以道自任的精神和超越权势的勇气。即使身处于权势之中，也竭力使"势"朝向其坚守的道德标准、政治原则和社会价值的方向努力。其次，民国大学校长有属于自己的空间范畴和社会符号，从而建立起"弘道"的基础。独立而自由的大学成为大学校长发挥作用的场所，他们在理念和实践中的独立自由倾向，使他们摆脱政治权力和实现精神人格独立成为可能。最后，民国大学校长大多出国深造，从西方引入自由主义，引入人格独立、个性解放的精神气质。他们希望个人的奋斗与贡献社会、个性解放与群体意识、自我价值实现与国家独立能达到有机统一。而这种情况下通过完成执掌一所大学的使命对中国高等教育现代化进程乃至中国政治现代化进程的交互融合，实现"小我"与"大我"的统一。甚至在某些情况下，以牺牲"小我"以成全"大我"。

一个不否定历史的人，必然会认为"道"是大学精神与理念并非最好却无可替代的根基，"士志于道"是中国大学精神模式中并非最为理想却又无法抛弃的选择。[①] "道"几乎涵盖与大学精神、理念有关的全部美好的词汇：民主精神、科学精神、人文精神、士大夫精神、求真、求善、求美、自由研究、为学问而学问等，皆能与"道"贯通。事实上，民国大学校长就是在这种一致性的抽象概念之中具体化为各种现实性的存在，通过各种学术与政治行为加以表达。

孔多塞在回首人类精神的进步历程后说道："人类精神在解脱了所有这些枷锁、摆脱了偶然性的王国以及人类进步之敌的王国以后，就迈着坚定的步伐在真理、德性和幸福的大道上前进。"[②] 大学精神与理念之遵循路径不会越出这一轨道，而民国大学校长在倡导大学精神、发展大学理念的过程中更是

---

① 储朝晖. 中国大学精神的历史与省思[M]. 太原：山西教育出版社，2006：348.
② 张廷国. "道"与"逻各斯"：中西哲学对话的可能性[J]. 中国社会科学，2004(1)：127.

在这条道路上兢兢业业。这一结论与"大学之道,在明明德,在亲民,在止于至善",以及雷沛鸿所得出的大学应该"与民众结合、自由思考和运用科学方法去自由思考"才能"成其大"[①],何其相似!

## 二、政府[②]与大学之间的博弈

民国时期政府与大学之间关系的多维给予大学校长角色扮演的诸多可能性,因此探究二者之间的关系就显得尤为必要。综观民国时期政府与大学之间的关系可以发现,二者之间呈现一种对立统一的矛盾关系,这同时适用于国立大学与私立大学。但是,需要意识到的是,民国时期的大学是在一个相对充满尊重与独立的环境之下生存、发展。

### (一)政府与大学之间的关系

#### 1. 尊重与合作

民国时期社会动荡不安,内忧和外患此起彼伏。在这样的环境下中国的高等教育事业能够发展并实现突破,着实让人震惊。这是中国知识人群体共同造就的结果,也是以大学校长为代表的学校管理者能够在政府与大学之间保持平衡的结果。应当肯定,在这个过程中,政府对大学是比较尊重的。中国第一代和第二代自由主义知识分子的代表人物,例如蔡元培、胡适、蒋梦麟等,都先后担任过大学校长,可以理解为自由主义知识分子与政府的关系是相对平衡的。而且,这些大学校长和政府之间,更多的是维持一种"诤友"的关系,这种关系以信任为基础,以人格、知识和信仰为底线。不仅如此,政府作为相对的强者,知识人作为相对的弱者,凡二者能够保持合作,必然是强者一方展现出极大的诚意。

众所周知,民国时期的大学在学校内部事务上拥有相对较大自主权,例

---

① 雷沛鸿. 什么是构成大学大的特性[A]//. 韦善美,马清和. 雷沛鸿文集. 南宁:广西教育出版社,1990:471.

② 本文提及的政府均为广义的政府,即包括行政机关、立法机关和司法机关在内的政治主体.

如北大一些学生主张彻底废除考试,蔡元培最终给出不要证书者可不参加考试的政策意见。而此时政府等相关部门对此事未加以任何干涉,似乎默认学生不要文凭就不需考试的主张,可见当时大学拥有很大的自主权,而大学校长又在这个过程中起着主导作用。另外,在高校教师聘任方面来看,虽然中央政府颁布近代大学教师聘任制度与任职资格的相关政策、法律,但是近代大学在此过程中仍旧具有较大的自由度,具有明显的"大学自治性"。而各大学校长在教师任职与聘任方面均具有"集权"性。高校教师由各高校校长依法聘任,高校有较大的教师人事自主权。① 因此,正如1946年周鲠生给胡适的信中言及蔡元培时代的北京大学时所说:"我们在北大的时候,尽管在军阀政府之肘腋下,可是学校内部行政及教育工作完全是独立的,自由的;大学有学府的尊严,学术有不可以物质标准计度之价值,教授先生们在社会有不可侵犯之无形的权威,更有自尊心。"② 总之,政府对大学保持独立性是给予很大尊重的。对于国立大学来讲,政府遵循其发展的客观规律,因势利导地对其进行管理。对于具有弥补国立大学作用的私立大学来讲,其董事会作为大学的法定拥有者,加之私立大学在经费筹集等方面的自由、独立,使私立大学相对独立于外部政府。

同时,各个大学也诚意配合教育部颁发的大部分政策法律。例如梅贻琦担任清华大学校长期间,清华大学和政府之间有诸多项相互合作的事实。如梅贻琦配合政府发展理工科,应工业界需求,增设工学院;为配合国防需要,设立多所特种研究所等便是明显的实例。正是由于梅贻琦的诚意配合,取得政府和社会的信任,才能有效巩固清华大学的学术自由。苏云峰认为,清华大学取得成就的原因有如下方面,"梅贻琦左右兼顾,一方面尊重教授治校精神,获得教授支持;另一方面又能取得中央的谅解与支持,故能在安定中发展"③。再如,蒋梦麟担任北大校长后,按照南京政府公布的《大学组织法》,

---

① 崔恒秀. 民国教育部与高校关系之研究(1912—1937)[M]. 福州:海峡出版发行集团,2011:107.

② 中国社会科学院近代史研究所中华民国史组编. 胡适来往书信选(下册)[M]. 北京:中华书局,1980:88.

③ 苏云峰. 从清华学堂到清华大学(1928—1937):近代中国高等教育研究[M]. 北京:生活·读书·新知 三联书店,2001:252.

提出"教授治学、学生求学、职员治事、校长治校"的理念，对北大的各项制度进行调整。蒋梦麟虽然以设立校务会议发扬民主为标榜，但是主要权力还在蒋梦麟等人的手中，而贯彻执行南京国民政府的相关政策法律也成为不争的事实。在此过程中，不能否定大学有借助政府的权威推行相关政策的意图，而政府在自身利益能够得以保证的情况下同样愿意配合学校，维护学校的利益，因此，这两者之间具有利益的一致性，这便能够保证它们之间具有合作的可能性。

**2. 不作为与敷衍**

大学与政府之间并不完全是合作关系，这二者也会相互敷衍。大学对政府的各项政策、法律未必是令出必行。大学有的时候并非是不愿意配合，而实在是有心无力。在这种情况下，大学并非刻意追求在政府政策框架内用尽可能低的成本获取自身的最大利益的行为，而是在当时的社会环境下，适合大学发展的人力、物力、财力均无法获得保证，缺少大学能够有效执行政策的相关环境。然而，大学不会完全按照政府规则行事，却能享有部分自治权，例如关于各高校的教师聘任方案，各高校并不会严格按照政府的相关规定执行，甚至在一些著名高校内部，教师聘任资格高于政府规定。如政府对于副教授资格的规定条件中有一条，即充任讲师三年以上或同等工作，而某些大学结合本校各方面条件以及传统，规定充任讲师五年以上之资格。由此可见，民国很多大学的规定明显高于政府要求，而对于教授资格的认定也有同样情况。在这种情况下，大学自治不仅仅是一个发展高深学问的过程，因为它显然已经超出纯粹学术的含义，从广义上说是大学自己决定和管理自己的事情，换言之大学自身充分享有以及分配各种权力的过程。如若此时大学一味迎合政府的要求，那么大学既无法掌握自主权，同时大学的利益也很难保证。

而政府面对大学对各项政策的实际运作情况有时也是不得已地睁一只眼闭一只眼。不管是出于政府行为能力的制约还是其他客观因素的制约，民国时期的确存在诸多政府失灵的客观事实。例如，民国时期高等教育的一大突破就是大学开放女禁。事实上，在1922年的"壬戌学制"从法律上确定女子有接受高等教育权利之前，大学招收女生已经成为既成的事实。早在1918年底，北京政府就在给北大的公函中指出："国立学校为社会试听所系，所有女生旁听办法，务须格外慎重，以免发生弊端，至于女学前途，转滋障碍"。[①] 然而，时任北大校长的蔡元培明确表示同意女生入学。之后，北大正式招生女生入学，成为我国高等教育史上的创举。在这个过程中，政府的阻拦是相当软弱的，即使面对蔡元培等校长的反抗举动，也并没有采取强硬的政策，更加没有加以追究。在这种情况下，大学校长反而有了更多的主动性。尽管政府不允许招收女生，但是蔡元培仍旧敢于首开先河，一方面是蔡元培倡导大学自治、改良风气的结果，另一方面是蔡元培打政策擦边球的结果。由此来看，政府的不作为反而顺应了时代潮流，成就了中国高等教育的现代化发展。

### 3. 抵制与冲突

民国时期政府与大学之间由于权力制衡或者牵涉利益问题，二者之间会产生矛盾与冲突。众所周知，学术无法在社会中孤立存在，而是深受具体社会、政治等环境的影响和制约，这在民国时期也不例外。例如，权力对高等教育知识价值取向的影响。一方面，通过意识形态影响教育知识的选择。民国高等教育体系的设计是根据统治阶级的意识形态所推行的官方的文化，这种文化是统治阶级对于其自身意识形态合法化地位加固的结果，也是意识形态得以传递的必备手段之一。1938—1948 年，国民政府教育部先后颁发文、理、法、医等八个学院的共同必修课、分系必修课和选修科目表，尤其强调党义、三民主义、军训等内容列入必修课，学校不允许有自主权，由此而通过课程内容对大学的思想、学术进行控制。另一方面，教育知识选择成为社会控制的主要手段。从社会控制角度讲，高等教育系统不过是权力阶层施加控制的工具，权力阶层正是通过各种行动对高等教育加以控制，以使高等教育从制度层面到目的层面上的价值取向，再到课程内容的选择，以及教育者与受教育者的行为选择都能够反映出权力阶层的要求。1921—1924 年，国民党学习苏联，提倡"以党治国"，在实际控制的广东省，在教育上学习布尔什维克，禁止教育自由化，在学校实行党化教育，就是要通过组织手段，着手

---

[①] 萧超然. 北京大学校史 (1898—1949) [M]. 上海：上海教育出版社，1981：64.

对学校实行控制，把学校变成党的政治工具。暂且不论民国大学校长分散而微弱的力量如何，统治阶级能否让大学校长进行维护自由的努力似乎是不言而喻的。胡适从中国公学的辞职不就是很好的例子。

法律政策层面，南京国民政府成立后，为加强中央集权，通过立法提高行政效能。在促进高等教育发展更加规范化、制度化的同时，政治干预功能随着立法政策的推进大大强化。1924年2月，教育部废止《大学规程》以及《大学令》，公布《国立大学校条例》，这标志政府对高等教育干预力度的加大。而蔡元培等人对此强烈反对，认为它"摧残大学教授制之萌芽"，强烈要求取消此条例。1929年7月《大学组织法》《专科学校组织法》出台，之后教育部又公布《大学规程》《专科学校规程》等法规，除废止董事会之外，基本发展、完善此前的《大学令》和《国立大学校条例》。① 九一八事变乃至战争全面爆发后，战时集权主义代替自由主义成为主导，政府全面推进对高等教育的干预。1938年通过《战时各级教育实施方案纲要》，强行将军事化管理方法灌输进中等以上学校。随后，教育部制订《战时各级教育实施方案》，将"政教合一"定为战时教育改进原则之一。至此，民国时期的国立与私立大学处于国民政府的统一领导之下。

体制层面，在蔡元培努力下，1927年6月7日国民政府批准成立大学院，并规定大学院为全国最高学术教育机关。与此同时，在地方以大学区制代替之前的教育厅制，保障教育学术性。然而，随着中国政治局势的变化，一年后大学院制改为教育部，随后大学区制消失。大学院及大学区制是蔡元培等人在中国实行的高等教育体制的创新，但是它最终失败，最重要的原因还是政治层面的。这种新体制的设立肇始于南京政府为从政客以及军阀手中抢夺教育权，又因蒋介石不断加强独裁统治，从根本上不允许以"教育独立"为主旨，实行"超然教育"方式的大学院、大学区制度存在而告终。因此，高等教育自始至终都脱离不了政治因素的环绕，意图逃脱国家对高等教育控制的尝试，以失败而告终便不足为奇。

---

① 李剑平. 百年来中国的大学自治与社会干预[J]. 河北师范大学学报(教育科学版)，2015(1)：7.

校内管理层面，如果我们说民国以蔡元培、梅贻琦为代表的大学校长将"教授治校"制度创立并发扬光大，使得民国高等教育逐渐走上自主、自治的发展之路，对此并无异议。那么当1931年9月3日，国民党中央执行委员会通过"三民主义教育实施原则"，把教育当作革命建国的工具，开始封杀独立学校时，这种制度就几乎被扼杀了。1934年，国民党颁布《大学组织法》，彻底取消教授治校制度。这个标志着自由与独立的教授治校制度的衰退，彻底将彼时优秀的民国大学校长坚守的大学真谛摧残。

物质层面，教育界曾因军阀政府将国家大部分经费用于军费开支，教育经费只占国家预算的很小部分，而群起谋教育经费独立。北京教育界并由此形成"教育经费独立运动"。在这个过程中，大学校长作为索取所欠薪金和要求维持教育经费独立的领导者，通过各种形式与政府进行抗争。例如，1920年7月，北京国立专门以上校长函请教育部发薪；1922年，八校校长五上辞呈，索薪时间长达4个月；1926年，面对累积达17个月的欠薪时日，九校校长以辞职为代价，索薪时间长达12个月……这种事件在民国时期颇为普遍。蔡元培还专门在《提议教育经费独立案》中主张，"一切教育收入，永远悉数拨归教育机关保管，实行教育会计独立制度，不准丝毫拖欠"①。虽然国民政府批准上述方案，但是，由于政府官员执行力度不够甚至不作为现象的发生，并且国民政府不久之后实行"财政统一政策"，使得上述方案成为泡影。对于私立大学来讲，自其产生之日起一直得到各级政府的资助，除了直接的经费补助外，还可以享受政府给予的教育贷款、税收、土地划拨等方面的优惠。很明显，对于更为依靠政府的国立大学来讲，政府的资助已经无法满足，更何况能够实现融资渠道多元化的私立大学？

### （二）政府与大学之间关系的多维分析

**1. 政府权威的缺失**

在我国漫长的历史长河中，政治一直具有一种至高无上的地位，而教育自然要围绕政治展开。传统中国作为一个高度中央集权型国家，"官学"教育

---

① 蔡元培. 蔡元培全集[C]. 杭州：浙江教育出版社，1997：116.

机构，例如太学、国子监等掌握着高等教育的命运。即便宋朝具有更多"私学"色彩的书院，都无法逃避中央政府的管制，成为科举制度的附庸。而至民国时期，政府权威通过对大学进行政策指导、管理督导等作用发挥出来。但是。由于此时的民族危机和社会危机十分尖锐，政权更迭频繁，历届中央政府疲于应对各种政治危机、经济危机，甚或军事危机，在上层政治领域出现一系列"真空"，无论是政府内聚力和外控力都相当有限，或是其道义力量或者合法性都无法有效管理国家，更无法深入高等教育领域发挥强势影响力，其整体的控制能力始终处于虚弱乏力的状态，由此而构成典型的"弱势政府"。具体来说，民国前期，国家政治权威处于缺失和断裂的状态，最基本的政府内部事务都出现维持之困，更无暇推进高等教育领域的一系列发展与改革；民国后期，虽然南京国民政府建立起权威体系，却不断流失和走低，最终在权威危机中失去统治的合法性，以至高等教育的现代化之路充满曲折。然而，现实表明，这种政府管理的低效率却有可能有利于大学的自由发展。

政府权威的缺失不仅由于政府行为的低效率，还由于政府干预的公正性并非必然。公共选择理论对政府行为出发点的判断认为，政治领域里的"个人"行为同经济领域里的"个人"行为出发点一样，都是自利的。政府官员天生具有"经济人"理性，政治是利益或价值的市场。政府机构谋求私利的所谓"内在效应"在教育中有淋漓尽致的体现。例如，民国时期北洋政府对教育经费的克扣以及随意挪用。而政府的这些行为导致大学人对政府的信赖度降低，政府权威自然会受到影响。另外，千篇一律的政策规定会削弱大学的多样性。由于民国大学地位的提高，它需要足够的独立性去丰富自身，也需要创新、改革的自由权利，以满足志向远大、兴趣各异的学生需求。此时，大学便会冲出政策规范等的束缚，以求得自身更大的自由度。

**2. 大学双重价值的兼容**

美国教育家布鲁贝克曾提出大学地位得以确立的两种主要途径，即认识论和政治论。由此，大学的双重价值取向分为理性主义模式和功利主义模式。以认识论为基础的理性主义模式主张大学依据自身逻辑办学，力求学术客观性和价值无涉，探求知识的目的只是追求"闲逸的好奇"。大学保持超然于社会的状态，反对任何外界干预，尤其不能以政治和商业的目的去生产知识和文凭，否则会左右大学探索和传播真理的客观性。卡斯帕尔指出："学术自由意味着超脱于政治……世界各地的国家及其官僚机构经常会窒息创造性并断绝其新鲜空气"。① 以政治论为基础的功利主义模式认为，人们探究知识的目的不仅仅出于闲逸的好奇，而且还因为它对国家有深远的影响，高等教育应关注国家需求并服务于社会。政治论哲学要求大学根本改变以往基本与世隔绝并拒绝由政治和经济构成的社会现实，从孤芳自赏、深不可测的象牙塔中走出来并融入社会的现实之中，以根本缓解大学与社会完全脱节造成的紧张关系。② 对高等教育在政治上的合法地位无须大惊小怪，自古以来教育就被看作政治的分支，柏拉图、亚里士多德、杜威的著作中均有提及。而且，"当高等教育卷入日常生活的时候，必然会遇到如何确定目标和如何行使权力来实现这些目标的争论，而这些争论自然具有政治性"。③ 随着大学成为现代社会的轴心机构并卷入复杂的社会事务之中，其政治化过程不可避免，而政治权力也成为学术系统权力的重要组成部分，"今天，在世界上的大多数国家，高等教育主要是中央政府组织的一部分。高等教育的性质因而取决于中央各部门的性质，受到一般政治权力的影响"。④ 两种哲学观共存于高等教育领域并作为基础指导高等教育活动，然而在高等教育哲学的政治论和认识论之间仍然缺乏和谐。⑤

在中国，由于特殊的历史条件，政治论几乎一直作为高等教育合法性的主要哲学依据。而至民国时期，由于大学精神的重塑以及一批先进知识分子

---

① [美]斯帕尔. 研究密集型大学的优势性[A]//. 魏新，等，译. 21世纪的大学. 北京：北京大学出版社，1999：103.

② 眭依凡. 大学校长的教育理念与治校[M]. 北京：人民教育出版社，2006：118.

③ [美]约翰·S. 布鲁贝克. 高等教育哲学[M]. 王承绪，等，译. 杭州：浙江教育出版社，1998：15.

④ [加]约翰·范德格拉夫，等. 学术权力——七国高等教育管理体制比较[M]. 王承绪，等，译. 杭州：浙江教育出版社，2001：133.

⑤ [美]约翰·S. 布鲁贝克. 高等教育哲学[M]. 王承绪，等，译. 杭州：浙江教育出版社，1987：18.

的引导，曾经被稀释的认识论哲学地位逐渐上升，甚至在某些知识分子眼中，探寻高深学问，追求真理的认识论哲学已经替代政治论哲学，成为高等教育领域主导的哲学依据，而这对大学自身的影响产生微妙而持久的作用。认识论的不断进攻和政治论的坚定驻守使政府与大学之间保持一定程度的平衡，也为大学校长游走于学术与政治之间提供了理论基础。

**3. 政治文化的"动态共生关系"**

民国时期"理性力量"的崛起主要表现在当时中国出现的一批受过西方教育，有高度文化反省精神、奉行自由主义理念的大学校长群体。民国时期的大学校长群体与国家、社会的关系，与中国传统模式下的"文人精英"形式具有很大的差别。他们在继承思想道德意识和领袖精神等部分传统之外，这些大学校长群体更是依靠专业性而服务社会的人员。这批带有强烈的职业性、专业性属性的校长群体，其"职业维权"的自我意识较之传统文人更加强烈。面对政府的种种行为，这些大学校长群体一方面基于配合政府促进国家发展的需要，另一方面为保障自己的职业诉求，他们与政府达成某种相互认同、尊重意义上的关系。所以，民国时期既能够出现政府对大学的干预，也会出现政府对大学的理解，而大学对政府的某些干预行为也能够接受。同时又出现大学校长作为"教育独立、学术自由、教授治校"的制度设计者与践行者，引导中国高等教育的现代化走向；而与政治有所牵涉之时，自由主义知识分子"兼容并包"的气度与情怀在这些人的"潜意识"里发挥重要作用。因此可以说，民国时期的政治文化特征显示出典型的"动态共生关系"，即一方面是大学与政府之间的相互妥协、相互影响，另一方面是以大学校长为代表的自由主义知识分子群体与国家之间的相互宽容、相互合作。这种关系表明上述双方都在努力寻求并合理界定相互之间合作共生的边界。而将这个边界进一步延伸，便是维护大学真谛——教育独立、学术自由、教授治校的精神。

**4. 大学自身发展的矛盾**

崇尚、发展学术是大学的内在逻辑起点，而且它赋予大学无可争议的自治权力。然而，随着外部环境的改变，大学不可能孤立存在于世，为了生存、发展并保持长期竞争力,"大学一方面力争力求拥有更多的办学自主权,另一方面却不由自主地比过去任何时候都更注意政府在社会各子系统中的协调作用"①。这往往会导致大学独立、自由与政府控制矛盾关系的奇特的二律背反。"就大学为了追求和传播知识需要自由而言,当种种控制力量软弱分散时,大学知识之花就开得绚丽多姿;就大学需要资源维持办学,并因此依靠富裕强大的教会、国家或市场支持而言,当种种控制力量强大时,大学在物质上就显得繁荣昌盛,但这种力量可能——也的确常常——以各种有害于教学和研究自由的方式实行控制。"② 因此,尽管人们承认学术自由是维持大学活力的源泉,但几乎没有人会否认政府采取相应措施指引大学更好地发挥其社会作用的必要性,或者说大学不能逃出政治治理的引力场。"高等教育卷入社会事务中就越有必要用政治观点来看待它。就像战争意义太过重大,不能完全交给将军们决定一样,高等教育也相当重要,不能完全留给教授们决定。"③ 可以说,大学的独立、自由发展是大学在与政治势力抗衡过程中取得的一种平衡,这其中包含了二者力量的相互妥协。

从大学与政府关系看,政府是国家利益与公共利益的代表,拥有管理社会公共事业、维护社会公共秩序的强制性权力。任何大学,无论其独立性和自主性多大,都不能不受到政府参与的影响,这是政府作为行政管理者对大学作为社会有机组成部分行使的基本管理权力。同时,大学自治并不等于封闭,也需要积极开放,此时政府参与是大学开放的一部分。但是由于政府"强制性""自立性"等存在,政府"参与"有时会逐渐演变成政府"控制"。大学虽然有自由发展的意图,但由于政府强制性与大学弱势地位之间的关系并非是一种对等的关系,政府与大学间有时不得不采取"命令—服从"的形式。然而,若大学一味迎合政府的要求而丧失自身独立性与自由,那么大学已经失去发展的内在逻辑,便无可救药地堕落了。综观民国大学发展的现实,大

---

① 尹晓敏. 寻求政府控制与大学自治的平衡——世纪之交政府与大学关系的合理定位[J]. 高教探索,2007(4):52.

② [美]伯顿·克拉克. 高等教育新论[M]. 王承绪,等,译. 杭州:浙江教育出版社,1988:24.

③ [美]约翰·S. 布鲁贝克. 高等教育哲学[M]. 王承绪,等,译. 杭州:浙江教育出版社,1987:29.

学并不是一味地迁就政府的各种行为，大学的独立性与自主性时常居于主导地位。

## 三、一以贯之的"教育救国"追求

"教育救国"是民国大学校长承担学术、教育发展的时代内核，同时又是肩负社会赋予的政治使命的有力表达，是将学术与政治结合的完美呈现，同时也是民国大学校长徘徊于学术与政治之间的原因。

### （一）"教育救国"的基本观点

#### 1."教育救国"的历史背景

中华民国处于一个急剧动荡的年代。1911年的辛亥革命使中国封建政治体系彻底倒塌，民主共和政体进而确立，随之而来政党政治出现，《临时约法》的出台体现出政治现代化的进步与发展。知识人群体自觉参与政治活动。同时，广大先进的中国人希望从此将民主、自由等理念真正贯彻进生活中，实现中华民族的富强。然而，现实总是残酷的，一方面，中华民族仍旧处于帝国主义和封建主义的不断压迫之下；另一方面，军阀割据、政局混乱等都昭示着中国现代化之路的曲折而漫长。在文化教育方面，中国几千年形成的以儒家伦理纲常为核心的封建意识形态、思想体系还具有存在的强大根基，而西方先进的教育理念和教育体系不断冲击着人们的思想意识领域，极大解放人们的行为模式，也为"教育救国"在民国的发展提供理论动力。受其影响，教育领域开始以重视健全人格，培养人才为目的进行一系列教育改革。

#### 2."教育救国"的基本主张

"教育救国"论是近代中国特殊的历史背景下出现的社会思潮；是近代中国先驱在探索救亡图存的道路上，对社会矛盾和时代挑战进行回应的历史主张；是近代中国教育界领袖将教育实践与政治理想进行结合的历史性产物。它的基本观点是：近代中国之所以陷入民族危机、贫穷落后的局面之中，从根本上可归结为人才不足,也即是教育不发达、不普及。它是中国知识分子倡导的通过发展教育事业、提升人民科学文化素质、挽救民族危机的救国理论和主张。① 在"教育救国"者看来,首先,教育作为救国的根本手段是不容置疑的。他们认为"凡国种之灭绝",不出两个原因:其一,"必其种之暗昧,不明物理者也";其二,"必其种之恶劣,而四维不张者也"②。"暗昧,不明物理",是无知;"恶劣,而四维不张者",是愚昧。只有依靠教育,才能避免"国种之灭绝";只有依靠教育,才能消灭"愚昧""无知"。因此,将中国从亡国灭种的危机中拯救出来,从教育入手,普及教育,成为拯救濒于衰亡之中国的不二法门,而高等教育尤为重要。如蔡元培说,过去普鲁士深受拿破仑摧残与践踏,大学教授菲希脱作几次爱国主义演说,认为改良大学教育,"卒有以就普之亡,而德意志统一之盛业亦发端于此"。通常一提及"普之胜法,群归功于小学教员,然所以有此等小学教员者,高等教育为力也"③。蔡元培说自己之所以回国担任北大校长之职,更是出于高等教育作为救国的必要手段的原因。其次,要救国,要在中国实现真共和,只有依靠教育。孙中山先生辞去临时大总统后曾投身于教育救国、实业救国,以求通过发展教育、实业造成民主共和存在的必要条件。而蔡元培认为,"吾党只须以坚忍之决心,持稳健之步调,誓死缔造真正共和,则多数国民,必表同情,吾党自由战胜之一日"。④ 蔡元培此时提出的"稳健之步调"即指教育救国。蔡元培意图通过教育启蒙民众,消除独裁专制存在的根基,民主共和国的救国方案便能够实现。再次,教育是与列强争胜,挽回利权的关键。利权的关键在于实业,无论何项实业,皆与科学相关,⑤ "农工商各业之中,莫不有专门之学"⑥。中国

---

① 王邦佐等. 政治学辞典 [M]. 上海:上海辞书出版社,2009:148.
② 王栻. 严复集(第1册) [M]. 北京:中华书局,1986:166.
③ 蔡元培. 致汪兆铭函 [A] //. 蔡元培全集(第3卷). 杭州:浙江教育出版社,1997:26.
④ 蔡元培. 在国民党上海交通部茶话会演说词 [A] //. 蔡元培全集(第2卷). 杭州:浙江教育出版社,1997:380.
⑤ 李忠. 近代中国"教育救国"与"实业救国"的互动 [J]. 西南大学学报(社会科学版),2011(4):142.
⑥ 王栻. 严复集(第1册) [M]. 北京:中华书局,1986:89.

若通过发展实业，实现争夺利权之胜利，教育必为关键。最后，预谋国家富强，教育作为基石而存在。国民素质是国家富强的基础所在，而教育乃国之根本，教育质量的好坏能够决定国民素质高低。西方国家之所以实现富强，在他们看来，"不在于枪械军兵，而在劝理穷学"[①]。而"劝理穷学"能够实现教育发达；由于教育发达，其才智之民数量之多，其国民富于公德，其国家富强民主等不言而喻。因此，"国家的富强全在教育的兴废，天下世界，从来没有教育废了国家会强的，教育兴了国家会弱的。"[②]

例如，蔡元培很早就抱定献身于救国的宏愿，但是通过何种方法达到救国之目的，他一直处于朦胧之中。通过不断摸索，他意识到"吾人苟切实从教育入手，未尝不可使吾国转危为安"[③]。具体来讲，就是通过改革教育，培养革新人才，从而实现政治和改造社会的目的。人才济济，百业俱兴，实力雄厚，军队请打，列强们自然就不敢欺辱我们。[④] 在明确此认识之后，蔡元培投入到教育改革的过程之中，尤其注重高等教育改革。所以，蔡元培的教育思想、理论是在他探索救国真理的过程中产生和发展的。其一，在他看来，教育是人类进步，社会发展必不可少的一项永久性事业。如果没有切实从教育入手，形成一个"百年大计"，是不可能实现救国目的的。不管是政治改革还是社会改革，都是有此心，而无此力。"教育者非为已往，非为现在，而专为将来。从前言人才教育者，尚有'十年树木，百年树人'之说，可见教育家必有百世不迁之主义，如'公民道德'是。其他因时势之需要，而亦不能不采用，用'实利主义'及'军国民主义'是也"[⑤]。"盖尝思人类事业，最普遍最悠久者，莫过于教育"[⑥]。其二，从达成政治目的来说，也离不开教育。最初他认为，教育是培养革命精神的根本途径。因此，教育作为永久性事业必须

---

① 汤志钧. 康有为政论集[M]. 北京：中华书局，1998：130.
② 子欣. 救中国的衰弱必以教育为急务[N]. 白话，1904年8月15日.
③ 蔡元培. 蔡孑民先生言行录[M]. 长沙：岳麓书社，2010：291.
④ 聂振斌. 蔡元培及其美学思想[M]. 天津：天津人民出版社，1984：95.
⑤ 蔡元培. 全国临时教育会议开会词[A]//. 蔡元培全集（第2卷）. 杭州：浙江教育出版社，1997：380.
⑥ 蔡元培. 华法教育会之意趣[A]//. 蔡元培全集（第2卷）. 杭州：浙江教育出版社，1997：17.

与现实需要相互结合，从而确定培养目标。民国政府的建立，教育内容和目标也随之变化，但是爱国是始终需要的，"欲副爱国之名称，其精神不在提倡革命，而在养成完全之人格。盖国民而无完全之人格，欲国家隆盛，非但不可得，且有衰亡之虞焉。造成完全之人格，使国家隆盛而不衰亡，真所谓爱国矣"①。随着时代的发展，培养健全人格作为教育的永恒目标必然符合社会规律。而蔡元培试图通过培养健全人格最终实现民主政治的目的也同样跟随时代潮流。因此，从蔡元培教育实践来看，他毕生为此而努力，尤其以其担任北大校长之职时的成就最为显著。他刚到北大，就发表演说，倡导教育救国论，号召学生踏实做学问，不要追求当官。

民国众多大学校长都与蔡元培一样，有着"教育救国"的思路与实践路程，只不过思考问题的视角不同，侧重点有所不同。再如罗家伦，从探讨教育与国家、民族、文化的关系入手，将"教育救国"作为其一生的实践信念。罗家伦指出，国力基于文化。"要看一国的胜败，不只看他兵力的强弱，而且要看他国内文化水准的高低"，他还指出，文化的任何方面都是"支配整个国家民族命运的一部分"②，所以文化是一个整体，不可脱节。就文化与民族关系来讲，"文化是民族心灵的结晶，文化也是民族精神方面的慈母"③。文化更是一个民族生存的基本条件，"一个民族要能自立图存，必须具备自己民族文化。这种文化，乃是民族精神的结晶，民族团结图存的基础。如果缺乏这种文化，其国家必定缺少生命的质素，其民族必然要被淘汰"④。罗家伦还认为，一个国家的最终灭亡之根本在于民族文化和民族精神的衰亡。简言之，文化是民族的生命。从文化与教育的关系来看，文化的发展依赖于教育。在罗家伦眼中，教育不仅是民族生存的基本条件之一，也是民族生存、复兴的基础。

---

① 蔡元培. 爱国要培养完全的人格（在爱国女校的演讲）[A] //. 高平叔. 蔡元培教育文选. 北京：人民教育出版社，1980：14.

② 罗家伦. 抗战的国力与文化的整个性 [A] //. 罗家伦先生文存（第1册）. 台北：国史馆、中国国民党中央委员会，1988：543-544.

③ 罗家伦. 文化的修养 [A] //. 新人生观. 沈阳：辽宁教育出版社，1997：118.

④ 罗家伦. 中央大学之使命 [A] //. 罗家伦先生文存（第5册）. 台北：国史馆、中国国民党中央委员会，1988：236.

"一个民族之所以能够生存,就是因为有历史上不断的教育"。① 教育可以视作为民族的生存而存在,"没有学术的基础,没有教育的功效,一个民族就不能生存于现代的世界"②。此外,罗家伦极为重视教育对政治优劣的影响。他曾经指出"政治是教育的反光镜","一个国家的现状,往往就是过去大学教育的反映,现在中国的情形,正可以说是十年以前中国大学教育的反映"。③ 因此,罗家伦颇为重视通过教育实现国家政治清明。

正是由于上述教育、文化、民族、国家四者之间的紧密关系,使得罗家伦将教育的功能发挥到决定一切的高度。在他看来,"教育就是民族生命有意识的指导……我们国家和民族一切现在的问题,是要候教育来解决,将来的趋势,也要靠教育来形成"④。因此,抱着这种信念,罗家伦投入到"教育救国"的实践之中,将教育落实到培养国家和社会需要的人才上去。

另外,还有很多杰出的大学校长同样做出不懈努力,例如胡适、蒋梦麟、张伯苓等,他们的实践远远超过以前的空谈。而这种"教育救国"思潮不仅仅能够成为解释民国大学校长徘徊于学术与政治之间的原因,而且在一定程度上可说民国大学校长在二者之间的徘徊更促进"教育救国"思潮的发展。

### (二)"教育救国"的历史作用

**1. 推动中国社会的现代化进程**

由上述大学校长的"教育救国"方案可以看出,尽管其审视中国社会的角度有所不同,但是几乎都能得出相同的结论,即教育是解决中国社会问题的根本手段,是推动中国社会现代化进程的基本途径。在近代中国,教育落后仅仅作为一个表面现象而存在,彼时中国积贫积弱是具有深刻社会根源的。

---

① 罗家伦. 民族与教育 [A] //. 罗家伦先生文存(第6册). 台北:国史馆、中国国民党中央委员会,1988:582.

② 罗家伦. 中央大学之回顾与前瞻 [A] //. 罗家伦先生文存(第6册). 台北:国史馆、中国国民党中央委员会,1988:110.

③ 罗家伦. 中国大学教育之危机 [A] //. 罗家伦先生文存(第5册). 台北:国史馆、中国国民党中央委员会,1988:365.

④ 罗家伦. 民族与教育 [A] //. 罗家伦先生文存(第6册). 台北:国史馆、中国国民党中央委员会,1988:609.

主导中国实现救亡图存的载体是社会的改造，教育作为实现社会改造并成功走向现代化的根本手段，从而为整个社会开出新的生机。他们不仅仅从宏观方面把握教育与社会，教育与政治之间的整体关系，将教育置于整个社会发展的进程之中，使教育适应中国社会的现实问题并作相应改革，将二者真正沟通、连接起来。而不是把教育当作意识形态层面处理社会政治问题的传统观念，或者当作一项脱尘离俗的事业。

确实，由于从不同角度把握中国社会的问题，"教育救国"思潮具有不同的方案类型，但是不同方案的"药引"却是相同的，那就是着眼于"人"，具体来讲就是启迪思想，提高素质，养成健全人格。"教育救国"一方面能够推动中国社会现代化的进程，另一方面也是中国社会现代化进程的产物。教育的现代化作为制度层面和心理层面的双重变奏，担负起人的现代化的历史重任。民国大学校长所提倡和实践的"教育救国"不仅培养人的思想，提高人的素质，而且培养出各类人才，人的进步促进了经济发展和社会进步，社会进步更促进人的素质的提高，人又会继续推动社会进步——这就形成连续的、递进的发展过程——这就是社会变迁，就是现代化。[①] 具体来讲，其一，"教育救国"启迪了民众思想。"教育救国"思潮从鸦片战争失败开始经历几个阶段，起到重要的思想启蒙作用，尤以五四运动前后达到顶峰。"教育救国"论者通过实行教育改革，普及现代教育理念，强调健全人格的培养，并通过各种书籍、刊物的出版、发行，传播各种西方先进的科学知识，启迪民众思想，改变民众思维模式、文化心理、知识结构和价值取向等，将民主、科学、平等、自由等理念真正普及开来，发挥思想启蒙作用。如《新青年》文章中说，蔡元培等人倡导留法勤工俭学是"欲将西方近代文明的两大要素即'科学真理'与'人道主义'输入国内"[②]。肯定其思想启蒙之意义。其二，"教育救国"促进国民素质的提升。人作为社会的中心，其素质水平在很大程度上决定社会的水平和程度。"教育救国"论者通过各种符合时代需要和国情需要的教育主张，在主张人人平等的基础之上，力图使人人都能有获得教育的机会。例如，

---

① 周恩来. 周恩来选集（上卷）[C]. 北京：人民出版社，1980：18.
② 旅欧教育运动 [N]. 新青年，第 3 卷第 3 号，1917 年 5 月 1 日.

蔡元培带领北大师生组成的平民教育讲演团,以及由蔡元培在北大最早突破,并由罗家伦在清华贯彻的女子接受高等教育的实践行为,对国民的知识水平和文化素质均有提升。如严复所说,政治和经济的改革措施只是使国家走向富强之路的治标之举,而国民素质的提高才是真正的治本措施,"不为其标,则无以救目前之溃败;不为其本,则虽治其标,而不久亦将自废"[①]。总之,"教育救国"论者更注重人的主体价值的高度弘扬,注重人的现代化问题,通过人的现代化来推动中国社会的现代化,是值得肯定的。

**2. 促进现代高等教育的发展**

处于水深火热中的民国战乱不断,但是在如此艰难困苦的环境中,高等教育的现代化步伐却从未停止。这一发展无疑得益于以民国大学校长为代表的"教育救国"论者的宣扬和实践。这些校长的"教育救国"思潮尽管没能超越历史的羁绊,但是他们毕竟为中国高等教育的现代化历史进程做出了巨大贡献。

贡献之一是促进中国近代高等教育理论的形成与发展。民国大学校长在为"教育救国"所开出的良方,各具优点与特色,可谓仁者见仁智者见智。他们浸淫于西方现代教育理念之中,又受惠于"五四"新文化运动的洗礼,对中国高等教育理论的把握更加恰当和精确,对高等教育功能的把握更加深入而透彻。例如蔡元培、胡适、张伯苓、蒋梦麟等人均有论述"教育救国"的主张,只是具体视角略有不同。他们结合各自专业以及自身的理解,使"教育救国"思潮向纵深方向发展。

贡献之二是在战乱中保存并发展真正具有现代意义的高等教育体系。其一,在"教育救国"论的感召与推动之下,大学的规制逐渐制度化,现代大学制度和精神逐渐嵌入中国高等教育界。民国大学校长群体不仅塑造了大学的规范制度和大学精神,还使科学、民主、自由、独立等现代大学制度和精神在中国高等教育领域扎根。其二,在"教育救国"思想的推动下,科学教育与科学研究开始引起国人的重视。高等学校自然科学系与科学研究机构的出现,表明中国人已不再仅仅懂得传播科学知识,已经开始发展具有现代意义的高

---

① 王栻. 严复集(第1册)[M]. 北京:中华书局,1986:14.

等教育。① 其三，仅就作为我国高等教育现代化过程中的关键一环的国立大学而言，在整个民国时期的数量呈稳步增长（如表 4-1）。其四，到中华人民共和国成立前夕，中国已经初步形成包括文、理、工、农、医等领域的高等教育体系。这其中自然有"教育救国"论者的作用。

表 4-1 民国时期国立大学数量

| 年份 | 国立大学数 | 年份 | 国立大学数 |
| --- | --- | --- | --- |
| 1912 | 2 | 1931 | 36 |
| 1913 | 3 | 1932 | 13 |
| 1914 | 3 | 1933 | 13 |
| 1915 | 3 | 1934 | 13 |
| 1916 | 3 | 1935 | 13 |
| 1917 | 3 | 1936 | 13 |
| 1918 | 3 | 1937 | 12 |
| 1919 | 3 | 1938 | 14 |
| 1920 | 3 | 1939 | 15 |
| 1921 | 6 | 1940 | 16 |
| 1922 | 10 | 1941 | 16 |
| 1923 | 19 | 1942 | 20 |
| 1924 | 30 | 1943 | 22 |
| 1925 | 34 | 1944 | 22 |
| 1926 | 37 | 1945 | 22 |
| 1927 | 34 | 1946 | 30 |
| 1928 | 28 | 1947 | 31 |
| 1929 | 29 | 1948 | 32 |
| 1930 | 32 | 1949 | 39 |

贡献之三是将大学发展与国家现代化、振兴民族等相互契合。这批大学校长所演绎的"教育救国"反映出民族主义高涨时代大学的双重使命，既要承担发展学术、引进科技为国家的现代化建设服务，又要成为承担起民族文化认同、民族振兴的责任。如何将二者有机协调、融合，是这批大学校长所面临的难题。如克拉克·克尔所说："教育，特别是高等教育，不仅要为民族

---

① 吴雁南，等. 中国近代社会思潮 1840—1949(第二卷)[M]. 长沙：湖南教育出版社，2011：487.

国家的行政的和经济的利益服务，而且要成为发展民族身份的重要方面；不仅要成为国家的一个工具，而且要成为社会的灵魂和人民大众的有机组成部分。"① 大学并不能远离民族、国家、社会，恰恰相反，大学在培育民族精神方面发挥着不可替代的作用。强调大学与民族、国家之间的联系，是民国时期民族危机下的产物，同时能够体现出以大学校长为代表的"教育救国"论者所赋予大学的独特的历史使命。

民国大学校长取法先进国家高等教育成功经验的超前思考和理性思辨，使他们对于中国现代大学发展的构想具有相当的科学预见性和发展的长久生命力。这批大学校长大多继承中国传统知识分子的忧患意识和殉道精神，自觉"天下兴亡，匹夫有责"，深切明了民族危亡、政治混乱的中国现状与伴随着工业文明的国家统一、政治民主之间的落差将给祖国带来多大的伤害，因此他们从事"教育救国"的设计与中国走向世界、走向现代化的总趋势相符合。但却由于更多的是一种理想化的设计而很难完全实现。事实很清楚，如果没有民族独立，没有民主政治，没有经济基础，那么所谓的"教育救国"只能是空中楼阁。但是，民国时期这批大学校长致力于教育、科技等领域，倡导潜心研究、学术独立，培养全面发展的人才，是改变旧中国"民族危亡""政治制度腐败"和"经济基础落后"等状况的不可或缺的内在张力。

## 四、权力与权利之争

大学内外围绕权力争夺，衍生出来复杂的关系网络，使民国大学校长或主动或被动地置于学术与政治之间游走的局面之中。

### (一)权力之争

**1. 处理学校内部权力关系**

随着民国大学逐渐摆脱封建官僚气息，向现代化高等教育体系迈进，大

---

① [美]克拉克·克尔. 高等教育不能回避历史——21 世纪的问题[M]. 王承绪，译. 杭州：浙江教育出版社，2001：10.

学内部事务更加繁多，内部关系更为复杂，客观上需要专门的行政机构以及相关人员处理各种纷繁杂乱的学校事务以及相互交织的关系。然而，民国初期的大学大多由封建体系浓厚的学校转化而来，校内原有行政人员人浮于事，并且很多人仍旧带有传统思维模式，如行政权力至上，学术权力受到行政权力的规制，学术权力与行政权力力量对比失衡等。而在这个过程中，由蔡元培力主建立，由罗家伦、梅贻琦等大学校长完善而形成的教授治校的现代大学制度便是一定程度上对行政权力过于强大的压制，以体现权力制衡、民主自治的精神，并将民国时期大学内部学术管理的基本模式加以确立、完善的良好制度。因此，大学行政权力有其存在的合理性与必然性，"正如高深学问的发展需要专门化一样，在学院或大学的日常事务方面也需要职能的专门化。事务工作和学术工作必须区别开，因为每一方面都有它自己的一套专门的知识体系"①。民国大学已经步入现代化大学的历程之中，因此，它并不独是"学者"的天下，而需要由多元利益主体构成。如果说追求独立自由的学术研究活动是对真理与知识孜孜不倦的探索，那么大学内部必不可少的行政管理则关注的是公共责任以及可以预计的后果。② 毕竟，随着民国时期大学制度的逐渐健全，大学理念的深入发展，行政权力维护的是公共利益而非个人私利，各类行政权力系统对大学作为学术机构的存在、结构的维持和稳定发挥至关重要的作用。而且，民国大学身处于复杂的社会体系之中，其生存与发展，除了学术之外，还需要各种人财物资源的配置与管理。所以，大学需要构建一个有效的行政组织系统，配有素质较高的行政人员，并由此产生行政权力。然而，这种行政权力的本质使命是服务于大学这个学术共同体的，以保障和提升学术共同体的活力与创造力为前提。③ 事实上，民国大学的行政权力之所以能够朝合理的方向发展，其中不可否认的一个因素是大学校长的重要作用。因此，行政权力在大学内部具有重要作用，它不仅维系大学场域

---

① [美]约翰·S. 布鲁贝克. 高等教育哲学[M]. 王承绪，等，译. 杭州：浙江教育出版社，2001：37.

② 乔元正. 自由与秩序之间[D]. 湖南师范大学博士学位论文，2013：67.

③ 张国有. 大学理念、规则与大学治理[M]. 北京：北京大学出版社，2013：35.

权力格局、协调权力关系，而且还能在一定程度上保障学术权利。

中国近代以来的学术分野已久，学术派别因缘大学而固化为门户之见。而大学校长有时作为这种争论的主题之一，例如在"大北大主义"的影响下，出身于北大的罗家伦，在出任清华大学校长之时，便有清华将被北大派主宰的议论。而在中央大学，同样存在一批对其他学校势力渗入中大颇为警惕的"出身于本校"的学者。而伴随罗家伦执掌北大，门户之争高潮迭起。罗家伦担任中大校长九年时间，其间的所谓"北大派""高师派""东大派""清华派"等成见颇深，明争暗斗现象甚为常见，而罗家伦和中大学者群体间的矛盾和冲突持续不断，并对大学的建设与治理具有深刻影响。而同样，对于北大因反对章士钊担任校长而提议是否脱离教育部而产生的内部纠纷，以及蔡元培去职北大校长引起校内纠纷产生的一系列事件中，也可以清楚地看出在北大内部同样有不同派别，即"章太炎门人""英美派""法日派"等。吴虞到北大不久便看出北大内部的不和谐因素，"幼渔、梦麟意见极反，而外面周旋，仍旧毫不露，足见浙江人之有心也"①。几乎派系林立的局面在北大就没有消失过，即便"教授治校"体制从形式上真正建立起来，而在实际中也存在评议会经过争辩之后毫无结果的尴尬局面。然而，这并不是想表明民国大学知识人群体为各自的如意算盘而计较，从深层意义上说，不同派别在学术上具有一脉相承的特点，而学术的冲突，归根结底在于学术观念的冲突。而学术的冲突会牵涉学缘、地缘等一系列庞杂的问题。

正是由于学术本身衍生出来复杂的关系网络，在一定程度上会将民国大学校长置于学术与政治之间游走的局面之中。然而，不管大学内部有多少派别，不管大学中行政权力如何发展，让后世敬佩的是，争取"学术自由""学术中立"的权利、获得大学内部话语权、争取人格尊严以及民族独立的权利始终是民国大学人群体不断追逐的合理的权利。

**2. 处理同外缘环境的权力关系**

大学尽管把对于追求真理、创造知识、培养人才、传承文化作为其矢志

---

① 吴虞. 吴虞日记上册[M]. 成都：四川人民出版社，1984：596.

不渝的价值追求，但是在客观上大学一直受到国家政治的影响，同时也在不断满足国家政治的需要。大学的政治权力就是大学的所有权人——政府对大学各项事务决策施加的各种影响力，这种影响的持续存在决定了大学的政治权力是大学存在的本质属性之一。① 虽然民国时期政府膨胀的、指令式的政治权力由于各种因素的作用，并没有在大学内部形成绝对根基，但是这种政治权力的介入和影响广泛存在。从大学场域与国家"元场域"关系的视角来看，大学学术权力受到政治权力的规制，"政治化"现象在民国大学内部虽然并不明显，但是大学作为组织内部的政治权力构成部分，或者说作为政府权力链末端的部分，会受制于国家意识形态的影响，而政治权力属性中包含的功利化的要求，更会使大学无所适从。这可能会导致现代大学制度化建设过程中的自治理念的削弱，也会对大学原初的、自由的学术权利构成极大损害。

政治权力的核心概念可以归结为"控制"，其内涵是能力及力量，权力以其支配性地位要求客体的绝对服从，权力是"把一个人的意志强加在其他人的行为之上的能力"②。以权力抗衡权力的"政治逻辑"依然在大学内部具有一定的影响。而学术权力的核心概念是"影响"，其要义是权威与魅力。影响具有交互性、对等性、细微性而少强制性，它符合教育的逻辑。以专业知识为基础的学术权力，来源于高深学问本身。它可以通过魅力权威进行价值引导，在潜移默化的过程之中使他人改变思想与行为。因此，受其影响的人拥有"为与不为"的自由。③ 可见，政治权力与学术权力遵循的逻辑理念并不相同。而且，以"影响"为核心的学术权力如果试图抗衡以"控制"为核心的政治权力，是很难取得胜利的。但是，尽管如此，民国时期的"学术权力"拥有非常广阔的生存空间，尽管在某种程度上很难与"政治权力"相抗衡，但是它对于生命与灵魂的影响，达到难以逾越的高度。

权力间的抗衡将导致学术资源的无谓消耗，尤其适用于"官本位"下的政治权力以及"学术本位"下的学术权力二者之间。大学场域内大学人的主观态

---

① 赵峰. 论高校的政治权力与"去行政化"[J]. 西北师大学报（社会科学版），2011(2)：86.

② [德]马克斯·韦伯. 经济与社会（上）[M]. 林荣远，译. 北京：商务印书馆，1997：323.

③ 孙俊三，乔元正. 论大学场域权力冲突的权利转向[J]. 大学教育科学，2013(9)：31.

度自然是强调学术权力,改变学术组织或者人员在大学场域之中的弱势地位。然而,强外部控制——弱族群记忆的场域权力格局对民国大学自由的学术生态环境具有很大影响,客观的位序支配了主观态度,而传统文化惯习又强化这种不合理的态度。政治文化与学术文化的性质不同,影响也有差异。如果这种矛盾不能加以很好的解决,那么牵涉进大学场域中的两类不同行动者将会产生敌对情绪,这种敌对情绪会对学术工作及学术人员产生不良影响。[①]在这种情况下,大学校长作为大学的领航者,以及作为能沟通学术关系以及政治关系中的桥梁,如果不协调各种权力关系,化解各种冲突,将真正有利于学校发展的不同利益主体团结起来,那么便容易以对抗的方式激化矛盾。

另外,民国时期的大学早已不是完全封闭的象牙之塔,大学人更不是一群隐居山林的隐士,即大学人并不是生活在一个与外缘环境绝缘的闭合场域之中,他们在争取各种权利的同时,必然与外界相交往,在保证这些外部机构、组织不干涉的同时,才能更好地进行下一步的工作。

很显然,没有权力的人或者拥有很少权力的人试图摆脱具有权力的人或组织的控制,从而充分获取属于自己的权利,这虽然是天方夜谭,但是民国时期的大学人却一直在为此努力。因此,大学人的抗争精神及其所赋予的抗争行为,即使是以卵击石的无谓之举,也是要不断争取的权利。因此,考量大学本身的利益,以及思考身为大学校长的使命,便成为大学校长义不容辞的职责与义务。

### (二)权力向权利的转向

大学场域的权力格局无法定位于一尊,只有相互协同发展,才能实现大学整体的进步。虽然大学的组织性质表现为"有组织的无政府状态"。这种状态可能会产生一种无序性、散漫性的外部印象,但是事实是"无政府"状态反映大学作为学术组织的特殊性,大学人群体享有充分的学术自由等的权利,在追求平等、自由、独立等价值取向的同时,它更倾向于用一种"有组织"的

---

① 孙俊三,乔元正.论大学场域权力冲突的权利转向[J].大学教育科学,2013(9):32.

形式进行诠释。也就是说，大学组织目标的实现以及保证大学组织运行效率的提高需要借助政治力量实现外在保障，需要借助行政力量订立制度规范。因此，围绕大学存在的政治权力、行政权力以及学术权力三类影响力量，经常会出现它们之间未有调和、存在矛盾的现实反映，但实质上它们是紧密结合在一起的。因此，无法用泾渭分明的界限将它们完全隔离开来。在这种现实状态的映照下，大学校长不能忽视影响大学发展的各利益相关主体，从而实现各种权威、资源与合法性的相互整合。所以，大学内外存在的各种权力形态可以实现协调。需要重视的是这种权力间的协调必须遵循基本原则，即共同坚守大学发展的内在逻辑与基本精神；同时，大学在走向社会的过程中，一方面不断适应社会发展的需要，另一方面与外界产生各种良性互动，彰显其外在价值。

从社会发展的现实状况来看，权力向权利的转向既符合大学场域内外关系的客观要求，更是进一步确立并保障大学学术权利的应有之义。相对于权力而言，权利具有优先性：首先，权利是权力的基础。正如卢梭而言，在人与人组成的社会网络之中，权利是先于权力存在的，而且权利作为共同体权力的来源，是社会中的个体在缔结契约的过程中让渡出自身的权利而形成。大学场域中存在的各种权力，如学术权力、行政权力在内的所有权力均属于共同体权力，学术权利则属于与之相对应的个体权利。[①] 学术权力等在内的共同体权力为学术权利而存在，受学术权利的监督并为其服务。正如张楚廷先生所言："大学的学术权力来源于学术权利，大学的行政权力来源于学生权利和学术权利。"[②] 其次，权力通过协调冲突，从而达成保障权利的目的。学术权力的运作方式表现为学者个人的或者集体的统治，"在自觉的义务履行的基础上进行权利交换，但这种'自觉'是脆弱的，当'我'的权利与'你'的权利之间发生冲突时，'请求'本身就发生了冲突"[③]。因此，通过所谓"仲裁者"的有效作为，坚守公平、正义精神为学术权利创造诸多发展的条件。学术权

---

① 孙俊三，乔元正. 论大学场域权力冲突的权利转向 [J]. 大学教育科学，2013(9)：31.
② 张楚廷. 高等教育学导论 [M]. 北京：人民教育出版社，2010：168.
③ 蔡春. 在权力与权利之间——教育政治学导论 [M]. 北京：北京师范大学出版社，2010：183.

利的保护需要居于权力领导地位的政治权力,需要以处理大学公共事务、维护大学公共利益为内涵的行政权力以及大学内部体系中自然生成的学术权力之间共同的、积极的作用。

由此来看,学术的发展必然是一个不断走向权利的过程。将权力向权利进行转向,以权利来制约权力,体现了对"人"的发现与尊重。在中国传统文化中只重视义务而缺少权利的状况来讲,这不啻为一种理性的启蒙,这种启蒙精神与大学的精神追求、价值取向以及理性坚守紧密相关。纵观西方大学中的启蒙运动,贯串了千余年的历史进程。在此过程中,对高深学问的执着探索,对公权力膨胀的抵御、对价值失序的反思与批判、对价值秩序的重建、对悲惨生活的感悟,这些带有超越感的宏大叙事画面呈现在大学理念的追寻与社会实践的发展过程中。[①] 探索真理和学习知识是人的基本权利,因此学术权利是大学人群体天然具有的权利,这在大学之中是主导性的权利。大学是人们为实践和满足自由而平等地探索知识和真理的权利而形成的共同体,从这种权利出发,使人们加强对学术权威的认同和信服,但是并不会认同和屈从任何强制。但是,如前所述,民国大学的确在各种利益纷扰的现实社会中蹒跚前行,然而却始终保持学术在大学中依然能够独立存在与运行。

学术作为大学的本质,始终是民国大学人群体坚定不移的信念,而民国大学校长更是通过现代理念的传达以及自身实践的呈现,让大学人群体真正感受到学术自由、教育独立等权利,并充分享有这些权利,成为学术的主人。政治的需要作为大学传承与发展的基本要素,对政治权利的维护是民国大学人群体无法忽视的要义,而民国大学校长更需要参与政治活动的权利与自由,作为其学术权利的基础而存在。

---

① 孙俊三,乔元正. 论大学场域权力冲突的权利转向 [J]. 大学教育科学, 2013(9):32.

# 第五章  民国时期大学校长角色扮演之启示

对民国大学校长双重角色扮演的梳理与分析并非作者的最终目的,本研究的最终目的是试图为当今大学校长的角色扮演提供一种借鉴与启发。本章以追求大学本真,维护大学理念为线索,通过评判过去,以期对当今高等教育改革有所推动与助益。

## 一、知识分子的坚守与选择

### (一)爱国情怀的世代传承

西方列强的入侵把救死不遑的民族生死存亡的紧迫感与危机感笼罩在国人面前。甲午战争之失败,彻底将中华民族从睡梦中震醒,正从士大夫向现代知识分子转型的士子们普遍抱有对中华民族前途的深沉忧思。[①] 尽管"中华民族到了最危险的时候",但是先驱们从未被危机打到,也没有向厄运低头。他们保持对祖国前途的乐观,秉持对转危为安的信念,深信国家可以从危机中走出,深信国家可以走向富强。

如果说在长达两千年的中国社会中,由"士"而跃变为"知识分子",是一种"裂变"与"质变"。面临"三千年未有之变局"的中国所产生的现代知识分子与传统的"士"显然已经在本质上有所不同,但是这种"变"与"裂"下的焕然一新并非全无旧色,甚至某些旧色在新时代下同样能熠熠生辉,而对爱国情怀的执着坚守便是一例。本文的主要研究对象——以民国大学校长为代

---

① 李欣然. 大学校长教育与政治的双重关怀及其困境——以蔡元培为中心的考察 [J]. 高等教育研究, 2015(6): 92.

表的一批现代知识分子继承古代传统知识分子的爱国情怀，他们在进行教育管理、学术研究的同时，具有深深的忧国忧民意识。国家危亡迫在眉睫之时，这些知识分子并没有"躲进小楼成一统，管他冬夏与春秋"，"国将亡，种将灭"，他们岂能坐视不管？更何况，这批现代知识分子是在中国的民主革命运动中，首先觉悟的成分。国家危亡，脱胎于传统文化的现代知识分子怎么会袖手旁观？救亡图存，探索救国救民之路，便是民国大学校长这批知识分子追求本职工作外的主流意识以及人格追求的主要目标。

现代新儒家的主要代表人物之一徐复观先生将学术分为两类：一类是成就知识的学术，一类是成就人格的学术，而徐复观认为儒家精神主要成就便是人格。[①] 因此，以超越世间的"道"来过问世间事物的儒家知识分子，认为明道与救世是不即不离，无缚无脱的。他们不仅仅承担思想、文化、教育上的责任，同时更成为践行救亡图存的实践者、行动者。不管是主要采取教育救国，甚或文化救国、政治救国等，都是作为知识分子的大学校长抒发爱国情怀的方式而已。

"爱国，是每一个中国人最为深厚的情怀"，毫不夸张地说，中国高等教育的百年荣誉与辉煌就是由一个又一个爱国者所铸就。今天，大学校长面对新的形势和历史任务，历史的创伤似乎已经渐渐逝去。但是，历史永远不能忘记。"一个忘记历史的民族，是没有希望的民族；一个丢掉传统的国家，是没有自信的国家。今天的中华民族，比以往任何时候都要振奋和充满希望；今天的中国，比以往任何时候都要强大和充满自信；今天的中国人，比以往任何时候都要感到骄傲和充满正能量。"[②] 幸运的是，为了中华民族的未来，华夏的明天，当今时代的大学校长几乎毫无例外地选择从铭记历史开始，他们不仅自身坚守家国情怀，而且教育学生树立为国为民的远大志向，担负起时代赋予的光荣使命，增长知识、提高修养、磨砺才干、爱国荣校，为民族的复兴、国家的腾飞、社会的进步做出自己的贡献，"为历史打下属于这一代

---

① 徐复观. 学术与政治之间[M]. 上海：华东师范大学出版社，2009：171.
② 湖南大学校长赵跃宇寄语新生：继承、创新、担当[EB/OL]. http://edu.ifeng.com/a/20150908/41470318_0.shtml.

的独特烙印"。

### (二)忍不住的关怀

学术是民国大学校长的志业,是其安身立命之所在,而政治则是作为有良知的校长必备的人间关怀,是对社会的一种责任心。而恰是如此强烈的责任心使民国时期大学校长几乎都卷入了他们周遭的政治事件。他们对于公共事务的关怀,大多是自愿加诸己身的负担。凭着一股超乎寻常的责任感,在内心深处,他们觉得政治在呼唤他们献身。对于民国大学校长来说,学术与政治之间是一种二元选择,但是并非是一种非此即彼的二元选择。故此,众多民国大学校长都在学术与政治之间奔走。纯正学者于书斋中孤坐参禅的寂寥他们极少领受,却因关怀时务而屡屡招致攻诘与扰攘。他们有着一般学者梦寐以求的社会地位与成就感,也体味着通常学人难以企及的或为不屑为之的政治人的各种酸楚。

尽管民国大学校长这种"亦学亦政"的经历,是他们生命长河中周而复始循环的一段历程,更是政治色彩相对淡薄的一段时期。但是,问题的关键在于,众多大学校长自走入历史的视野中起,便已深深渗入政治的烙印,对于政治的关怀,着实是"忍不住"的:蔡元培早年任职翰林院的优越地位,王朝末世的"革命家"之途;胡适留美期间有意识地自我政治训练;罗家伦对国民党的推心置腹之生死壮举等早期的涉足政治之过往;以至政治色彩颇为淡薄的竺可桢不仅与政界人士有所接触,而且有众多拥蒋护蒋的言论与行动。

时代已变,大学校长忍不住的关怀或多或少已然发生改变。大学校长的职业旅程如果掺杂过多的政治意识,那么很容易走入过分追逐权力之路的歧途,这必然违背大学校长的伦理道德,也违背大学发展的内在逻辑。然而,当今大学校长仍旧需要将忍不住的关怀继续发扬,只是时移世易,这种关怀恰恰应该去除多余的政治成分,还原大学发展的要义——新时代大学校长肩负着为社会服务的功能。他们需要具有高尚的道德追求,形成朴素的社会责任观。换言之,当今大学校长应该放眼社会,应该做到与社会息息相通,乃至统观世界。毕竟，过去已经成为历史，大学人还需要面向未来。一方面，大学与其赖以生存下的和平、稳定的社会之间的联系越发紧密，相互之间的依赖程度加深，大学已经从社会边缘走向社会的中心。另一方面，大学是一个公共性的组织，它与企业等组织的重要区别就在于大学传播的是公共思想，谋求的是公众利益，引领的是公共精神。大学的社会责任需要通过大学内部成员来实现，但是主要是通过大学的领导者来实现。所以，新时代的大学校长应该具备这种政治情怀。在前文的叙述中，蔡元培、胡适、罗家伦、竺可桢等民国大学校长都曾或多或少做出过将政治寓于学术的举动，而他们与当今大学校长的此种"忍不住"的情怀仍旧颇具异曲同工之处。

但是，民国时期的大学校长更多的是出于一种"主动的""自觉的"关怀，而新时代的大学校长究竟有多少是出于"主动的"关怀，多少是出于"被动的"关怀似乎很难说明白，只是很明显，当代大学校长的忍不住的关怀是一种"自然的"关怀。就如克拉克·科尔明确地说："在美国，人们期望大学校长成为学生的朋友，教职员的同事，……地道的学者，州和国家的公仆。"① 这种社会外界给予大学校长的期望不仅仅框定了大学校长的各种角色，还会由于大学校长自身在被动满足社会外界期望的同时而减少其社会关怀之热情。毕竟，主动的、自觉的关怀与被动的、自然的关怀会导致大学校长心态的差别。

### （三）自身价值的彰显

20世纪之前的中国先进知识分子试图依靠国家的强权政治，或者寄希望于政治强权人物，实行社会总动员与高度的组织化，以实现民族振兴，赶上西方先进国家。② 在这种社会思潮下，知识分子自愿牺牲个体的精神自由，将自己置于依附具有"权力"的个人或者国家的强权地位，无法走出充当官的帮忙、帮闲的知识分子的传统路径。结果便是出现一系列带有封建残余色彩

---

① [美]克拉克·科尔. 大学的功用[M]. 陈学飞, 译. 南昌: 江西教育出版社, 1993: 19.
② 钱理群. 校园风景中的永恒[A]//萧夏林. 为了忘却的纪念 北大校长蔡元培. 北京: 经济日报出版社, 1998: 5.

的文化甚或政治事件。20世纪后,中国传统的士大夫从中心地位上退出,代之而起的是现代知识分子。现代知识分子在中国历史的舞台上造就了无数次的辉煌,他们的言论在求变求新的中国具有很大影响力。① 作为率先走出民间,走向自身的先进知识分子具有了新的觉悟,而具有身份地位的一批大学校长作为具有代表性的一批人走进人们的视野。他们以不同于传统士人的全新方式初登社会舞台便成为学术界、政治界的领袖人物,受到社会各界人士的仰慕。他们逃脱了官的帮忙、帮闲的传统窠臼,而且也避免落入现代社会不断崛起的商的帮忙、帮闲的地步,以及大众的帮忙、帮闲的陷阱之中,获得真正的人格独立与个体自由的精神。② 他们在抵抗强权、维护民族意志的社会境遇中扮演了话语英雄乃至实践先锋的角色。这一角色的确立完全割裂了传统知识分子由士而仕的行为路径,给这些受控于体制意志下得以生存的大学刻上鲜明的民间烙印。而且,他们独立的身份,批评时政,针砭流俗的自由言说不仅不意味着知识分子价值的失落,反而使他们有了更大的自由度,避免了自己的声音受各种利益的诱惑而被同化。远离庙堂使他们获得一个更为自由与广阔的生存领域,这种立足于民间立场的言说给予了民国大学校长质疑、批判、叛逆的性格。

因此,在旧政权已经解体,新的社会秩序尚未完全建立之时,知识分子面对社会中的权力真空状态会产生一种相对极大的自由。并且由于他们在思想文化方面的先知先觉的先锋性,他们无可推卸地承担起重铸整个民族的使命。对于这一代知识分子来说,这种遭际既可以是幸又可以看作不幸,因为这些人需要不断思考自身价值,乃至寻找自身"角色定位"及实现理想价值之途。这个时期的大学校长作为其中的典型性代表,同样遭遇此种境遇。他们需要同时面对国家命运和个人理想两种价值取向的抉择,而这两者中的任何一种选择都会使这些大学校长为代表的知识分子陷入痛苦的抉择之中,而这种痛苦有时又会改变他们的选择。蔡元培、梅贻琦、胡适、竺可桢等大学校

---

① 余英时. 中国文化的重建[M]. 北京:中信出版社,2011:37.
② 钱理群. 校园风景中的永恒[A] //. 萧夏林. 为了忘却的纪念 北大校长蔡元培. 北京:经济日报出版社,1998:7.

长，无不在看苍茫大地不知谁主沉浮的时代环境中，一次次地受制于环境，只不过他们所坚持的独立、自由的信仰使他们始终保持一种不为时局所左右的品格，而这是引领教育发展、保持学术独立所不可或缺的品质。更为重要的是，他们通过完成执掌一所大学的使命对中国高等教育现代化进程乃至中国政治现代化进程的交互融合，实现"小我"与"大我"的统一，甚至在某些情况下，牺牲"小我"以成全"大我"。

　　蔡元培认为，"己"对"群"有着先天的义务，一旦"群""己"发生矛盾，自然要舍"己"为"群"。"己在群中，群亡则己随之而亡……立于群之地位，以观群中之一人，其价值必小于众人所合之群。牺牲其一而可以济众，何惮不为？"① "进化论所以诏吾人者：人类之义务，为群伦不为小己，为将来不为现在，为精神之愉快而非为体魄之享受。"② 而罗家伦"大我"的人生观在其《写给青年》中也有集中体现："小我而生存，这生存太无光辉，太无兴趣、太无意识。必须小我与大我合而为一，才能领会到生存的意义。"③ 胡适曾把个人渗入社会以求"不朽"作为其个人的"宗教"，并希望通过科学的传播和教育使人意识到终将消失的"小我"会留存在那个"大我"之中，应为"大我"牺牲"小我"。胡适指出，个人主义的逻辑是"为个人争取自由就是为国家争取自由，争取个人的人格就是为国家争人格"④。余英时在《中国文化的重建》中指出："最近我从胡适的十八本日记中发现，从头到尾他都没有考虑到个人的问题，无论婚姻、交友、教书、做事，他所牺牲的都是自我，只为成全大我。"⑤ 虽然在胡适的内心深处，这二者之间会呈现一种紧张关系，对此，余英时也有论述："不难发现胡适在言论上虽提倡个人主义，形式却是以成全大我为目的，二者之间呈现出一种紧张状态，似乎是矛盾不相容的。"⑥ 毕竟，以胡适为代表的民国时期的大学校长大多出国深造，从西方

---

① 蔡元培. 华工学校讲义[A]//. 高平叔. 蔡元培全集（第2卷）. 北京：中华书局，1984：421.
② 蔡元培. 文化融合与道德教化[A]//. 蔡元培文选. 上海：上海远东出版社，1995：242.
③ 罗家伦. 写给青年：我的新人生观演讲[M]. 北京：中国人民大学出版社2005：4.
④ 胡适. 胡适文集（第5卷）[C]. 北京：北京大学出版社，1998：511.
⑤ 余英时. 中国文化的重建[M]. 北京：中信出版社，2011：188.
⑥ 余英时. 中国文化的重建[M]. 北京：中信出版社，2011：188.

引入自由主义，引入人格独立、个性解放的精神气质。他们希望个人的奋斗与贡献社会、个性解放与群体意识、自我价值实现与国家独立能达到有机统一。这在民国时期是难以实现的。很难设想以蔡元培、胡适、罗家伦等为代表的中国现代知识分子在面临国之将亡时仍旧大谈个人权利、个人自由等。抱以"救国"为宗旨的现代知识分子们，必然以强调个人对民国、社会、国家的义务、责任，怀有强烈忧国忧民情怀的蔡元培、胡适、罗家伦等人怎能例外？

蔡元培、胡适、罗家伦等人对"小我""大我"的看法或许有稍许差异，对人生观的看法也有某种程度的不同，但是他们却能达成一种共识：个人无法做到独善其身，个人没有办法自己证明其人生意义，小我只有在大我之中才能真正完善自我，提升自我，实现自我价值。自然，哪一个"我"的问题，其实不必看得那么重要，毕竟，如果没有"大我"的话，"小我"也无从附焉。在此，笔者借用蔡元培的话："就人类社会而言，它的发展是循序渐进的：从小我发展到大我，从为己发展到为群。"[①] 将"小我"置于"大我"的利益之下并非意味着需要背离个人生活与相关事业，恰恰相反，这种现代主体性理论的逻辑引申在于强调将个体整合进国家之中，成为现代社会的成员。而今天，处于层级组织错综复杂的现代社会中的大学校长，"我"在"大""小"的对立之间仿佛不知更生出多少胎。但无可置疑的是，现代社会赋予人们私人领域神圣的同时，却加剧了"小我"与"大我"之间的矛盾与对立："小我"不断受到外界的染指，而"大我"却表现出更加强烈的不满。这是需要反思的现实。

积贫积弱的时代已然逝去，中华民族正在崛起，但是这并非意味着我们应当放弃高尚的精神追求以及强烈的社会责任感，对个人利益的得失斤斤计较，一味追求个人发展，而应该把自我价值的追求同民族、国家、社会的根本利益相结合。对于当代大学校长来说，要学会从更高的角度去撒播"爱"，从更宽广的角度去看待教育，从更高尚的角度去提升自我品行，从更深刻的角度去评判知识，从更大的自我中看到不一样的精彩。

---

① 高平叔. 蔡元培全集(第2卷)[C]. 北京：中华书局，1984：12.

## 二、学术与政治间的平衡

### (一)学术与政治何以得兼

民国大学校长的职业生涯,可以说是与风云巨变的中国现代史相始终的。处于特殊时期的大学校长,一方面作为现代大学制度的奠基人,而这要求他们的学术关怀超越于世俗之上。另一方面,他们还以"社会良心"的身份出现在公众面前,对社会事务进行批判性反思。而这又要求他们保持一种介入姿态,肩负起社会政治责任。民国时期的大学校长都自觉意识到了自己的双重角色,他们深刻感受到这二者之间的矛盾与冲突。因此,希望在超然与介入之间保持平衡。毕竟,背负特殊使命的民国大学校长,其与生俱来的社会责任感在特殊的政治环境下与他们的教育思想相矛盾又有重叠。他们既需要维护高等教育的独立命脉,坚持学术探索的基本价值,但在伦理上又难以理直气壮、合情合理地抛弃政治事务于不顾,由此而使得置身其间的大学校长对学术与政治产生双重关怀。这种徘徊于学术与政治之间角色的历史困境导致民国时期的大学校长们在双重追求之间总是存在着难以调和的矛盾与冲突,并由此导致民国大学校长难以摆脱的困惑与身心煎熬。相关研究指出,民国时期大学校长基本都面临着难以索解的现实悖论:搏击政海兼善天下与隐居学界独善其身、变革政制求得"根本解决"与启迪民智徐图社会改造、强化国权以维系国家的统一安定与高扬民权以争取个性解放、为信念之纯洁超然于现实功利之上与求经世致用介入世俗妥协之中,在良心的召唤下不惜震骇一时的牺牲与在痛苦的屈辱中坚持更加人性的抗争。[①] 概言之,学术与政治对于民国大学校长来说,都难以舍弃。

虽然传统的文化基因导致民国大学校长对时局不能袖手旁观,他们或多或少卷入政治风云之中,他们并未能走入社会体制的中心。加之当权者与作为知识分子的大学校长们的若即若离的微妙关系,民国大学校长卷入政治的尺度往往也不能自己把握。"知识分子一方面要与政治权威保持距离,以保有

---

① 许纪霖. 无穷的困惑[M]. 上海:上海三联书店. 1998:2.

他特殊的批判者的身份。一方面却又想与政治权威接近，以实行他的所见或主张。而政治权威在基本上是不会喜欢知识分子的，因为他的权威之被批判将会被打折扣，另一方面他又不能不靠知识分子的，如何使赤裸裸的权力转化为被人认为合法的权威则是知识分子的特有功能"①。而且，民国大学校长毕竟是受过知识与理性思维训练的高级知识分子，他们会经过一系列理性的思考才会做出理性的选择。然而，政治毕竟倾向于"暴力"而非"理性"，如果试图使政治由"暴力"的变成"理性"的，在暴力冲突异常激烈的近代中国，的确是不可能的。呼吁用"理"代替"力"确实显示出一种"知其不可为而为之"的悲剧精神。②"力可以是理，但反之，理却未必能是力"。然而，这是一种希望通过人道主义、和平主义实现政治理想的强烈愿望，出发点自然是好的，但是未能抓住民国时期政治的核心要素。

因此，民国时期大学校长只能试图以教育、学术、文化、道德等来影响社会，无法介入权力中心。然而，尽管学术与政治之间只能是鱼与熊掌，二者不可得兼，但是，令人欣喜的是，现实并没有一次次地给予他们惆怅与失望。我们无法否认民国众多大学校长选择的"教育救国""学术救国""文化救国""科学救国"等路径不失为一种符合历史发展的，能够平衡政治与学术二者间关系的有效的路径。在这种情况之下，民国大学校长既有效履行其教育、学术、文化、思想等职责，避免走上险恶的从政之途，同时也弥补自身在匡时济世上的欠缺。他们将大学独立的精神、自由的思想、求是的态度贯彻进民国高校之中，将大学自治、学术自由、教授治校等理念穿透国家主义、威权主义的挤压，成为人所共识的大学理念。他们的办学理念鲜明高远，展现出高等教育发展的基本规律；他们的治校方略切实可行，蕴含着高等教育发展的基本理念。他们在执掌高校的过程之中，不仅仅为社会培养大批优秀人才，而且竭力倡导大学的科学研究以及文化的创新，为烽火飘摇中的民国主动肩负起服务社会、引领社会的历史重任。只是，这种迂回前进的选择中夹

---

① 金耀基. 知识分子在社会上的角色[A]//. 中国现代化与知识分子. 台北：台湾时报出版公司，1994：70.

② 雷颐. 孤寂百年——中国现代知识分子十二论[M]. 桂林：广西师范大学出版社，2015：310.

杂着多少无奈、彷徨与愤慨自不必再说，毕竟这似乎是民国大学校长能够寻找到的唯一的折中之法了。

但是，学术与政治在整个社会发展的大系统中属于需要和谐发展与良性互动的两部分。如胡适在《后努力歌》中曾经言道："没有好社会，那有好政府？没有好政府，那有好社会？""教育不良，那有好政治？政治不良，那能有教育？""这一套连环，又如何解得开呢？"[①] 的确，教育、政府、社会是一个连环套上环环相扣的三个节点，缺了任何一环都无法出现一种和谐的局面。因此，我们应当寻求学术与政治之间的和谐之道。学术的发展需要一个良好的外部环境，因此构建学术独立的政治和制度基础具有颇为重要的现实意义，而这个基础便是民主。在民主的社会之中，政治的民主程度影响学术的良好发展，不仅统治者愿意考虑人民的诉求，人民也乐于通过种种民主的程序表达自己意见。而且，学术思想只有通过民意的折射才会更好地影响政治。另外，身处民主社会之下，学术能够保持独立性，以学术的理性与求实之特征来审视政治，并且提出积极、有效的建设性意见。

### （二）书生涉政的困境

**1. 历史的反思**

当民族独立与国家统一成为近代中国压倒一切的主题，民国大学校长有着强烈的政治关怀，他们之中的某些校长走参政之途，有的校长议政而不参政，还有的校长既不愿议政更不愿参政，但是时局所逼，总是与政治有所牵涉，民国大学校长的这些行为都无可厚非。尽管其中的很多大学校长善于周旋，但是书生本色未尝稍衰。书生气在政治中很难有立足之地，毕竟，他们因其内心存有一方凛然不可犯之地而难以摆脱自命清高和不切实际的习气。蔡元培、胡适等人的立身行事、价值取舍，就如同他们治学颇讲究"方法"一样，追求事事有出处，行止有归依，待人处事讲求"经得起推敲的理性准则"。而且，为了内心的价值理念，他们有时会选择"独上高楼"，不惜拂逆众

---

① 胡适. 后努力歌[N]. 努力周报，第4期，1922-05-28.

意自不在话下,更不用说与当局者意见相背了。"不苟同于流俗,不随波逐流,不人云亦云。非吾心所谓是,虽斧斤在颈,不谓之是。行吾心所安,虽举世非之而不顾。此立异者也。吾窃有慕焉,而未能几及也。"① 这段文字虽然是胡适内心的自我独白,但是这种非同寻常的内心期许,不愿流于平庸的强烈感受,希望能做一个天地之间特立独行之人的独特理念,都能或多或少地展现在民国大学校长身上。当这种张扬个性的追求达到某种较高程度的自觉之时,便是民国大学校长与政治渐行渐远之时。中国文人自古就有自大倾向,当这种自大倾向与政治相互碰撞之时,政治岂能完全遂人愿,这些书生又岂能在痛快淋漓地倾诉完个人价值之后真正获得人生的完满呢!

书生不识世故,会遭遇种种政治困境。政治从根本上讲是权力的较量,涉入政治之中的人需要学会忍耐与妥协,需要懂得见风使舵与随机应变。然而,民国很多大学校长却恰恰缺乏这种政治"天分"。显然,蔡元培、胡适、竺可桢等并不完全属于识时务的人。毕竟,自由主义的思想影响和风格渗透到他们的日常行事当中,在政治方面更有诸多体现。在当时的历史背景下,大学校长面对北洋政府和国民政府的以势压人,怎会有完全的教育独立和大学自治而言。为此,他们不得已多以辞职相抵抗。其情其景是何等的壮哉!然而,在那种暗无天日的社会政治背景下,又怎么可能遂人愿。他们至多只是从一种政治困境之中走出来,而又陷入另一个政治困境之中罢了。而相对于对政治有更高追求的罗家伦来说,"书生从政"的选择的确使得他能够更多地对政治采取容忍与附和的态度。但是他仍旧多次将自己置于政治的困境之中,例如中大迁渝后,经费已然在国立大学中名列前茅,而罗家伦仍觉得不敷使用,而与财政部长发生矛盾。罗家伦与CC系的相互排斥与斗争始终伴随着他执掌中大的过程之中。总之,尽管罗家伦一直在国民党体系之中,但是本质上仍旧是一位书生而非政客,毕生都未能融入那个浑浊的政治系统之中。罗家伦作为民国书生从政的失败者,不失为一个典型。

尽管学术作为民国大学校长的立身之本,然而在将政治寓于学术的过程之中,对真理的追求已然转换成对美好社会的构建。带有世俗化的、似乎完

---

① 胡适. 胡适日记全编(第2册)[C]. 合肥:安徽教育出版社,2001:121.

美无瑕的乌托邦成为现实可欲的理想社会。乌托邦社会本身建立在一种极有争议的假设之上,这种假设认为:现实中存在一种近乎完美的理想社会,不管它只是一个祈祷和向往的对象,或是对人类尚未实现且不可能实现的潜能的一种幻觉,或是对真实或想象中的过去的一种怀念之情,或是历史必然遵循的目标,或是只要有足够的能力、精力和道德纯洁,从原则上说就可以实现的一个实践纲领。① 这种对完美无瑕的社会的追求成为连接真理与权力之间的桥梁,对真理的寻求变成对乌托邦的构建,前者似乎只是一种手段,而后者才是真实目的。然而在这个过程中,学者们会逐渐发现,掌握权力才是实践人间乌托邦至为重要的一步。

如果一味指责以大学校长为代表的知识人过于接近权力场域会显得过于偏狭。尽管知识人运用真理充当了权威合法性论证的工具角色,使得知识人自身的进步发展以及真理的演进得以依靠权力的庇护。他们乐于抵达精神的彼岸,却常常因各种缘由驶离精神彼岸,但是很难停靠在权力的此岸,却又不甘心于委身屈服,不得不遭受"西西弗斯式的苦难",然而很难享受到"西西弗斯式的超越与幸福"。权力与知识复杂而紧密的关系,塑造了知识人"骑墙"的性格,一方面渴望献身永恒真理,为知识而献身;另一方面对权力欲拒还迎,幻想"指点江山"。②

**2. 当今的困局**

当今的大学校长已然不同于民国时期的大学校长,时代环境有所改变,使得当今大学校长的政治情怀有些许改变。当代大学校长也会承载政治人的角色,只是这种角色具有明显的行政色彩,缺少了一种自我情感的外露与表达。因此,在现阶段我们讨论的"书生涉政",需要从大学校长行政化定位的角度开始加以讨论。这是一种充斥着被动性的与政治有所牵涉的过程,也是一种无关强烈政治关怀"内热"的制度性过程。

20世纪50年代之后,随着社会逐渐成为一个高度专业化的不同单位之组

---

① [英]以赛亚·柏林. 反潮流:观念史论文集[M]. 冯克利,译. 南京:译林出版社,2011:145.
② 张伟. 知识人与权力的关系探微——关于"海德格尔公案"的思考[J]. 清华大学教育研究,2013(6):75.

成,同城市中的其他组织一样,大学也作为社会结构中的一个基本单位而存在。领导一种基层单位的大学校长似乎依赖于单位或者更直接说是国家才能获得社会资源、身份以及合法性。由于大学的政治化倾向,政治人必然是大学校长要承担的社会角色之一。

由于社会、政治、文化等环节的差异,当今的大学校长在涉入政治时如若表现出时代典型性的文化形态——权力本位主义的迷信,这可能会让大学逐渐渗入"官场"习气。而一旦大学成为官场的延伸之地与附庸藩属,作为大学掌舵人的大学校长,会被烙上"官场主体性"的烙印,而不是"学场主体性"。而这种过于追求各种世俗权力,官场威权主义横行的现象,与大学校长缺乏理性的内在权威、处于被动的不成熟状态息息相关。

在这种情况之下,中国的大学校长欲成为引领中国高等教育发展的卓越之士显得有些困难,但并非无路可走。而大学校长回归学术本位是一种必然的选择。因此,从社会角度而言如若破除权力本位主义,需要重新建构尊重知识、尊重人才的社会认知,形成依靠知识赢得尊重而不是利用权力赢得尊重的社会氛围,需要营造大学校长以成为学者、教育家而不是政府官员来赢得地位、荣誉的社会环境。从大学的角度而言,作为学术主体的大学应当重视学术发展的内在本质要求。对于大学校长而言,需要具备崇高的学术信念以及优良的学术品格。而这些是新时代营造适合大学校长发展的良好氛围的必要途径。大学校长的角色可以多元化,但是需要回归到学术本身,淡化大学校长的官员色彩不仅是历史留给我们的启示,也是中国高等教育发展的趋势。

### 三、多种角色之间的定位与平衡

#### (一)大学校长的角色种类

**1. 历史的反思**

如前所述,从单一性角色来讲,民国大学校长主要扮演教育家、学者、管理者和社会活动家的角色;从整合性角色来讲,民国大学校长徘徊于学术与政治角色之间。就学术与政治角色来讲,它们具有各自独立的品质,也有相互交叉、协作共生的基础。民国时期的每一个大学校长本身对自己的角色都会有一个期望值,有的大学校长认为自己可以同时兼顾不同角色,在时间、精力等分配时比较注重均衡分配到每一个角色上。当然,有的大学校长更加看重其中的某一种角色,他会将时间与精力等进行倾斜式的分配。他们对于大学校长"是什么",大学校长需要"做什么",大学应该"怎么样"类似的问题一定是有一个自己的理解的,只是由于民国时期社会、政治、文化等各种因素的影响,大学校长未必能够完全按照自己的想法投入到不同的角色之中。

这是一种充满挣扎与彷徨的角色扮演,也是一种角色扮演的历史常态。民国时期的大学校长角色扮演具有多元化与综合性的特点,也正是这种多元化与综合性的存在,成就了大学校长一种真正认识自我、认识教育、认识社会的路径,使得大学校长在提高教育水平与实现社会改革的徘徊之中更加遵循良心的召唤。

**2. 现实的思考**

当代大学校长的角色扮演与民国时期的大学校长角色扮演具有一定的相似性,在此,笔者结合当今社会发展的趋势以及大学校长角色扮演的整体架构进行分析。

一方面,大学校长需要根据《中华人民共和国高等教育法》《公开选拔党政领导干部暂行规定》实现校长之位的行政化任免,另一方面,大学校长依靠"校长"之位实现他管理学校的"资格",达到社会地位的提升。在自我价值的实现以及权力带来的满足感的现实刺激下,大学校长的政治领域活动占据校长的很大一部分时间。

其次,人性假设是高等教育研究的逻辑起点。"人"应如何做,怎么做,通过考察"人"的行为来促进高等教育的发展,这是教育理论和方法的前提假设。但实然是什么?贝克尔认为,大千世界中,人人都是"经济人",其左右活动的目的只有一个,那就是追求效用的最大化,最大化效用涵盖了个人可能追求的任何目标[1]。大学校长不会因为加入学校这个特殊组织中或提供的

---

[1] 李欣然. 高等教育中"经济人"主体利益博弈分析[J]. 高教探索, 2015(3): 35.

是准公共产品而否定经济人行为。受市场经济环境的影响，大学校长的经济人逐利本性逐渐显现，体现为追求经济效益，影响高校主要目标的有效达成。在此过程中，大学校长的行为指向和活动规律受利益支配，把经济利益作为行动需要的价值判断基础。例如，学生的学费成为大学校长绞尽脑汁增加高校所需收入的一种主要来源；大学校长鼓励高校通过与企业合作获得科研经费也已经成为高校日常运转的一部分。

最后，大学校长的出身基本是知识人，他们当中的绝大部分人曾经在教学、科研中有过骄人的成绩。他们在各自的研究领域多处于佼佼者地位，否则，他们也不可能在众多同行之中脱颖而出成为执掌一所大学的校长。毕竟，在大学这种特殊的社会组织中，知识人的身份会使他们有着更大的话语权。而且，从中世纪大学的崛起到当今大学的多元化发展，虽然大学的师生增加，校园数量与规模扩大，大学专业和课程门类更加多元化，大学管理越来越复杂，但是大学的职能之一或曰大学存在的合理性却一直未发生改变——学术研究。这种职责并不会因为政权的更迭、经济的繁荣与衰退而发生改变。

## （二）大学校长的角色冲突

### 1. 历史的反思

社会学家波普诺曾指出："在每一次高度结构化的社会互动中，社会都为人们提供了一个'剧本'，用以指导分配给不同社会成员的不同角色的扮演。""当来自这些角色的要求出现对立时，置身于其中的个人就处于了一种角色冲突的状态中。"[①] 民国时期的大学校长，立足于教育发展的本质需求，在高等教育的现代化过程中需要扮演不同的角色来协调大学、政府、社会等之间的关系。这些不同的角色被赋予不同的内涵，具有不同的行为要求，当这些行为要求产生各自的行为期待时，角色冲突时有发生。

民国时期的大学基本能分成三类，即国立大学、私立大学和教会大学。

---

① [美]戴维·波普诺. 社会学[M]. 李强，等，译. 北京：中国人民大学出版社，2002：97.

## 第五章　民国时期大学校长角色扮演之启示

本文对教会大学不做研究。国立大学校长是由中央政府任命，其有义务按照政府的相关要求治理大学。虽然政府对大学的控制相对宽松，大学校长也有自己的独立性，但是国立大学的校长毕竟从属于一定政治体制，他们有理由更有责任维护彼时的政治体制，从政治的需要出发维护中央政府的权威。而且，这些大学校长为此能够争取更多的政治资本。就私立大学校长来说，他们与政府的牵涉相对很少，但是他们又何尝逃得出政治控制的樊篱呢？胡适在中国公学不得已辞职不就是一种鲜明的体现。所以，很多私立大学校长为了长期、顺利地执掌大学，也不得不进行政治附和。然而，大学校长毕竟有其本职工作，管理大学日常事务、树立大学正确的发展目标、制定合理的发展规划、完善管理体系等，这些需要建立在对大学的本质有正确理解的基础之上。这种政治上的维护、靠拢乃至依附与学术的独立、自由必然会产生矛盾与冲突。

如前文所述，从民国大学校长的学术情况、高等教育经历、学位获得情况等方面来看，他们均有深厚的学术造诣和卓越的学术声誉。学者是民国时期大学校长主要扮演的角色之一，否则将直接影响他们的声望。作为学者，他们秉持对学术研究的基本态度，将学术研究视为其本职工作。然而，作为执掌一所大学的校长，他们需要面对大量的行政事务，行使其管理职能，这必然会对其学术工作造成一定影响。而同时从管理者与学者两种角色的行为要求来看，这二者之间具有一种管理者与被管理者的行政隶属关系，这是一种基于不平等而建立的关系，而不平等必然会带来冲突。作为管理者，其希望拥有对被管理者进行控制与支配的权力，而在实际事物发展的过程中，管理者的确拥有或多或少的支配与控制权力。而当管理者追求对学者的支配与控制权力时，不可避免地会陷入这组角色的冲突之中。例如，蒋梦麟在任职北京大学校长之前能够很好地秉持"学术自由""教授治校"的原则，然而他就职北京大学校长之后提出的"教授治学、学生求学、职员治事、校长治校"的原则更加强调大学校长作为管理者对学术研究者的支配与控制。就此，可以从彼时北京大学一位教授的书信中得以体现。周鲠生在给胡适的书信中言及："你离开国内学校生活多年，绝不能想到这几年大学制度变到这步田地！

我们在北大时候,尽管在军阀政府之肘腋下,可是学校内部行政及教育工作完全是独立的,自由的;大学有学府的尊严,学术有不可以物质标准计度之价值,教授先生们在社会有不可侵犯之无形的权威,更有自尊心。现在呢,学校已经衙门化,校长简直是待同属吏。"①

**2. 现实的思考**

由于政治、经济、学术具有各自的"游戏规则",三种游戏规则之间本身各不相同,而当今大学校长身处于这三种角色之中,必然会产生角色的冲突。首先,政治人与经济人的同存状态给大学校长带来比较明显的冲击,从思想到行动,从价值观到人生规划,都发生极大的转变,有时甚至是颠覆性的。一方面,大学校长需要按照上级指示办事从而形成的"被动型"性格,另一方面大学校长又需要具备积极发挥能动性广开财路的"主动型"精神;一方面处于政治系统之下而对钱的热情并没有十分强烈,另一方面,为了学校利益的最大化而需要十分重视经济利益。② 如今,这种角色的扮演与冲突已经从观念上转变为行为中,这可以从国家的教育政策规划之中得以体现,如国家倡导学校要改善办学条件,增加教学、科研中的基本建设,全面提高教学质量以及办学效益等。然而,大学校长也需要思考的问题是,条件的改善、基础设施的完善乃至教授的聘任等都需要钱,而这些钱又从哪里来呢?挂着"985""211"头衔的大学和普通大学之间在政府的财政划拨方面是有很大不同的,但是不管如何,所谓不同类型的大学都需要向前发展,执掌不同类型大学的校长或多或少都会遇到政治人与经济人之间的种种冲突。

大学呈现出"有组织的无政府状态",是一种具有松散连接特征的文化组织。学科是大学的组成单元,大学是学科利益的联邦,这一组织架构使得大学权力基础本身明显缺乏强制性,它直接制约着校长权力对大学组织的实际渗透。③ 因此,大学校长虽然能够以其拥有的权力和权威在大学内产生一定

---

① 肖卫兵. 中国近代国立大学校长结构及其角色研究[D]. 苏州大学博士学位论文,2011:63.
② 赵映川. 我国大学校长角色冲突研究——基于涂又光先生的社会领域理论[J]. 湖北社会科学,2013(6):179.
③ 廖湘阳. 大学校长权力及其变化[J]. 高等教育研究,2007(8):41.

的主导作用，但是上级主管部门安排给校长的种种任务，如若违反大学发展的基本规律，违背大学的本质，校长在政治人与知识人之间便会陷入尴尬的地位。

在市场经济条件下，大学校长的行为指向和活动规律受利益支配，把经济利益作为行动需要的重要价值判断基础。这种行为无可厚非，毕竟生均经费不断增减，大学的运营成本日益增长，而面对大学经费的日益短缺与高质量的人力资本在劳动力市场中的竞争优势颇为显著的矛盾，大学校长不得不对经济数字保持高度的敏感性。毕竟，接受高等教育的受教育者需要利用大学提供给他们的逐渐紧缩的财政资助获得显现的与隐现的诸多支持，从而提高在职业分配阶梯上的等级和社会结构中位置。当然，大学校长需要考虑的不仅仅是受教育者的"输出"问题，其他同样紧迫而且较为典型的需要财力支持的如人员经费、教学经费、基建经费等，哪一样活动的落脚点不是"钱"呢。但是，当大学校长转身于学术建设中时，知识人的理念使得大学校长需要投入更多的教育情怀。他们以学术为志业，积极追寻学术的普遍价值。坚定的学术信念和学术理想使他们不会因为外部事物的掺杂以及外部力量的冲击而左右摇摆，更不至于陷入纷繁复杂的事物中而无法自拔。他们需要铸造大学的精神，培养大学的文化，最终实现大学的卓越。由此来看，经济人与知识人的两种思维路径与行为方式会让大学校长在教育实践的过程中冲突不断。

### （三）大学校长理想角色的定位

**1. 如何定位大学校长的角色？**

伴随着办学主体的多元化，办学形式的多样化，需求主体的多元化，管理体制的专业化等内部与外部环境及结构的变化，大学校长已然不能纯粹用一种角色定位来满足多元化发展的高等教育体系以及社会多样化需求。而且，大学校长角色的定位与大学功能密切相关，大学功能的变化，能够反映出人们对高等教育价值认识的变化。人才培养、科学研究、社会服务、文化传承创新是我国新时期高等教育的四大功能。因此，当我们再一次审视大学校长角色之时发现，大学校长的角色并不能纯粹定位于某一种角色，他不仅需要解决校内的事物，也需要处理学校以外的各种事宜，他需要处理与师生、政府、社会、市场等各种利益相关者之间的关系；他不仅应当具备突出的管理能力，承担学校的管理与执行的任务，而且也应当着重关注大学在本质上是为社会培养高级人才，传承与研究高级学问的机构，因而大学校长也应当是人类文化传承与创新机构的卓越领导者；他不仅需要成为大学改革的推动者，而且也应当继续在其学术领域内进行正确的领导与决策，成为某一专门领域的专家。也就是说，在当今的时代环境之下，大学校长需要同时具备多种素质与能力，能够胜任多重角色的大学校长应该是大学管理体系中的核心人物。换句话说，政治人、经济人、知识人的角色显然都不能抛弃，只不过，大学校长需要充分发挥主观能动性，在不同的地点、不同的时间侧重点有所不同。

　　然而，大学校长在众多角色之中仍旧有一种角色是最为主要和毕生的事业追求，即教育家角色。这种角色的扮演不仅以围绕大学的本质为依归，而且大学校长所具备的教育家的理想、精神与抱负能够深化大学的内涵。并且，从历史的角度来讲，民国时期的大学校长将学术视为立身之本也是对教育家角色的一种本质颇为相通的阐释。当然，我们无法在这二者之间划上一种绝对的等号，就本文所表述的民国大学校长的学术角色来说，它所涵盖的范围更加宽泛。只不过，它为我们展示了一种回归教育、回归学术的灵魂召唤，而这一点是颇为重要与关键的。

　　总之，要让当今中国大学校长成为卓越的掌舵者，回归学术本位是一种必然的选择，在这个过程中增添更多的知识人氛围，淡化其政治人色彩，将经济人的事业合时宜地穿插在大学校长实践过程之中。为此，应该给大学校长减负，使其不因承担过多的角色而如此之累；防止这些角色之间存在的冲突削弱大学校长的执行力。在此，我们并不是完全否认当今大学校长的政治人与经济人的角色，而是认为政治人与经济人应该为知识人服务。只有这样，才能让大学校长专心致力于大学教育，也才有可能培育出一批世界一流的大学。

**2. 如何构建大学校长角色实现的制度体系？**

中国近几十年来一直在探索这个问题的最终出路，在这个探索过程中很多成果已经被写入高等教育法。在大学校长的自主权方面，需要积极落实高等教育法中规定的各项自主权力。而且，伴随着自主权的难以落实，大学校长的决策权很小，以至在实际的教育实践过程中出现职责与权限不对等的现象。这种情况不利于大学校长个性的展现以及独立思想的养成，容易造就千校一面的高等教育体系。因此，为大学校长营造宽松的内外部环境显得颇为重要，真正将大学校长的自主权力落到实处。另外，在角色扮演的水平方面，需要解决大学校长的治校活动与其他活动之间的关系，使大学校长着重于教学、科研相关活动，更加集中精力于治校的职能方面。

由于高等教育的非义务教育属性，它具有准公共产品的特征，它的非竞争性要求政府需要对高等教育给予很大程度的财政支持。能否舍得对教育投入，是一种符合长远战略需要的魄力，更是国家应尽的责任。《国家中长期教育改革和发展规划纲要（2010—2020年）》明确提出，提高国家财政性教育经费支出占国内生产总值的比例。增加学校财政拨款，降低学校财政负担，不仅能够有效避免大学校长过多陷入某种角色中而无法自拔，也是提高我国国际竞争力的重要途径。

最后，我国大学内部学术管理制度需要进行一定的改革，而其重点便是树立学术权力在大学各种权力中的中心地位，凸显大学学术实际主体的作用，还大学学术组织的本来面目。[①] 其一，建立并完善学术民主管理机制，真正从制度方面保证大学实现民主管理，在理顺学术权力与行政权力的同时使二者充分分工合作，从而达到协作共赢的状态，将民主的操作程序真正运用到学术领域中。其二，提高大学教授在大学管理中的实际作用，明确评议会、教授委员会的职权，激励教授充分发挥自身才干及能力，逐步实现教授主导大学学术发展的管理模式，从而增强大学的学术声誉，以帮助大学校长更好地履行知识人的角色。

---

① 李福华. 论我国大学学术制度创新 [J]. 教育研究，2012(11)：60.

# 结语 "放大了"的校长责任的承担

将民国大学校长进行全方位研究在学术界较为多见，而将民国大学校长上升到一种具有高度性的，在中国社会现代化历程中占有一席之地的不凡人物，似乎并不多见。民国大学校长恰是由于其非凡、独特的学术与政治责任，才成为历史长河中最为卓越的一批大学校长。他们的历史性高度，后人无法企及，但他们的历史性贡献，后人当永远铭记。

## 一、"启蒙"立人与教育变革

面对救亡时局，作为"忠臣孝子"的中国知识分子认识到西方之先进性，形成将人理解为器物之材的教育变革路径，关注人作为手段的工具性价值，将人视为保种保教之材料。由此，学校教育的发展路径即为培养各种制器人才。这种明显关注人的工具性价值的倾向，并没有涉入人的思想观念层面。在日益深重的民族危机之中，这种器物技艺层面的教育变革体现出极大的劣势与不足，"传统忠孝"之体，付之以西学之皮毛，焉能产生"现代科技"之用，"精神洗礼"之效。因此，伴随着一次又一次的失败，唤醒国民，启蒙立人的教育主题走向时代前列。

虽然清末的教育改革中已经提出了教育要"使人成为人"，教育之精神在于培养"健全独立之人格"，但是实践与理论毕竟相差甚远，这种培养"新国民"的教育理念更似"水中月""镜中花"。直到民国建立之后蔡元培将启蒙立人的教育思想落实到教育宗旨上，并将北京大学作为唤醒国民意识，提升价值层面的物质性场所。在这个过程中，蔡元培主要着力于现代大学制度的建设，将西方启蒙思想家所揭橥的现代思想理论为基础，在很大程度上突破中国传统思想理论的樊篱，试图以全新的高等教育体系来培育新人。这是蔡元培作为跨时代的大学校长，铸造北大精神，成就近代中国教育启蒙主题转换的历史性贡献。我们不能忽视蔡元培的"五育并举"的思想，不能忽视他的"兼容并包"理念，毕竟，这在启蒙立人的教育实践路程中涂下浓墨重彩的一笔。同样，胡适是五四新文化运动时期的思想启蒙大师，由他首倡的"文学革命"掀起了新文化运动的高潮，在思想界开辟了中国近代历史的新纪元。尽管在启蒙运动高潮之际胡适并没有担任大学校长，但是毫不夸张地说，胡适在此运动过程之中所形成以及传播的理念足以影响整个近代，乃至对当今都有重要的现实意义。越往后，胡适的启蒙工夫做得越发细致，他将科学方法和民主理念巧妙引入教育等领域。胡适作为一种新价值观的代言人，在大学里传播先进思想，在著作里传播先进知识，通过报纸、杂志传播先进文化，鼓励青年学生用科学方法推动科学、学术的发展。在胡适的影响下，北京大学异常活跃，许多领域的学派公平竞技，百花争艳。这些高端的思想、理念，经过层层传递，对于国民素质、国家治理结构发挥着看不见的巨大作用。

虽然民国不少大学校长并没有如蔡元培、胡适等人提出过颇为先进的启蒙理念，但是身处中国近代启蒙思潮的高潮、低吟期，面对民主、科学、理性、平等、自由等先进的理念，众多大学校长在对自由、理性进行沉冷的思索后深刻认识到，想要挽救民族危亡首先应当唤醒国民的思想意识，让曾经沉睡之中的众生真正觉醒并发展为自由自主自立之国民，而高等教育能够承担这种责任。这样，民国时期的众多大学校长承担着从"思想文化"层面唤醒沉睡之青年乃至芸芸众生的任务，以致达成"立人"之目的，"人的解放"成为中国高等教育现代化理想之维的重要价值追求。民国众多大学校长这种看似不是启蒙者，却实际胜似启蒙者的行为，虽说是沿着历史惯性演进着，却更是大大推动历史向前发展着。启蒙精神在中国高等教育中的逐渐彰显、贯彻乃至实施，使人成为人的呼声越来越强烈，中国的高等教育也由此一步一步地走向现代。①

---

① 胡金木. 从"造材"到"立人"：近代中国教育启蒙的主题转换[J]. 大学教育科学，2013(5)：99.

在这个过程中，民国大学校长是祛除国民愚昧的启蒙使命的承担者，同时又是充满勇气与开拓精神地运用理智的启蒙精神的体现者。他们所承担的使命已经远远超出教育、学术的范畴，冲破象牙塔的领域；他们的行为更标榜了处于特殊社会中的大学校长的创造性、能动性、主体性和意识性。这是一种超越本职工作的特殊角色使命，这种角色使命留给当今大学校长思考与学习的已经不仅仅是民国大学校长启蒙思想的种种践行目的、手段，方式等，而是探究其背后的深层次意义，这是一种涉及特殊历史条件下的，包含政治、文化、教育用意的历史使命。

启蒙运动早已落下帷幕，但是"进步"作为一种意识形态与大学校长相伴发展毋庸置疑，从"北大之父"蔡元培到当今具有代表性的大学校长，他们都坚信学术的力量将会使人类更加完善，从而更有力地支配整个世界，而他们所高扬的理性则使人走向自由，自主。

不同的时代孕育不同的大学校长，毋庸置疑，蔡元培、梅贻琦、蒋梦麟、胡适、竺可桢等大学校长对于民国时期思想文化的启蒙作用，对于教育改革的促进作用，不仅开辟民国时期各所大学的历史新纪元，而且成就中国近代思想文化的现代化之路，可谓居功至伟。我们无法要求当今大学校长能够做出同样的贡献，只是希望，"问苍茫大地，谁主沉浮"的精神状态能够一直发扬下去。

## 二、政治情结与背后意义

中国现代知识分子已经与过去那种同政治结构融为一体的模式相割裂，不将仕途经济视作为主要成就标准。近代中国政治腐败、社会混乱的现状使他们厌恶不已，疏离感得以产生。但是，中国传统士大夫"以天下为己任"的使命感与近代社会知识分子政治参与的责任感的相互结合，一种"舍我其谁"的精英意识油然而生。在对政治抱以鄙夷、厌恶的同时，却不得不或多或少深入其中——或抨击，或议论，或被深深卷入，力图按照自己的理想改造他们实际并无力改造的政治现实。①

客观考察民国时期大学校长会发现，他们当年可能抱有一种矛盾的心态，即一方面热衷于文化教育，视为根本之道，另一方面经受不住种种刺激或诱惑，不由自主地涉入政治之中。胡适曾经言道："政治只是我的一种忍不住的新努力"。然而，在前文中我们能够看到，不论是蔡元培、胡适还是罗家伦等校长，他们在"忍不住的新努力"之中是如何的投入，以至于政治投入并未亚于他们甚为重视的文化、学术建设。

我们无法忽视蔡元培在出任北京大学校长之后的几年之内所做的种种政治方面的努力：1918年11月，第一次世界大战协约国的胜利让整个北京知识界沉浸在一片喜悦之中，在蔡元培的主持下，北京大学师生先后于15日、16日接连两天在天安门举行群众性讲演大会，蔡元培先后发表题为《黑暗与光明的消长》《劳工神圣》的演说，② 其政治热情的燃烧有不可遏制之势。再有，蔡元培以"南人"而居北京政府简任大学校长之职，与孙中山就南北议和问题产生距离，并多次发表政治言论。而在20世纪20年代的"好政府主义"这一幕政治话剧中，蔡元培俨然扮演着北大知识分子社群的政治上的领头羊角色。诸如此类的活动还有很多，但是蔡元培在担任大学校长期间都没有溢出"议政"的范畴。胡适与蔡元培在政治努力方面具有重合之处，而且胡适在论学或掌校过程中贯穿的学术独立与教育民主，其背后表现出的是对人权、自由、民主的坚守，对世界与中国命运的深切关怀，对人类前途的深沉忧思，对民主政治的坚定信念。总之，研究发现，这二人作为有着欧美教育经历的知识分子，在担任大学校长期间间接参与政治的基本主张与行动思路大有相同之处，他们都表达期盼政治清明的愿望，表达对民主与法制社会的热切期望。然而，在经历了一次次"出而谈政治"的历练之后，无论是蔡元培还是胡适，最初致力于文化、教育的心境早已发生改变，他们的社会形象并不因为任职大学校长一职而缺乏"政治属性"的油彩，预谋改变，谈何

---

① 雷颐. 孤寂百年——中国现代知识分子十二论[M]. 桂林：广西师范大学出版社，2015：223.
② 张晓唯. 蔡元培与胡适（1917—1937）——中国文化人与自由主义[M]. 北京：中国人民大学出版社，2003：203.

容易。

　　至于以罗家伦为代表的大学校长，其与蔡元培、胡适等校长对于追求政治的心境颇为不同。罗家伦与国民党整合权力结构的趋向甚为一致，遂流于政治活动方面积极的状态，典型的政治倾向让其在高等教育场所中明显感受到生存不适。虽然无法否认罗家伦等校长致力于学术的政治性目的，但是更应该引起后世思考的是，罗家伦校长的政治活动并非仅仅基于个人的荣辱得失，更是希望中国走上"独立而富强"的现代化之路的政治"愿景"，只是在实践这一"愿景"的道路选择上出现了个性直至政治生命的"走调"。

　　由此可以看出，在近代以来的政治现代化发展过程中，蔡元培、胡适、罗家伦等大学校长或主动或被动地表达自己的政治思想与主张，有时会在舆论上喧嚣一时，煞是好听好看，可始终无法解决社会实际问题。暂且不论这些大学校长在文化、教育方面欲达成的目的，仅就政治方面来说，他们欲解决的现实问题，实在是盼望国家的统一与安定，从而能为政治的规范化和经济社会的发展提供和平、发展的环境。这种政治目的并非不可取，只是在现实政治力量的消长或崛起并不以良好的愿望为转移。不管是通过寓政治于学术的方式，还是通过直接演讲、集会等方式，民国大学校长的本职工作毕竟不在于此。而且他们提出的政治方案过于书生气，其思想理论依据多源自西方政治理念，这或许会产生或多或少的思想影响，只不过作用于实际政治之时，其效果就微乎其微了。然而，需要意识到的是，尽管他们的政治"呐喊"与"行动"十分脆弱，毕竟形成过一定的影响或声势，也产生过某些作用。蔡元培等人常言自身仅仅代表知识界而聊备一格，"性近于学术而不宜于政治"，这一方面似乎表明这些校长自身并不完全具备干政治的气质，另一方面也会多少受制于校长这一带有教育、学术性质的工作职务。然而，民国大学校长的政治改良性格已然侵入骨髓，尽管他们所倡导的民主、自由、法制，人权等主张多限于舆论层面，但是这其中所具备的政治意义颇为显著。总之，蔡元培、胡适、罗家伦等人对政治的介入，展示了身处教育高位的民国大学校长在政治现代化过程中参与政治的模式和对民主、自由等的发扬，这一事实本身似乎远胜于他们的实际"政绩"。

### 三、教育现代化的完成式与未完成式

民国大学校长对中国教育体制改革的思想，尽管在实践中因历史条件的限制，很多主张未能实现，然而他们所做出的历史性贡献却不能忽视。教育独立、学术自由、教授治校等办学理念与实践作为现代高等教育转型的必然要求，为中国教育摆脱文化专制主义的陋习，逐渐走向科学化、民主化、民族化、现代化之路指出正确的方向。民国大学校长的种种教育思想与教育理念，或部分在实践中得以推行，或由于种种原因的限制未能成功，或形成一种精神激励教育界人士，或成为一种理想被追求之。不管是出于何种形式，他们都在寻求中国教育现代化的道路上上下求索，构成中国现代教育思想的宝贵遗产，是中国教育现代化应该汲取的思想资源。

中国的教育现代化之路是一个艰难的过程，蔡元培、梅贻琦、胡适等校长在这个过程中经历种种抗争与突围，获得很大的进步，之所以说艰难，是因为近代中国教育的现代化经历了太多的曲折，客观存在的社会、政治、文化等因素加之特殊时代孕育出的大学校长的主观性缺陷，以至于某些成果前功尽弃。之所以说获得很大进步，是因为民国大学校长对人们价值观念、思维方式和行为方式的更新，对人才培养模式的创新，对学生知识技能的培育，对道德品德修养的提高，以及对教育平等、教育民主等的大力倡导，不仅在那个时代具有前导特质，即使对今天的教育改革仍具有借鉴作用。

# 参考文献

## 一、期刊

[1] 程斯辉．当代教育家论 [J]．教育评论，1991(6)．

[2] 程斯辉．中国近代大学校长成长为教育家的当代意义 [J]．河北师范大学学报（教育科学版），2007(5)．

[3] 陈亚玲．民国时期学术职业化与大学教师资格的检定 [J]．高教探索，2010(6)．

[4] 冯夏根．政治与文化的双重关怀及其困境：近代中国知识分子生存样态解读 [J]．华南师范大学学报（社会科学版），2007(3)．

[5] 郭海龙．管理哲学应重视对自我管理的研究 [J]．学术论坛，2006(7)．

[6] 高平叔．北京大学的蔡元培时代 [J]．北京大学学报（哲学版），1998(2)．

[7] 高天明．名校长与近代中国大学精神 [J]．深圳大学学报（人文社会科学版），2003(6)．

[8] 韩延明．理念、教育理念与大学理念探析 [J]．教育研究，2003(9)．

[9] 胡金木．从"造材"到"立人"：近代中国教育启蒙的主题转换 [J]．大学教育科学，2013(5)．

[10] 胡明．胡适关于大学教育设计述略——从《非留学篇》到《争取学术独立的十年计划》[J]．江淮论坛，1993(3)．

[11] 黄俊伟．公共记忆中的民国大学 [J]．现代大学教育，2012(4)．

[12] 纪宝成，李立国．近代大学校长和教育家对中国教育传统的认识 [J]．清华大学教育研究，2006(8)．

[13] 戟锋．竺可桢教育思想的特色探析 [J]．教育文化论坛，2010(6)．

[14] 金生鈜. 以教育为志业：教育家的精神实质 [J]. 中国教育学刊, 2011(7).

[15] 贾小壮. 试论民国前期大学校长群体的教育改革 [J]. 社会科学战线, 2013(6).

[16] 靳宇倡, 刘钰. 近代中国大学校长的教育理念与大学的核心价值观 [J]. 清华大学教育研究, 2006(12).

[17] 李福华. 论我国大学学术制度创新 [J]. 教育研究, 2012(11).

[18] 李剑平. 百年来中国的大学自治与社会干预 [J]. 河北师范大学学报（教育科学版）, 2015(1).

[19] 李忠. 近代中国"教育救国"与"实业救国"的互动 [J]. 西南大学学报（社会科学版）, 2011(4).

[20] 李欣然. 高等教育中"经济人"主体利益博弈分析 [J]. 高教探索, 2015(3).

[21] 李欣然. 大学校长教育与政治的双重关怀及其困境——以蔡元培为中心的考察 [J]. 高等教育研究, 2015(6).

[22] 李欣然. 自治与控制：二战后美国大学与政府的关系 [J]. 江西社会科学, 2015(9).

[23] 李欣然. 教育与政治之间：罗家伦校长的双重角色解读 [J]. 高教探索, 2015(10).

[24] 卢秉利. 学术与政治：从胡适看现代中国知识分子的二难选择 [J]. 求索, 1999(4).

[25] 廖湘阳. 大学校长权力及其变化 [J]. 高等教育研究, 2007(8).

[26] 刘聪. 艰难的突围——论胡适的学术与政治生涯 [J]. 中州学刊, 2001(2).

[27] 刘敏. 论蔡元培教育思想的人文精神 [J]. 四川师范大学学报, 2001(2).

[28] 刘小枫. 中国无政府主义与现代乌托邦思维 [J]. 二十一世纪, 1995(2).

[29] 刘亚敏. 知识分子与大学精神 [J]. 高等教育研究, 2005(9).

[30] 刘悦笛. "政统""道统"与"学统"——中国社会转型中"士人"向"知

识分子"的身份转变 [J]. 中国政法大学学报，2008(4).

[31] 孙俊三，乔元正. 论大学场域权力冲突的权利转向 [J]. 大学教育科学，2013(5).

[32] 邬大光. 大学理想和理念漫谈 [J]. 高等教育研究，2006(12).

[33] 王冬艳. 蔡元培高等教育改革成功经验之启迪 [J]. 黑龙江高教研究，2010(12).

[34] 王恩华. 大学学者的使命与责任 [J]. 高等教育研究，2005(1).

[35] 王洪才. 大学校长的理想类型 [J]. 江苏高教，2005(4).

[36] 王建华. 中国近代大学的形成与发展——大学校长的视角 [J]. 清华大学教育研究，2000(4).

[37] 王运来，王飞. 自在·自为·自由——论中国近代大学校长的主体性 [J]. 江苏高教，2015(3).

[38] 吴民祥. 蔡元培的"悖论"——中国近代大学的学术诉求及其困境 [J]. 清华大学教育研究，2010(3).

[39] 徐继存. 民国时期教育家的共相 [J]. 西北师大学报（社会科学版），2013(6).

[40] 谢泳. 1949 年前中国国立大学校长与政府的关系 [J]. 社会科学论坛，2004(10).

[41] 袁冬冬. 学术自由与政治统治：寻求学术与政治的和谐之道 [J]. 南都学坛，2013(5).

[42] 杨绍军. 西南联大的学术传统 [J]. 云南社会科学，2003(5).

[43] 俞祖华，赵慧峰. 中国现代知识分子的十种矛盾"心结" [J]. 河北学刊，2012(3).

[44] 赵峰. 论高校的政治权力与"去行政化" [J]. 西北师大学报（社会科学版），2011(2).

[45] 尹晓敏. 寻求政府控制与大学自治的平衡——世纪之交政府与大学关系的合理定位 [J]. 高教探索，2007(4).

[46] 赵剑. 民国大学管理制度设计的现实思考——以行政权为中心的考

察[J]．长沙大学学报，2014(3)．

[47]张楚廷．论大学校长[J]．高等教育研究，2009(7)．

[48]张彬．论竺可桢的教育思想与"求是"精神[J]．浙江大学学报（人文社会科学版），2005(6)．

[49]张国义．现代中国知识分子对学术与政治关系的探讨[J]．学术探索，2010(1)．

[50]张美凤，蒋锋．竺可桢教育思想的理论特色和实践经验[J]．高等教育研究，2000(4)．

[51]张培富，夏文华．竺可桢的科学文化实践轨迹与社会使命——以竺可桢担任的社会职务为线索[J]．南开学报（哲学社会科学版），2013(2)．

[52]张淑锵，金灿灿．竺可桢与浙大研究院的创立[J]．浙江大学学报（人文社会科学版），2011(4)．

[53]张廷国．"道"与"逻各斯"：中西哲学对话的可能性[J]．中国社会科学，2004(1)．

[54]赵映川．我国大学校长角色冲突研究——基于涂又光先生的社会领域理论[J]．湖北社会科学，2013(6)．

[55]张伟．知识人与权力的关系探微——关于"海德格尔公案"的思考[J]．清华大学教育研究，2013(6)．

[56]张晓峰．教育家精神特质研究——以民国时期著名教育家为例[J]．教师教育研究，2014(5)．

[57]张晓京．近代中国的"歧路人"——对罗家伦生平与思想的再认识[J]．湖南科技大学学报（社会科学版），2008(3)．

[58]周川．教育家胡适：行动与思想[J]．高等教育研究，2015(1)．

[59][澳大利亚]罗伯特·W.康奈尔．教育、社会公正与知识[J]．华东师范大学学报，1997(2)．

[60][英]克·霍德金森．为什么要对管理进行哲学探讨[J]．国外社会科学，1986(3)．

## 二、著作

### (一)中文著作

[1] 安宇．冲撞与融合——中国近代文化史论[M]．上海：学林出版社，2001．

[2] 白吉庵，刘燕云．胡适教育论著选[M]．北京：人民教育出版社，1994．

[3] 曹伯言，季维龙．胡适年谱[M]．合肥：安徽教育出版社，1998．

[4] 崔国良．张伯苓教育论著选[C]．北京：人民教育出版社，1997．

[5] 崔恒秀．民国教育部与高校关系之研究（1912—1937）[M]．福州：海峡出版发行集团，2011．

[6] 陈景磐．中国近现代教育家传[M]．北京：北京师范大学出版社，1987．

[7] 陈金淦．胡适研究资料[M]．北京：北京十月文艺出版社，1989．

[8] 陈明远．那时的大学[M]．太原：山西人民出版社，2011．

[9] 陈平原．学者的人间情怀[M]．珠海：珠海出版社，1995．

[10] 陈平原．大学何为[M]．北京：北京大学出版社，2006．

[11] 陈平原，郑勇．追忆蔡元培[C]．北京：中国广播电视出版社，1997．

[12] 陈序经．中国文化的出路[M]．长沙：岳麓书社，2010．

[13] 程斯辉．中国近代大学校长研究[M]．北京：人民教育出版社，2010．

[14] 蔡春．在权力与权利之间：教育政治学导论[M]．北京：北京师范大学出版社，2010．

[15] 蔡元培．蔡孑民先生言行录[C]．桂林：广西师范大学出版社，2005．

[16] 蔡元培．蔡元培全集[C]．北京：中华书局，1984．

[17] 蔡元培．蔡元培自述[C]．北京：人民日报出版社，2011．

[18] 崔志海．蔡元培传[M]．北京：红旗出版社，2009．

[19] 储朝晖．中国大学精神的历史与省思[M]．太原：山西教育出版社，2006．

[20] 丁刚．中国教育的脊梁——著名教育家成功之路[M]．北京：高等教育出版社，2010．

[21] 董广杰．龙的传人与龙的精神[M]．北京：中国纺织出版社，2001．

[22] 樊洪业，段异兵. 竺可桢文录 [C]. 杭州：浙江文艺出版社，1999.

[23] 冯沪祥. 罗家伦论人生 [C]. 北京：北京大学出版社，2010.

[24] 冯夏根. 文化关怀与民族复兴：罗家伦的思想人生 [M]. 北京：人民出版社，2009.

[25] 冯友兰. 三松堂自序 [A] //. 三松堂全集（第1卷）. 郑州：河南人民出版社，2001.

[26] 冯友兰. 那时的大学 [M]. 北京：国际文化出版公司. 2015.

[27] 顾明远. 教育大辞典 [M]. 上海：上海教育出版社，1990.

[28] 高平叔. 蔡元培教育论著选 [C]. 北京：人民教育出版社，1991.

[29] 高平叔. 蔡元培教育文选 [C]. 北京：人民教育出版社，1980.

[30] 高平叔. 蔡元培年谱长编 [C]. 北京：人民教育出版社，1996.

[31] 高奇. 中国高等教育思想史 [M]. 北京：人民教育出版社，1992.

[32] 龚书铎，朱汉国. 中国社会通史 民国卷 [M]. 太原：山西教育出版社，1997.

[33] 耿云志. 胡适研究论稿 [C]. 北京：社会科学文献出版社，2007.

[34] 耿云志，欧阳哲生. 胡适书信集 [C]. 北京：北京大学出版社，1996.

[35] 胡国铭. 大学校长与大学发展研究 [M]. 武汉：华中科技大学出版社，2004.

[36] 胡适. 胡适教育论著选 [C]. 北京：人民教育出版社，1994.

[37] 胡适. 胡适全集 [C]. 合肥：安徽教育出版社，2003.

[38] 黄延复. 清华的校长们 [M]. 北京：中国经济出版社，2003.

[39] 韩延明. 大学理念论纲 [M]. 北京：人民教育出版社，2003.

[40] 蒋梦麟. 西潮 [M]. 台北：业强出版社，1991.

[41] 蒋廷黻. 中国近代史 [M]. 上海：上海古籍出版社，2006.

[42] 金耀基. 大学之理念 [M]. 北京：生活·读书·新知 三联书店，2001.

[43] 金耀基. 金耀基选集 [M]. 上海：上海教育出版社，2002.

[44] 金耀基. 中国现代化与知识分子 [M]. 台北：台湾时报出版公司，1994.

[45] 金以林. 近代中国大学研究 (1895—1949) [M]. 北京：中央文献出版社, 2000.

[46] 罗荣渠, 牛大勇. 中国现代化历程的探索 [M]. 北京：北京大学出版社, 1992.

[47] 李大钊. 李大钊文集（上册）[M]. 北京：人民出版社, 1984.

[48] 李子迟. 大学史记——近代中国的大学 [M]. 济南：济南出版社, 2010.

[49] 李振广. 民国军阀 [M]. 北京：中国大百科全书出版社, 2010.

[50] 罗家伦. 罗家伦先生文存 [C]. 台北：国史馆、中国国民党中央委员会, 1988.

[51] 罗家伦. 罗家伦先生文存补编 [C]. 台北：近代中国出版社, 1999.

[52] 罗久芳. 罗家伦与张维帧——我的父亲母亲 [M]. 天津：百花文艺出版社, 2006.

[53] 罗家伦. 文化教育与青年 [C]. 上海：商务印书馆, 1946.

[54] 罗家伦. 写给青年：我的新人生观演讲 [M]. 北京：中国人民大学出版社, 2005.

[55] 罗家伦. 新人生观 [C]. 沈阳：辽宁教育出版社, 1997.

[56] 罗志田. 再造文明之梦——胡适传 [M]. 成都：四川人民出版社, 1995.

[57] 梁启超. 梁启超文选 [M]. 北京：中国广播电视出版社, 1992.

[58] 梁漱溟. 忆往谈旧录 [M]. 北京：中国文史出版社, 1991.

[59] 梁柱. 蔡元培与北京大学 [M]. 北京：北京大学出版社, 1996.

[60] 刘献君. 大学之思与大学之治 [M]. 武汉：华中理工大学出版社, 2000.

[61] 雷颐. 孤寂百年——中国现代知识分子十二论 [M]. 桂林：广西师范大学出版社, 2015.

[62] 吕思勉. 中国通史 民国大学历史 [M]. 上海：华东师范大学出版社, 2015.

[63] 孟丹青．罗家伦的教育思想及实践 [M]．南昌：江西人民出版社，2012．

[64] 欧阳哲生．胡适文集 [C]．北京：北京大学出版社，2013．

[65] 潘懋元，刘海峰．中国近代教育史资料汇编．高等教育 [G]．上海：上海教育出版社，1993．

[66] 潘懋元．中国高等教育百年 [M]．广州：广东高等教育出版社，2003．

[67] 钱穆．国史新论 [M]．北京：生活·读书·新知三联书店，2005．

[68] 秦启文，周永康．角色学导论 [M]．北京：中国社会科学出版社，2011．

[69] 曲士培．中国大学教育发展史 [M]．太原：山西教育出版社，1993．

[70] 沈善洪．蔡元培选集 [M]．杭州：浙江教育出版社，1993．

[71] 沈云龙．民国史事与人物 [M]．北京：中国大百科全书出版社，2013．

[72] 沈卫威．自由守望——胡适派文人引论 [M]．上海：上海文艺出版社，1997．

[73] 谢泳，智效民．逝去的大学 [M]．北京：同心出版社，2005．

[74] 眭依凡．大学校长的教育理念与治校 [M]．北京：人民教育出版社，2006．

[75] 苏云峰．从清华学堂到清华大学（1928—1937）：近代中国高等教育研究 [M]．北京：生活·读书·新知三联书店，2001．

[76] 苏智先，佘正松，等．现代大学制度创新研究 [M]．成都．四川人民出版社，2008．

[77] 陶东风．知识分子与社会转型 [M]．郑州：河南大学出版社，2004．

[78] 唐德刚．胡适口述自传 [M]．上海：华东师范大学出版社，1993．

[79] 唐德刚．胡适杂忆 [M]．桂林：广西师范大学出版社，2005．

[80] 王炳照．中国私学·私立学校·民办教育研究 [M]．济南：山东教育出版社，2002．

[81] 王先明．中国近代史（1840—1949）[M]．北京：中国人民大学出版社，2011．

[82] 王亚朴. 高等教育管理(上册)[M]. 上海：华东师范大学出版社，1986.

[83] 奚从清. 角色论：个人与社会的互动[M]. 杭州：浙江大学出版社，2010.

[84] 奚从清，俞国良. 角色理论研究[M]. 杭州：杭州大学出版社，1991.

[85] 徐复观. 中国思想史论集[M]. 台北：台北学生书局，1983.

[86] 徐复观. 学术与政治之间[M]. 上海：华东师范大学出版社，2009.

[87] 徐复观. 中国知识分子精神[M]. 上海：华东师范大学出版社，2004.

[88] 许纪霖，等. 近代中国知识分子的公共交往(1895—1949)[M]. 上海：上海人民出版社，2008.

[89] 许纪霖. 大时代中的知识人[M]. 北京：中华书局，2013.

[90] 许纪霖. 公共性与公共知识分子[M]. 南京：江苏人民出版社，2003.

[91] 许纪霖. 启蒙如何起死回生[M]. 北京：北京大学出版社，2011.

[92] 许纪霖. 无穷的困惑[M]. 上海：上海三联书店，1998.

[93] 许纪霖. 知识分子与近代文化[M]. 上海：学林出版社，1991.

[94] 许纪霖. 智者的尊严——知识分子与近代文化[M]. 上海：学林出版社，1997.

[95] 许倬云. 知识分子历史与未来[M]. 桂林：广西师范大学出版社，2011.

[96] 许倬云. 许倬云著作集[M]. 台北：三民书局股份有限公司，2003.

[97] 萧夏林. 为了忘却的纪念：北大校长蔡元培[M]. 北京：经济日报出版社，1998.

[98] 殷爱荪，周川. 校长与教育家[M]. 福州：福建教育出版社，2004.

[99] 杨东平. 大学之道[M]. 上海：文汇出版社，2003.

[100] 杨善华. 当代西方社会学理论[M]. 北京：北京大学出版社，2004.

[101] 余英时. 钱穆与中国文化[M]. 上海：上海远东出版社，1994.

[102] 余英时. 士与中国文化[M]. 上海：上海人民出版社，2003.

[103] 余英时. 现代危机与思想人物[M]. 北京：生活·读书·新知 三联书店，2005.

[104] 余英时．中国文化的重建 [M]．北京：中信出版社，2011．

[105] 余英时．现代危机与思想人物 [M]．北京：生活·读书·新知 三联书店，2005．

[106] 余英时．中国知识人之史的考察 [M]．桂林：广西师范大学出版社，2008．

[107] 张楚廷．高等教育学导论 [M]．北京：人民教育出版社，2010．

[108] 张楚廷．张楚廷教育文集第四卷（校长叙论卷）[M]．长沙：湖南教育出版社，2007．

[109] 张灏．危机中的中国知识分子：寻求秩序与意义 [M]．北京：新星出版社，2006．

[110] 张军．民国那些大师 [M]．武汉：湖北人民出版社，2008．

[111] 郑登云．中国近代教育史 [M]．上海：华东师范大学出版社，1994．

[112] 周川，黄旭．百年之功——中国近代大学校长的教育家精神 [M]．福州：福建教育出版社，1994．

[113] 周天度．蔡元培传 [M]．北京：人民出版社，1997．

[114] 周晓虹．现代西方社会心理学流派 [M]．南京：南京大学出版社，1990．

[115] 中国蔡元培研究会．蔡元培全集 [M]．杭州：浙江教育出版社，1997．

[116] 中国现代教育家传编委会．中国现代教育家传 [M]．昆明：云南民族出版社，1985．

[117] 浙江大学校友总会．竺可桢诞辰百周年纪念文集 [C]．杭州：浙江大学出版社，1990．

[118] 竺可桢编辑组．竺可桢传 [C]．北京：科学出版社，1990．

[119] 竺可桢．竺可桢全集 [C]．上海：上海科技教育出版社，2013．

[120] 竺可桢．竺可桢日记 [C]．北京：人民出版社，1984．

[121] 章清．学术与社会——近代中国"社会重心"的转移与读书人新的角色 [M]．上海：上海人民出版社，2012．

[122] 章开沅，余子侠. 中国著名大学校长书系 [M]. 济南：山东教育出版社，2012.

[123] 章太炎. 国学概论 [M]. 上海：上海古籍出版社，1997.

[124] 智效民. 八位大学校长 [M]. 武汉：长江文艺出版社，2006.

[125] 张宪文，等. 中华民国史 [G]. 南京：南京大学出版社，2006.

[126] 张晓京. 近代中国的"歧路人"——罗家伦评传 [M]. 北京：人民出版社，2008.

[127] 张晓唯. 蔡元培与胡适（1917—1937）——中国文化人与自由主义 [M]. 北京：中国人民大学出版社，2003.

[128] 张意忠. 民国大学校长 [M]. 北京：北京师范大学出版社，2012.

[129] 朱贻庭. 中国传统道德名言卷 [M]. 北京：中国人民大学出版社，1995.

## （二）译著

[1] [波兰] 弗·兹纳涅茨基. 知识人的社会角色 [M]. 郏斌祥，译. 南京：译林出版社，2000.

[2] [德] 卡尔·曼海姆. 意识形态与乌托邦 [M]. 黎鸣，译. 北京：商务印书馆，2000.

[3] [德] 卡尔·雅斯贝尔斯. 大学之理念 [M]. 邱立波，译. 上海：上海人民出版社，2007.

[4] [德] 马克斯·韦伯. 经济与社会 [M]. 林荣远，译. 北京：商务印书馆，1997.

[5] [德] 马克斯·韦伯. 韦伯论大学 [M]. 孙传钊，译. 南京：江苏人民出版社，2006.

[6] [德] 马克斯·韦伯. 社会学的基本概念 [M]. 胡景北，译. 上海：上海人民出版社，2000.

[7] [德] 马克斯·韦伯. 新教伦理与资本主义精神 [M]. 康乐，简惠美，译. 桂林：广西师范大学出版社，2013.

[8] [德] 马克斯·韦伯. 学术与政治 [M]. 钱永祥, 译. 桂林: 广西师范大学出版社, 2010.

[9] [法] 孔多塞. 人类精神进步史表纲要 [M]. 何兆武, 何冰, 译. 北京: 生活·读书·新知三联书店, 1998.

[10] [法] 皮埃尔·布迪厄, [美] 华康德. 实践与反思——反思社会学导引 [M]. 李猛, 李康, 译. 北京: 中央编译出版社, 1998.

[11] [加] 许美德. 中国大学: 1895—1995 一个文化冲突的世纪 [M]. 许洁英, 主译. 北京: 教育科学出版社, 2000.

[12] [加] 约翰·范德格拉夫, 等. 学术权力——七国高等教育管理体制比较 [M]. 王承绪, 等, 译. 杭州: 浙江教育出版社, 2001.

[13] [挪威] 拉斯·史文德森. 无聊的哲学 [M]. 范晶晶, 译. 北京: 北京大学出版社, 2010.

[14] [美] 艾伦·布鲁姆. 美国精神的封闭 [M]. 战旭英, 译. 南京: 译林出版社, 2011.

[15] [美] 伯顿·克拉克. 高等教育新论 [M]. 王承绪, 等, 译. 杭州: 浙江教育出版社, 1988.

[16] [美] 伯顿·克拉克主编. 高等教育新论——多学科的研究 [M]. 王承绪, 徐辉, 等, 译. 杭州: 浙江教育出版社, 2001.

[17] [美] 德雷克·博克. 回归大学之道 [M]. 侯定凯, 等, 译. 上海: 华东师范大学出版社, 2008.

[18] [美] 杜威. 民主主义与教育 [M]. 王承绪, 译. 北京: 人民出版社, 1990.

[19] [美] 戴维·波普诺. 社会学 [M]. 李强, 等, 译. 北京: 中国人民大学出版社, 2002.

[20] [美] 菲利普·G. 阿特巴赫, [日] 马越彻. 亚洲大学: 历史与未来 [M]. 邓红风, 译. 青岛: 中国海洋大学出版社, 2006.

[21] [美] 费正清. 剑桥中华民国史 [M]. 章建刚, 译. 上海: 上海人民出版社, 1991.

[22][美]费正清,费维恺.剑桥中华民国史 1912—1949[M].刘敬坤,等,译.北京:中国社会科学出版社,1993.

[23][美]格里德.胡适与中国的文艺复兴[M].鲁奇,译.南京:江苏人民出版社,1989.

[24][美]哈瑞·刘易斯.失去灵魂的卓越:哈佛是如何忘记教育宗旨的[M].侯定凯,译.上海:华东师范大学出版社,2012.

[25][美]列奥·施特劳斯,约瑟夫·克罗波西.政治哲学史[M].李洪润,等,译.北京:法律出版社,2009.

[26][美]吉尔伯特·罗兹曼.中国的现代化[M].国家社会科学基金"比较现代化"课题组,译.南京:江苏人民出版社,2003.

[27][美]杰弗里·G.戈德法布."民主"社会中的知识分子[M].杨信彰,周恒,译.沈阳:辽宁出版社,2002.

[28][美]杰拉德·卡斯帕尔.中外大学校长论坛文集[C].北京:高等教育出版社,2002.

[29][美]迈克尔·W.阿普尔.教育与权力[M].曲图图,刘明堂,译.上海:华东师范大学出版社,2008.

[30][美]迈克尔·W.阿普尔.文化政治与教育[M].阎光才,等,译.北京:教育科学出版社,2005.

[31][美]欧文·戈夫曼.日常接触[M].徐江敏,丁晖,译.北京:华夏出版社,1990.

[32][美]欧文·戈夫曼.日常生活中的自我呈现[M].黄爱华,冯钢,译.杭州:浙江人民出版社,1989.

[33][美]乔治·赫伯特·米德.心灵、自我与社会[M].赵月瑟,译.上海:上海译文出版社,1992.

[34][美]乔纳·H.特纳.社会学理论的结构[M].邱泽奇,等,译.北京:华夏出版社,1987.

[35][美]克拉克·克尔.大学的功用[M].陈学飞,译.南昌:江西教育出版社,1993.

[36] [美] 克拉克·克尔．大学之用 [M]．高铦，等，译．北京：北京大学出版社，2008．

[37] [美] 克拉克·克尔．高等教育不能回避历史——21世纪的问题 [M]．王承绪，译．杭州：浙江教育出版社，2001．

[38] [美] 迈克尔·D. 科恩，詹姆斯·G. 马奇．大学校长及其领导艺术：美国大学校长研究 [M]．郝瑜，译．青岛：中国海洋出版社，2006．

[39] [美] R·T. 诺兰．伦理学与现实生活 [M]．姚新中，等，译．北京：华夏出版社，1988．

[40] [美] 魏定熙．北京大学与中国政治文化 [M]．金安平，张毅，译．北京：北京大学出版社，1998．

[41] [美] 徐中约．中国近代史 [M]．计秋枫，朱庆葆，译．北京：世界图书出版公司北京公司，2008．

[42] [美] 约翰·罗尔斯．政治哲学史讲义 [M]．杨通进，译．北京：中国社会科学出版社，2011．

[43] [美] 约翰·S. 布鲁贝克．高等教育哲学 [M]．王承绪，等，译．杭州：浙江教育出版社，1998．

[44] [日] 大塚丰．现代中国高等教育的形成 [M]．黄福涛，译．北京：北京师范大学出版社，1998．

[45] [日] 菊池秀明．末代王朝与近代中国 [M]．马晓娟，译．桂林：广西师范大学出版社，2014．

[46] [日] 金子元久．大学教育力 [M]．徐国兴，译．上海：华东师范大学出版社，2009．

[47] [西班牙] 奥尔托加·加塞特．大学的使命 [M]．徐小洲，陈军，译．杭州：浙江教育出版社，2001．

[48] [英] 安东尼·吉登斯．社会学 [M]．赵旭东，译．北京：北京大学出版社，2003．

[49] [英] 安东尼·吉登斯．社会理论与现代社会学 [M]．文军，赵勇，译．北京：社会科学文献出版社，2003．

[50] [英] 阿什比. 科技发达时代的大学教育 [M]. 滕大春, 滕大生, 译. 北京：人民教育出版社, 1983.

[51] [英] J·B. 伯里. 思想自由史 [M]. 宋桂煌, 译. 长春：吉林人民出版社, 1999.

[52] [英] 约翰·亨利·纽曼. 大学的理想 [M]. 徐辉, 等, 译. 杭州：浙江教育出版社, 2001.

[53] [英] 以赛亚·柏林. 反潮流：观念史论文集 [M]. 冯克利, 译. 南京：译林出版社, 2011.

## 三、学位论文

[1] 崔恒秀. 民国教育部与大学关系之研究 1912—1937[D]. 四川大学博士学位论文, 2008.

[2] 程斯辉. 中国近代大学校长研究 [D]. 华中师范大学博士学位论文, 2007.

[3] 胡金平. 学术与政治之间——大学教师社会角色的历史分析 [D]. 南京师范大学博士学位论文, 2005.

[4] 李涛. 民国时期国立大学招生研究 [D]. 重庆大学博士学位论文, 2014.

[5] 罗惜静. 政治与学术之间——浙江大学"学潮"中的竺可桢 [D]. 浙江师范大学硕士学位论文, 2012.

[6] 秦俊巧. 南京国民政府时期教育家办大学研究 [D]. 河北大学博士学位论文, 2013.

[7] 饶正慧. 民国时期著名大学校长领导力研究 [D]. 西南大学博士学位论文, 2013.

[8] 眭依凡. 大学校长的教育理念与治校 [D]. 华东师范大学博士学位论文, 2001.

[9] 王飞. 试论大学校长的主体性发展 [D]. 南京大学博士学位论文, 2013.

[10] 王康宁. 不言之教——老子对教育的结构及其启示 [D]. 山东师范大学硕士学位论文, 2013.

[11] 卫文娟. 学术与政治：国立中央大学"中央化"进程中校长角色分析（1927—1937）[D]. 浙江师范大学硕士学位论文, 2015.

[12] 夏兰. 民国时期现代大学制度演变研究 [D]. 复旦大学博士学位论文, 2012.

[13] 肖卫兵. 中国近代国立大学校长结构及其角色研究 [D]. 苏州大学博士学位论文, 2011.

[14] 袁慧勇. "学事"与"政事"——蒋梦麟的"不合作主义"与"合作主义" [D]. 浙江师范大学硕士学位论文, 2012.

[15] 张志平. 管理者管理艺术研究 [D]. 华中师范大学硕士学位论文, 2004.

## 四、报纸

[1] 陈独秀. 吾人最后之觉悟 [N]. 青年，第1卷第6号，1916-02-15.

[2] 蔡元培. 就任北京大学校长之演说 [N]. 东方杂志，第14卷4号，1917-04-15.

[3] 蔡元培. 何谓文化 [N]. 北京大学日刊，1921-02-14.

[4] 蔡元培. 社会主义史序 [N]. 新青年，第8卷第1号，1920-09-01.

[5] 蔡元培. 致汪精卫函 [N]. 旅欧杂志，1917-04-15.

[6] 程其保. 论大学校长 [N]. 时代公论第七号.

[7] 大公报 [N]. 1935-12-14.

[8] 公时：国立北京大学之成立及其内容 [N]. 东方杂志，第16卷第2号.

[9] 龚漱沦. 大学校长问题 [N]. 京报副刊，1925-05-11.

[10] 怀念蔡孑民先生 [N]. 新华日报，1943-03-05.

[11] 胡适，等. 请政府注意教育问题 [N]. 申报，1946-12-12.

[12] 胡适. 后努力歌 [N]. 努力周报，第四期，1922-05-28.

[13] 蒋寿骏. 清华大学校长问题 [N]. 清华周刊, 1931 年第 9 期.

[14] 柳长勋. 悼念罗家伦先生 [N]. 台北中央日报, 1970-01-4.

[15] 罗家伦. 罗校长日前到农学院视察 [N]. 国立中央大学日刊, 第 982 号, 1933-05-16.

[16] 罗家伦. 中央大学之使命 [N]. 国立中央大学日刊, 第 820 号, 1932-10-20.

[17] 旅欧教育运动 [N]. 新青年, 第 3 卷第 3 号, 1917-05-01.

[18] 梅贻琦. 大学一解 [N]. 清华学报, 第 13 卷第 1 期, 1941 年 4 月.

[19] 学术演讲启示一 [N]. 北京大学日刊, 1918-02-20.

[20] 谢赞禹. 留美学生与中国教育之前途 [N]. 留美学生季报, 1916 年第 1 号.

[21] 竺可桢. 我国大学教育之前途 [N]. 上海大公报, 1945-09-23.

[22] 竺可桢. 大学生与抗战建国 [N]. 国立浙江大学校刊, 第 100 期, 1941-10-24.

[23] 竺可桢. 我国大学教育之前途 [N]. 大公报, 1945-09-23.

## 五、网络资源

[1] 政治. 百度百科 [EB/OL]. http：//baike.baidu.com/link?url=wtrixrr80WGbVkCz20i_vQL1qS-rwg7NbawkOVoLfQmM51BJr2cV-V--TD-did4XUZfpwWK27zyzqewmWBVtvK.

[2] 市民社会 [EB/OL]. 百度百科 http：//baike.baidu.com/link?url=1EPS18PcVQ9CAnZT7qt9FPgwMKUmS5BObj32XLAh3kLHjC-rrWG3M3dFg39nG1BVYVxEPFKRsGj-q2eyjLp-Aq.

[3] 湖南大学校长赵跃宇寄语新生：继承、创新、担当 [EB/OL]. http：//edu.ifeng.com/a/20150908/41470318_0.shtml.